コミュニケーション　大澤真幸

communication　Masachi Ohsawa

弘文堂

まえがき

コミュニケーションは奇蹟である。われわれは常に、他者たちとコミュニケーションをとっている。だがどうしてそんなことができるのか。いかにしてコミュニケーションは可能なのか。コミュニケーションが現に生起しているということは、大きな神秘、その謎が解ければほかのすべてのふしぎは消え去るのではないかと思えるほどに大きな神秘である。まずは、コミュニケーションの神秘がまさに神秘である所以を理解しておく必要がある。コミュニケーションはどのような意味で奇蹟なのか。

世界とは結局のところ、他ならぬこの私にとっての世界である。誰にとっても、世界は、〈私〉の認識と相関してたち現れており、それ以外に世界は存在しない。「〈私〉にとっての」という条件から独立した世界そのものは、誰に対しても現れず、存在しないはずだ。

そうだとすると、ひとつのことが謎として浮かび上がる。〈他者〉である。世界の中に、〈私〉と対等な意味での〈他者〉は存在しない。このように結論せざるをえなくなるのだ。確かに、〈私〉は、他者を見ていて、この世界の中に他者がいる、と思うかもしれない。だが、その他者は、他の諸々の諸対象と同じく世界の内的な要素である。〈私〉は、この世界の全体がまさにこの〈私〉に――この〈私〉にだけ唯一的に――相関しているという意味において、圧倒的に特権的である。世界の内部の要素である他者には、そのような特権性はない。〈私〉は、世界という最大規模の集合そのものと同値だが、他者は、その集合の中の要素に過ぎない。

とすれば、コミュニーションという現象はまことに不可解である。〈私〉が、〈他者〉からのコミュニケートに応答するのは――受容にせよ拒絶にせよ応答せざるをえなくなるのは――、〈他者〉が世界の内的な要素以上の存在だから、いや〈私〉と同等に〈他者〉がそこに固有の世界が所属するような存在だからだ。〈私〉が、〈他者〉にコミュニケーションを通じて――というよりコミュニケーションそのものにおいて――働きかけ、〈他者〉に認められることを欲するのも、同じ理由からだ。〈他者〉は、〈私〉の世界の中の一要素ではない。〈他者〉に対しては、〈私〉と同様に固有の世界がたち現れていなくてはならず、そのことを〈私〉が知っていなくてはならない。このことは、コミュニケーションが生ずるための不可欠の条件である。しかし、〈私〉の世界に現れるものは、定義上、その世界の内的な要素であるとすれば、この条件が満たされるはずがない。

そうであるとすれば、コミュニケーションが生起しているという事実は、驚くべき奇蹟である。不可能なことが起きていることになるからだ。本書の問い――必ずしも常に顕在化しているわけではないが本書を通底している潜在的な問い――は、コミュニケーションはいかにして可能か、にある。どうして、原理的に不可能なはずのことが可能になっているのか。

コミュニケーションについて問うことは、人間とは何か、について考えることでもある。コミュニケーションへの圧倒的な親和性、コミュニケーションが生の全体の中で占める際立った重要性こそが、種としての人間を特徴づけているからだ。

*

たとえば、次のような実験がこの点を示している。チンパンジーやオランウータンなどの大型類人猿と人間の幼児に、同じ認知課題のテストを実施してみるのだ。二歳半程度の幼児の成績は、大型類人猿の成績とあまり変わらず、両者の間には有意な差がつかない。ただし、そう言えるのは、課題が、物理的世界の扱いに関わるものである限りにおいて、である。つまり、たとえば目標となる対象を追跡するとか、手が届かない報酬を道具を使って取る、といった課題であれば、大型類人猿と人間の幼児との間には、たいした差がつかない。ところが、課題に、社会的認知の技術が介在したとたんに、人間の幼児は、大型類人猿を圧倒する。たとえば実験者が実演したことを模倣させるような課題に対しては、人間の幼児とチンパンジーとでは能力の差は歴然としている。このときには、人間だったら難なくこなせることに、チンパンジーは苦戦するのだ。

一般に、人間は、卓越した知能によって他の動物からは区別される、と考えられている。だが、このような理解は、大まかすぎる。人間において突出している知能の中核にあるのは、まずはコミュニケーションにかかわる能力である。コミュニケーションの原型とも見なすべき関係、つまり「教える‐学ぶ」の関係が含まれているときにまず、人間の知性は、他の動物を超えるのだ（そもそも、猛禽類の母子の間に見られる狩猟の教示行動を別にすると、動物には、互いに教えたり、学んだり、という行動はほとんど見られない。チンパンジーの母親は子に、果実の取り方やシロアリの狩り方を意識的に教えることはない)。そうであるとすれば、コミュニケーションの能力の高さ、あるいはコミュニケーションの複雑さにこそ、人間の本性を解く鍵が潜んでいるのではないか、という見通しはまことに正当なものだと言える。要するに、コミュニケーションの可能性についての探究は、人間性をめぐる研究の中心を占めなくてはならない。

また、コミュニケーションの可能性の条件をめぐる理論は、社会学の基礎理論の中のさらなる基礎である。コミュニケーションこそが、社会学の研究対象の要素的な単位である。社会学とは、簡単に言えば、コミュニケーションの集合が織りなす秩序が、どのように形成され、変動するかについての学問だからだ。コミュニニーションはいかにして可能かは、すべての社会学的な考察の原点に据えられるべき問いである。

*

以下、本書のそれぞれの章で何が論じられているかを簡単に解説しておく。各章は独立した論文である。また、コミュニケーションを可能ならしめる条件についての問いは、必ずしもすべての章で、明示的に言及されているわけではないが、本書を通底する潜在的な主題である。

第I部は、コミュニケーションの理論の哲学的な基礎に関連した論文を収めている。

第1章「コミュニケーションの(不)可能性の条件——沈黙の双子をめぐって」は、本書を貫く中心的な問い、つまりコミュニケーションはいかにして可能かという問いに、正面から直接的に切り込んだ論文である。探究において、私は、ひとつの工夫をした。このような基本的な問いは、抽象的に問い続けるだけでは、やがて行き詰まることになる。回答に到達したのか、それとも、問いのトートロジカルな反復に過ぎないのかが、わからなくなってしまうのだ。そこで、私は、ある具体的なケースについての考察と、この一般的な問いをめぐる考察とを重ね合わせてみた。

具体的なケースとは、ある双子の事例である。このケースは、「沈黙の双子」として——イギリスでは——知られており、彼らについての詳細な記録も公刊されている。この双子は、外部の他者とまったく話すことができなかった。単に言葉が出ないというだけではなく、他者に対しては、一切のコミュニカティヴな行為が消失した（わかりやすくいえば、彼らの顔や行為には「表情」がなかった）。専門家の調査によれば、知的な発達の遅れもなければ、通常の意味での言語障害もない。驚くべきことに、双子同士の会話は可能だった（ただし、彼らの会話はあまりにも早口であるために、他人には暗号でやりとりしているように聞こえることがあるが、話されているのは普通の英語である）。

この双子は、どうして、他者との間でコミュニケーションをとることができないのか。なぜ、双子の間であれば、コミュニケーションが可能なのか。公刊されている記録を手掛かりにして、この疑問を解くこと。このことを媒介にして、一般的な主題、つまりコミュニケーションはいかにして可能かを考察したのが第1章である。

この章のもとになる論文を書いたのは、三十年近く前である。しかし、このたび、その後に発展したコミュニケーションの理論、たとえばニクラス・ルーマンのシステム理論や語用論（関連性理論）の成果を組み込み、全面的にヴァージョン・アップしているので、再録というよりは、書き下ろしに近い。

第2章「フレーム問題再考——知性の条件とロボットのジレンマ」は、認知科学や人工知能研究の分野で、「フレーム問題」と呼ばれる難問に挑んだ論文である。フレーム問題とは、ある行為が遂行される際に、状況に応じて、関連のある（レリヴァントな）事項だけをいかにして効率的に選択するのか、という問題だ。フレーム問題は難問で、原理的に解くことができないのではないかという者さえいる。あるいは、AIと人間の知能とを分かつ基準は、ここにあると考える者もいる（人間が、どうしてフレーム問題をおおむね克服できているのか、その理由はよくわかっていない）。この章は、フレーム問題は、コミュニケーションの理論の中でのみ——つまり他者の存在を前提にした理論の中でのみ——克服可能である、ということを示唆することになる。

この論文はもともと、第二次AIブーム（一九八〇年代から九〇年代初頭にかけて）の中で書かれた。この章では、その当時提案された、「フレーム問題を解決した」と自称する論理が、どのように失敗しているかも検討してある（この部分をフォローするのがめんどうな人は、飛ばして読んでも論文の趣旨は理解できる）。第二次AIブームの当時は、AIや認知科学の専門家、そして哲学者の間で、フレーム問題は広く認知され、議論されていた。フレーム問題は、「心」や「意識」とは何かを理解する上での鍵のひとつである。それなのに、今日の第三次AIブームの中では、この問題は忘れられつつある。だからこそ、あえて本書にこの論文を収録した。あわせて、あらためて書き下ろしたこの章への補遺では、第三次ＡＩブームの中核にある「深層学習（ディープ・ラーニング）」の手法が、どのような意味でフレーム問題を解決していないのか――むしろ問題を隠蔽する効果をもつのか――を論じている。

第３章「根源的構成主義から思弁的実在論へ……そしてまた戻る」は、二一世紀に入ってから現れた哲学の潮流「思弁的実在論」を経由することで、社会学の基礎理論にどのようなブレークスルーがありうるのか、ということについてのひとつの提案である。社会学の基礎理論の発展は、二〇世紀末のニクラス・ルーマンの「根源的構成主義」の地点で止まっていように見える。ところで、哲学の領域では、二一世紀に入ってから、「思弁的実在論」と総称される一群の理論が提案されてきた。思弁的実在論と自称し、他称される哲学者たちのねらいは、「相関主義（思考と世界は相関関係にあるとする認識・存在論）」の外部にある「実在」を何とか救い出す術を見出すことにある。そして、根源的構成主義は、最も徹底した相関主義のヴァージョンであると解釈することができるので、思弁的実在論は、そうとは意識することなく、根源的構成主義の批判を含んでいることになる。

では、思弁的実在論は、相関主義を乗り越え、実在の権利を確保できたのか。私の見るところでは、その議論はうまくいってはいない。しかし、ここで考察は終わらない。思弁的実在論が挫折したその地点に、ルーマンのシステム理論の基礎概念――コミュニケーションの説明の中で枢要な役割をはたす概念――である「二重の偶有性（ダブル・コンティンジェンシー）」を接続すると、思弁的実在論が目指そうとした理論は整えられるのではないか。私は、この章で、このような方向での理論構築を示唆している。

結局、次のようになる。思弁的実在論は、――その提唱者自身は特に意識はしていないが――社会学の理論の目下のところの到達点とも見なすべき根源的構成主義への批判として解釈することができるのだが、思弁的実在論そのものが、結局、成功してはいない。だが、思弁的実在論の行き詰まりは、まさにその理論によって批判の対象となっている社会学の根源的構成主義から借りてきた概念によって打開される。少なくとも、「打開」への見通しが見えてくる。ちなみに、この問題は、「フレーム問題」と並ぶ、ＡＩの原理的な難問「記号接地（シンボル・グラウンディング）問題」と直結している。

以上が第Ⅰ部に収めた論文の概要である。第Ⅱ部は、応用的な性格の強い論文、そして心理学や精神分析、精神医学などの諸分野と社会学との接点で現れる論考を収録した。

第４章「交換にともなう権力・交換を支える権力」は、交換理論の枠内で、どのように権力を説明しうるかを示した論文である。交換理論は、社会学理論のひとつの立場で、コミュニケーションを、市場での取引のようなタイプの互酬的な交換として捉えたときに、社会現象をどこまで説明できるかに挑戦している。この理論は、それが提起された当初から、「権力」という現象に特段の関心を寄せてきた。しかし、交換理論は、それに成功したとは言い難い。交換は、定義上、互酬的な対称性を含意しているが、権力の本質は、関係の非対称性にある。この乖離を埋めるのは難しい。前者（対称性）を前提にすれば、権力なるものは存在しないということになり、後者（非対称性）から始めると、理論の前提を否定し、交換そのものからの不規則な逸脱を認めざるをえなくなる。この差異をどのように埋めればよいのか。私は、この章で一つのアイデアを提案している。

この論文は、まだ大学院生だった若い頃に書いたものだが、発表当時、交換理論の専門家から好意的な反応をいくつもいただいたこともあって、あらためて本書に収録した。使われている数学は、高校生程度（大学受験のレベルの能力があれば余裕でわかる程度）のものである。

第5章「脳科学の社会学的含意」は、脳科学に対する社会学者の提案である。近年の脳科学の知見の蓄積は著しい。私は、まず、脳科学が見出した脳内の現象は、あたかも社会現象のように、社会学の概念を用いながら記述できる、ということを述べている。これは、しかし、脳科学に、説明の方便となるような比喩をひとつ提供した、ということ以上の意味がある、と私は考えている。この社会学的な説明は、単一の脳の外部に、つまり脳と脳との間にコミュニカティヴな関係を設定できる領域へと拡大することができるからだ。そうすると、脳科学者自身が冒険的にも提案しながら成功していない問題、たとえば自己意識を説明する図式がぶちあたるアポリアを、どのように解けばよいのか、ということについてある活路が見えてくる。この章は、最後に、精神分析でいう「無意識」なるものを、脳科学の中でどのように位置づけるかについての提案を含んでいる（残念ながら、私の知る限り、ほとんどの脳科学者が「無意識」概念を完全に誤解している）。

第6章「精神分析の誕生と変容――二〇世紀認識革命の中で」は、二〇〇六年一〇月に京都大学で開催された精神医学史学会での講演をもとにした論文である。フロイトの精神分析の誕生とその脱構築的な変容を、二〇世紀認識革命というコンテクストの中において説明した、知識社会学的な試みだ。「二〇世紀認識革命」というのは、私の造語である。科学史の専門家がいう「科学革命」(一七世紀)に対して、第二の科学革命とも見なすべきパラダイム転換が、二〇世紀の頭(世紀転換期から第一次世界大戦終結後までの期間)にあったと見なすことができる。この転換を、二〇世紀認識革命と呼ぶ。

最初の科学革命を代表しているのが、ニュートンの物理学であるとするならば、第二の科学革命を代表しているのが、相対性理論が登場し、さらに量子力学がその謎めいた姿をすべて現すまでの展開である。普通は、これは、物理学の内部での転換であると見なされている。しかし、私の考えでは、この転換は、物理学には限定されない、知の全般的な変容に対応している。新しい物理学は、むしろその大きな変容の一側面だ。そして、この転換とまさに同じ頃に現れ、そして試行錯誤の中で変化を積み重ねている精神分析もまた、同じ知の変容の一部を構成している。精神分析を、相対性理論や量子力学の登場を含む包括的な知の転換の中で生まれ、変化してきたものとして解釈したとき、フロイトの著作から、それ単体で見たときには見出しにくい含意を引き出すことができる。

第7章「女はいかにして主体化するのか――河合隼雄の『昔話と日本人の心』をもとに」は、河合隼雄の出色の日本社会論『昔話と日本人の心』を自由に読み解くという体裁をとった論文である。この論文には、ふたつの目的がある。ひとつは、もちろん、河合による日本の昔話の分析を参考にしながら、「日本人の心の構造」を解き明かすことである。合わせて、私はもうひとつの目的をもっていた。

河合のこの本の独創は、昔話の中の女性の登場人物、女性の主人公にとりわけ着眼した点にある。河合によれば、日本の昔話の全貌は、「女性の目」を通したときにはじめて見えてくる。そして、九つの章から成る『昔話と日本人の心』は全体として物語的な構造をもっている。この章構成は「女がいかにして主体化するのか」を示しているのだ。さらに、河合は、随所で、日本の昔話を、類似した西洋の昔話や説話と対比し、その異同を指摘している。私としては、これを受けて――日本文化の特殊性の解明ということに加えて――、人間にとって性的差異とは何かという普遍的な問題をも考察してみた。

この章は、二〇一一年三月のユング心理学会での講演をもとにしている。講演の記録は、同学会の学会誌と『思想家河合隼雄』(岩波書店、二〇一八年)に収録されている。本書には、講演のために準備した原稿を全面的に書き直したうえで、収録した。

以上、駆け足で、本書の各章の内容を紹介した。先に述べたように、それぞれの章は、独立の論文なので、どの章から読んでいただいてもかまわない。これらの論考を通じて、読者に、ほんのわずかでも、新たな思考の火を点すことができれば、著者としては、これ以上の喜びはない。

コミュニケーション　目次

第2章 フレーム問題再考
——知性の条件とロボットのジレンマ

第5章　脳科学の社会的含意

第6章　精神分析の誕生と変容
——二〇世紀認識革命の中で

第7章 女はいかにして主体化するのか
――河合隼雄の『昔話と日本人の心』をもとに

第 I 部

基礎理論

第1章

コミュニケーションの(不)可能性の条件——沈黙の双子をめぐって

1．社会学の主題としてのコミュニケーション

社会学という知の探究の対象は社会システムである。では、社会システムとは何か。社会システムは、コミュニケーションを要素とするシステムである。ならば、社会学的な探究がそこへと焦点を合わせることになる、コミュニケーションとは何であろうか。まずは、すでに学問的に合意されていることを再確認することから始めよう。

ポール・グライスは、自然的な意味と伝達的な意味（非自然的な意味）とを区別している。自然的な意味とは、「積乱雲は、にわか雨を意味している」というときの「意味」である。積乱雲とにわか雨との間には、自然な因果関係がある。これが自然的な意味である。自然的な意味は、「『夕立が降るだろう』という発話は、（やがて）夕立が降るだろうということを意味している」というと

きの意味とは違う。後者が伝達的な意味であり、コミュニケーションに関係しているのは、後者のみだ。

社会学の主たる対象となるコミュニケーションは、固有に人間的なコミュニケーションである。動物の個体の間の情報の伝達についても、コミュニケーションという語は用いられることがある。つまり、動物も、人間の言語とよく似た「言語（のようなもの）」を駆使する能力があるように見えることがある。しかし、社会学の主題となるのは、人間のコミュニケーションのみである。人間のコミュニケーション、つまり狭義のコミュニケーション、コミュニケーションとしてのコミュニケーションと、動物のコミュニケーション（のようなもの）とは、何が違うのか。たとえば、ベルベットモンキーは、三種類の警戒音を使って、仲間たちに危険が迫っていることを知らせる。この警戒音を聞くと、ベルベットモンキーは、彼らの天敵が近くにいることを知る。天敵の種類によって、警戒音が違う。つまり、警戒音は、「ヒョウ／ワシ／ヘビ」を弁別し、それぞれに対して、ベルベットモンキーは異なったかたちで反応する。サルたちは、「ヒョウ」の警戒音を聞くと、急いで木に登ったり、「ワシ」の警戒音を聞くと、空を見上げたりするのだ。このような動物の一コミュニケーション」と人間のコミュニケーションはどう違うのか。

一般には、三つの特徴において、人間の、したがって本来のコミュニケーションは、動物の類似の行動から区別される。第一に、「刺激独立性stimulus independence」。ベルベットモンキーは、ヘビを視認すれば、反射的に「ヘビ」の警戒音を発する。しかし、人間は、同じ刺激に対して、同じ言語を発するわけではない。第二に、「超場所性displacement」。人間は、今ここで起こっていることについてのみ語るわけではない。過去のこと、他の場所で起きていること、未来に起きること、どこにも起きていないことについても、人間は語ることができる。第三に――チョムスキーが重視したことだが――人間の言語は何についても語ることができる。人間の言語は、有限個の離散的な（ばらばらに区切られた）単語によって構成されている。しかし、単語の組み合わせによって、無限の表現を生み出すことができる。これを、「離散的無限性discrete infinity」と呼ぶ。厳密には、人間以外の動物でも、鳥だけは、信号を、一種の文法規則にしたがって組み合わせ、新しい信号を作ることができるが、しかし、鳥の「話題」は、食物か生殖に直接関係していることのみであり、人間のように、何もかも語るわけではない。

人間のコミュニケーションについて、ここまで、言語的コミュニケーションを主として念頭において説明してきたが、コミュニケーションのすべてが言語に基づいているわけではない。非言語的コミュニケーションも可能であり、これもまた、社会学の主題の中には含まれる。

が、人間のコミュニケーションの大部分、そしてもっとも豊かで多様な部分は、言語的コミュニケーションである。言語的コミュニケーションとは、文の発話によって意味を伝達することだ。この場合、二つのレヴェルの「意味」を区別することが重要だ。文の意味と発話の意味である。たとえば、誰かが私に、「あなたの論文はすばらしい」と言ったとする。この文そのものの意味と、彼がこの文を発話することで言おうとしていること、私に伝えようとしていることとは異なっている。

後者が、発話の意味である。「皮肉（アイロニー）」の場合のように、ときに、発話の意味と文の意味とは完全にねじれることさえある。

人間のコミュニケーションは、刺激独立性を特徴とする、と述べた。このことは、言い換えれば、コミュニケーションは、人間の意図的な選択の産物だということでもある。意味の二つのレヴェルが区別されていることに対応して、選択も複層化する。発話者は、まず、受話者と共有したい情報を選択している。と同時に、発話者は、受話者に、彼がこの情報を伝えようと意図しているということに気づいて欲しいという意図を持っている。これが伝達の選択、伝達的意図である。これら二つの意図（選択）に対応して、受話者の側には、その情報を理解すること、そして伝達者の伝達的意図を受容／拒否すること、の二重の選択がある。

コミュニケーションを構成する四つの選択

発話者	**受話者**
情報的意図	理解
伝達的意図	受容（／拒否）

言うまでもなく、言語的コミュニケーションに最も深く関連している学問は、言語学である。とはいえ、言語学の多くの分野は、発話ではなく文の意味を直接・間接の主題としている。文の意

味を扱う、言語学の分野は、意味論である。意味論の前提となる分野は、統語論（語の結合を支配する規則を研究する）と音韻論（言語で使用される音の仕組みを研究する）である。主として発話の意味を主題としているのは、言語学の中でも最も新しい分野、語用論だ。語用論は、言語の使用についての研究と定義されている。語用論の主題は、発話が受話者にどのように理解されるかを主たる課題としている。もっと端的に言えば、受話者は、文の意味と発話の意味の間のギャップをどのようにして埋めるのか、文の意味から発話の意味をどのように類推するのかが、語用論の課題である。ここからすぐにわかるように、社会学に最も深く関係する分野、社会学にそのまま延長され接続される言語学の部門は、語用論である。

さて、コミュニケーションとその周辺の概念について、ごく初歩的で標準的なことを確認しておいた。この章の目的は、このように概念規定してきたコミュニケーションはいかにして可能か、にある。すなわち、社会学の考察の中心にあるコミュニケーションなるものの可能条件を探り出すことが、本章の主題だ。もちろん、コミュニケーションが成立するために必要な条件はいくつもある。以下の考察を通じて、コミュニケーションを可能なものとする、自明ではない、しかし重要な内在的条件を抽出してみせよう。

＊

そのために、探究にある工夫を施す。ひとつのモノグラフを活用するのだ。それは、イギリスで生まれ育った、ある双子のすさまじい人生についてのモノグラフである。この双子は、生まれてからずっと、(少なくともそのモノグラフが公刊されるまでの)二〇年以上の間、外部の他者からのいかなる働きかけに対しても、ほぼ完全な沈黙を守り続けた。要するに、まったく発話しない、発話することができなかったのだ。もちろん、言語の習得や発達に障碍が生ずるケースはいくらでもある。言語障碍や、その他の知能の発達に問題が生じた場合である。あるいは、自閉症や解離性の障碍においても、コミュニケーションに困難を来たす。しかし、後で述べるが、この双子の場合には、通常の意味での、言語障碍や知能の成長上の障碍はまったくなかったし、自閉症ともまったく違う。言語野を含む脳には、おそらく、まったく損傷も欠陥もない。つまり、中枢神経系の器質的障碍によっては、このケースは説明できない。

それならば、どうして、この双子は、言語的コミュニケーションができなかったのか。この問いへの回答が、同時に、コミュニケーションを可能ならしめている条件が何であるかを示してもいるはずだ。以下に見る双子は、きわめて稀なケース、極端な例外、まったく唯一といってもよいほどの例外である。しかし、カール・シュミットが述べているように、普遍的なものを照らし出すのは、どこにでもある平均的な事例よりも、例外である。

2. 沈黙の双子

【1】10分間違いの姉妹

この一卵性双生児の名前は、ジューン・アリソン・ギボンズJune Gibbonsとジェニファー・ロレイン・ギボンズJennifer Gibbons。双子は、一九六三年四月一一日に、ウェールズで生まれた。午前八時一〇分にジューンが生まれ、その十分後にジェニファーが生まれている。だから、ジューンの方がそのわずかな時間差の分だけ「姉」だということになる。この十分の時間的な差異が、後に、二人にとって決定的な困難の源となる。

この双子についての丁寧な記録は、マージョリー・ウォーレスによって公刊されている（Wallace [1986 = 1990]）。この論考において扱われる双子に関するすべての事実は、このウォーレスの著書から得ている。ジェニファーの方は、一九九三年三月に、二九歳で亡くなった。ジューンは存命である。われわれの考察は、ウォーレスの著作に依存しているので、双子の二三歳までの人生だけを対象とする。

六三年四月に生まれた双子は、元気一杯に成長し、二人でよく遊んだ。ただ、言葉の成長だけはかなり遅かった。三歳になっても、せいぜい二三語文を、しかも不明瞭に発することができる程度だった。しかし、この段階では親はこのことを特に苦にしていない。普通よりちょっと遅く、やがて言葉も話せるようになると思っていたようだ。

ところが、もっと成長しても双子はまだ他人と話すことができなかった。学齢期に達すると、まず教師たちが、このことを問題として指摘するようになる。親はそれでも最初のうちはあまり気にしていないが（というか、大袈裟なことと見なしたくないという防衛機制が働いていたのかもしれない）、やがてことの重大さに気づくようになる。双子は、何人かの心理学者や言語治療士に会ったが、誰も原因を究明できず、事態は一向に改善されなかった。ついに一四歳のときには、普通校から特別教育のための専門校に移されるにいたった。しかし、そこを卒業するまでの間に、事態はますます深刻なものに変わっただけだった。

双子の異常は、他者が話し掛けようが、悪意をもっていじめようが、また好意的に接近しようが、いかなる場合でも、他者とは一切会話ができないということであった。双子は、他者を前にして完全に沈黙している。実は、――後にわかることだが――二人に他者とコミュニケートしようとする意志がなかったわけではない。いやそれどころか、そのような意志には満ちているのだが、他者を前にすると、舌がもつれ、身体の一切の表現的な部分が麻痺してしまうらしい。このような異常は、歳をとるにつれ、ますますひどくなっていく。始めのうちは、母親となら、最低限の生活上の必要に関して、言葉を直接に交わすこともできた。しかし、やがて、家族に対してさえも、双子は口をきかなくなるのである。

ここで、双子の家族的な環境について、ごく簡単にふれておこう。ともかく、双子の家族が、これほど特別な子どもが生まれ育った場所としては、あまりに普通であったことだけは、間違いない。一家は人種的にはアフリカ系で、現在はイギリスに住んでいるが、もともと両親は、西インド諸島の島（バルバドス）で生まれ育っており、そこで結婚した。母グロリアは、ごく普通の人だったが、結婚相手としては、頭がよく快活な人を、と望んでおり、実際夫のオーブリはそういう人物だった。オーブリの方は両親の仲が悪いかなり不幸な家庭の出身だったが、勉強はでき、奨学金を得て、上級の学校に進学し、イギリス式の最上の教育を受けた。一八歳のとき母親が亡くなり、オーブリは学校を辞めた。彼は父親を心から憎んでおり、その後ほとんど連絡を絶っている。オーブリは最初の仕事として空港の気象観測部門に就職した。そこで、グロリアと出会い、一九五五年に結婚し、その後、長女と長男を得ている。しかし、空港の気象観測の仕事をしていても、たいした昇進の可能性はない。そこで、一九六〇年に一家はイギリスに移住した。オーブリが、イギリス空軍の中に職を得ることができたのだ。

オーブリの仕事は転勤が多く、一家は転々と各地を移動しなくてはならなかった。空軍関係者にはほとんど黒人はいないので、グロリアはかなり苦労したらしい。しかしオーブリは、学校でイギリス紳士のマナーをたたきこまれていたので、基地内の誰よりも、イギリス人らしく振る舞うことができた。オーブリは、社会的に認められることを強く望み、誰ともつきあいが良かった。しかしオーブリが社会的な成功を求めて一生懸命になればなるほど、家族とのつきあいは希薄になっていった。[1]

双子が生まれたのは、こんな時期であった。その四年後に、もう一人妹が生まれている。結局、兄弟姉妹は、双子を含めて五人である。イギリスに住む家族としては、多い方であろう。

両親が双子に対して愛情が少なかった、などということは決してない。母親は情愛細やかな人である。確かに、述べたように、父親の方は家族に対していくぶん無関心だったが、それとて、彼の出身地の男のやり方としては、ごく普通の部類に属する。そこでは、男の仕事の中心は家族に住む場所を確保してやることだ、と考えられている。他の兄弟姉妹が双子に冷たかったということも、まったくない。さらに、双子以外のすべての兄弟姉妹には、心身にいかなる異常も認められない。

【2】「ゾンビ」のように

さて、話題を双子にもどそう。会話ができないということになると、まずは、知能の発達の遅れや言語障碍が疑われるが、そういったことに関しては、まったく問題がないことが、わかってきた。双子の知的な発達は、正常である。いわゆる言語障碍もない、ということを、言語治療士や心理学者が認めている（実際、普通の言語障碍児への治療は、この双子には、まったく効果をもたなかった）。

実は、双子の言語についての能力が、一般的に欠落しているわけではない。それどころか、双子の言語をあやつる能力は、ある方面では、普通をかなり凌駕しているということが、次第に明らかになってきた。ただし、いわゆるサヴァン症候群のような、優れていること自体がまた異常である、というような種類のものではない。

まず驚くべきことは、双子同士の間では互いに話ができた、ということである。ただ双子同士の会話は、非常に早口で、他人にはたいへん聞き取りにくかった。そのため、双子がなんらかの暗号のようなものを作って、意志疎通していると思ったひともいたほどだが、テープに録ってゆっくりまわしてみると、彼らがごく普通の英語を話していることがわかる。

次に、双子は、文章を書くことはできたのである。しかも、二人は、書くことをとても好んだ。双子はそれぞれ膨大な量の日記を残している。ウォーレスの記録の主な情報源は、この日記である。日記の各ページは、手書きの小さな読みにくい文字で、すきまなくうめつくされている。手紙もたくさん書いている（ペンフレンドもいた）。さらに、学校を辞めたあとは、文章創作のための通信教育も受けており、詩や小説をたくさん書いている。[2] ジューンの書いた小説『ペプシコーラ中毒者 Pepsi-Cola Addict』は、編集者に認められて、出版までされたのだ。

他者に対して音声言語を発することが一般的に不可能なのか、というとそうではない。二人は、電話ならばかけられたのである。双子は、電話を好み、電話を使ったいたずらをたくさん繰り返している。このことから、双子の構音器官や発語のための神経諸系統になんらの異常もないことがわかる。

結局、双子は、他者を直接に前にしたとき、音声言語を発することができないのである。音声だけではない。他者を前にしたとき、双子の身体から、一切の表現的な機能が脱落した。ある医者は、予防注射のために学校を訪れたときにちらと双子に会っただけで、その表情の著しい欠如に驚き、次のように証言している。

「一言何か声をかけてからやる〔注射をうつ〕んですよね、ブスッて。その子の顔に目をやりましたらね。じーっと何か目を凝らして見ていました。僕のいつもの一言がでなかった。」接種を済ませてもこの子は全く無反応だった。「戦場で死人もたくさん見ましたが、そんな感じでもない。今まで経験したことのない不気味さで、『「ゾンビ」っていう言葉を思い出しましたよ。〔中略〕その小さい黒い女の子は、凍りつくような無感動な目で私のことを見つめていました。』その二、三人後ろに彼は別の黒い腕を目にした。彼が顔を上げると、この子もさっきの子と同じ目つきで、無表情につったっていた。(32、数字はWallace [1986 = 1990] の頁数。以下同様)

この医者が驚いているのは、双子の身体が、明らかに生きているのに、ほとんど死んだ身体と同等の表情(表現性)しかもたなかったからである。この医者は、このあとすぐに校長に会って、双子に何らかの治療が即座にほどこされなくてはならない、と進言している。双子は、いわば、互い以外の他者に直面すると、顔を失ってしまうのである。

外部の他者は、双子にとって、——たとえその人物が好意的な場合でさえも——敵以上の敵、積極的に対抗する(つまりたとえネガティヴであっても関係をもつ)ことさえできないほどに純粋な夾雑物なのである。ジューンは「他人は敵だ」(159)とはっきりと述べているくらいだ。学校でいじめられたときの、二人の態度は象徴的である。「二人はいじめられそうになると、向きあって互いに相手の肩をかかえ、まりのようにぎゅっとちぢこまって敵に向かう態勢をつくった」(30)。双子は、互い以外の他者の顔を見ようとせず、他者の存在を無視してしまうことで対抗したのだ。

双子は、単にしゃべることができない、ということだけではなく、さまざまな奇行で人を驚かせている。人形遊びに対する極端な執着も、そのような奇行の一つである。もっとも、双子は、部屋にとじこもって遊ぶので、その詳細は長い間、家族にさえもよく知られていなかったのだが。双子は、十代の後半になってからも、人形で遊ぶのを著しく好んだ。ちょっとした物語を創り、それを人形たちに演じさせた。物語の筋は、ジューンが考えたようだ。

双子の心の軌跡をたどっていると気がつくのは、彼らの「アメリカ願望」の強さである。双子はアメリカという場所にひどく憧れている。もちろん、双子はアメリカに行ったことはない（両親の故郷である西インド諸島にも）。彼らが抱いているのは、彼らが想像した、型にはまったアメリカという像である。たとえば、人形遊びの中で構築された世界は、ほとんどすべて「アメリカ的」なものだ（舞台を中部アメリカの郊外居住地に設定し、いかにもアメリカ人風の名前の高校生が、ディスコに出かけ、ローラースケートで遊ぶなど）[3]。

双子は、ほとんど話すことができないのに、何人かの男の子たちに、かなり激しい恋心を抱いている。男の子のペンフレンドも持っていた。「性」にも興味があり、十八歳の夏に、学生時代に知り合った男の子ランスの弟カールと、初めての性体験をもった[4]。まず妹のジェニファーがカールと関係し、それから数日後、こんどはジューンがこの同じ少年と関係した。この性体験の先後関係は、二人にとって、非常に重大な意味をもつことになる。

双子の奇行の中でも、とりわけ奇妙なものは、反復される目的なき軽犯罪である。初めての犯罪は、ちょっとした万引きであり、十八歳のときカールたちと分かれた直後に行われている。その後、他人の家や公共の建物に侵入し、たわいのない物を何度も盗み出した。やがて犯罪の程度もエスカレートしてきて、建物に放火するようになる。後に裁判のなかで指摘されたことだが、二人が放火した建物は、人気がないだけではなく、学校のような、ありきたりのレンガでできた、いかにも官僚的な公共の建物が多かった。

おもしろいことに、双子は犯罪を犯したあと、自分で電話をかけてパトカーを呼んだり、声を変えて警察に電話をして、犯罪をほのめかしたりして遊んでいる。双子は、まるで逮捕されることを望んでいたかのようである。やがて双子は実際に逮捕され、しばらく警察署に拘置されたあと、裁判で「精神病質」であると判定され、精神病院に送られた。

双子が他者とコミュニケートできないのはなぜか。この不能は、双子の他の奇行とどんな関係にあるのか。このことから、コミュニケーションのために不可欠な条件を逆照射すること、これがわれわれの探究の目標である。

【3】私の影

双子なるものの基本的な特性から容易に予想されるように、二人は、それぞれ、相手を自分の分身であるかのように考えている。たとえば、ジューンは、ジェニファーのことをはっきりと「私の影」である、と述べている（231）。ジューンは、女囚のための拘置所にいたとき、次のような幻影を見る。

その時ふとロッカーの鏡にうつった自分の顔を見てしまった。もう一度よく見ると、鏡の中の像が確かに変化したように思えた。なるほど外見は同じだが眼が違う。ぎらぎらと鋭い目付きだ。口を見る。唇の端がゆがみ、あざけるようににやっと笑う。しかしジューンは口を動かしていないし、笑ってもいない。私の顔じゃない。ジューンは恐怖におののいた。鏡の中の顔はにやにや笑いから歯をむき出した笑いに変り、ジューンは確かに妹がゲラゲラ笑う声を聞いた。しかしこの時、ジェニファーは顔もあげず本に向かっていた。(222)

ジューンは、鏡に移った自分の顔を、ジェニファーとして同定しているのである。ジューンは、夢のなかでも、鏡を覗き込んだところジェニファーが映っているのを、見ることになる(238)。

このような状況は、ジェニファーにとっても、基本的には同様である。同じ拘置所でジェニファーが書いた詩の中につぎのような節がある。

二つの影　壁面に／沈黙の　優美な踊り／重なりあう暗い影／あわく　ただよう／けれど　残影こそは　はかなき幻(196)

重なりあう二つの影とは、もちろん、双子のことである。

多くの人が考えることは、異常の原因は、双子が一緒に過ごすところにある、ということだ。そこで、彼らが専門校にいるとき、教師や心理学者は、二人を別々のところに通わせようとする。しかし、二人のものすごい抵抗にあう（異様な執拗さで、電話で担当者を説得するなど）。それでも分離計画を強行してみると、状況は改善されるどころか、二人は、完全に生気を失ってしまったのである。たとえばジューンは、一人でいるとき、「恐怖に身を固くした小動物のように身じろぎもしないでじっとしていた」(55)。ただ二人は電話で連絡をとりあっているときだけ、生気を取り戻した。こうして、分離計画は、完全な失敗に終わった。

相手が自分の影であるということ、言い換えれば、鏡に映った姿が自分のそれではなく相手であるということ、このことは、結局、他者である相手が、同時に自分自身（もう一人の私）である、ということである。つまり、双子は、二人でありながら、一人であるのと同等な完全な統一性、至上の調和に達していたことになる。双子が分離できないのは、当然である。だれも、自分自身から分離することはできないのだから。

似たような分離は、もう一度、のちに精神病院に入れられてから行われる。今度は、はじめ双子自身が、自分たちは分離しなくてはならない、と考えていたふしがある。しかし、いざ実行に移されると、双子はものすごい混乱と焦燥を味わった。たとえば、ジューンは落ち込んで自殺までしようとし、ジェニファーをもどすように懇願した。ジェニファーの方も、同じように姉の帰りを切望した。日がたつにつれて、ジェニファーは、ごく日常的な行動――たとえば廊下を歩くこと――すらできないような状態におちいってしまう。ジェニファーは、自分自身の存在感を喪失し、他者たちから自分が見えない透明な存在になってしまったような感じをもったという。そんなとき、二人は偶然、お茶の時間に出会う。このとき、ジューンはジェニファーに次のように告白している。「私一人でいる時には、私はあんただって思うことにするの。これはあんたの顔、あんたの身体なのよ。私はあんたなの」(300)、と。

だから、双子のそれぞれは、相手から独立している場合には、自身の同一性《アイデンティティ》を完全に喪失し、まったくの空虚と化してしまう。ジェニファーから引きはがされた精神病院でジューンが書いた詩の一部を引用してみよう。

正気と狂気、私はそのどちらとも無縁な人間／私はからっぽのプレゼント箱／クズ箱ゆきの、包装もしていないむきだしの箱／私は投げ捨てられた卵の殻／その中身に命はない　私は誰の目にも映らないから／虚無の奴隷……(323)

しかし、かといって二人が一緒にいるときが、二人にとって幸福だったわけではない。つまり、相互に相手が自分自身と等置されていたとしても、双子が居心地のよい共生状態を生きたわけではないのだ。ジェニファーは、『パジリスト』というタイトルの次のような小説を書いている(101-106)。

——外科医のバレンバーグは、生まれたばかりの息子のランスが心臓疾患であと数週間の命であることを知り、息子に飼い犬ボビーの心臓を移植する。ランスは助かり成長するが、時折、犬の泣き声を発するなど、奇妙な行動を取り、両親はショックを受ける。やがてランスはボクサーになり、世界チャンピオンになる。彼は心臓の不調にもかかわらず戦ったタイトル戦に勝利したあと、心臓発作にたおれ、病院に運ばれる。そこで彼は自分の心臓の秘密を知り、父親をのろい、妊娠しているガールフレンドと急遽結婚して、死んでいく。——ここで父親によって犬の心臓を植え込まれたランスとは、ジェニファー自身の運命の隠喩であろう。ジェニファーもまた、自分を双子の一人として産んだ両親のせいで、自分自身の同一性を他者＝ジューンと等置させざるをえず、いわば、自身の身体に他者を内在させているのだから。

彼らが互いに同一化しあっているということは、外部の他者との関係において不快だっただけではなく、彼ら自身の関係の内部に限ってみても、ある困難を孕んでいるのである。この小説は、このことを示唆している。その困難とは何か。このことを解明する前に、少しばかり理論的な回り道をしておくことにする。

3. 関連性理論——フレーム問題の魔術的解決？

【1】認知的関連性の原理

コミュニケーションに関して、根本的な困難を抱えていると思われる双子について、基本的な事実を紹介した。なぜ、彼らには、コミュニケーションが不可能だったのか。この点について考察を進める前に、探究の焦点がどこにあるのかを見やすくするために、コミュニケーションについての現代の理論のエッセンスを概観しておくことにしよう。

ひとはいかにして発話の意味を理解し、コミュニケーションを成功に導くのか。第1節で論じたように、この課題を解こうとしている言語学の分野は、語用論である。語用論は、一九七〇年前後に、ポール・グライスひとりによって創始された分野だと言っても過言ではない。少なくとも、グライスは、語用論を、学の名に値する内容のあるものにした。今日の語用論を主導しているのは、グライスの提言を批判的に止揚した「関連性理論」である。関連性理論は、一九八六年にダン・スペルベルとディアドリ・ウィルスンによって提唱され（Sperber and Wilson［1986/1995 = 1993/1999］）、その後、多くの継承者を得て、洗練されたものになってきた。ここでは、関連性理論の基本的な着想だけを見ておこう。そして、それだけでもすぐにわかる基本的な問題点を指摘しよう。

関連性理論が解こうとしていることは、受話者は、どのようにして発話の意味を解釈するのか、である。発話された文の意味は、コード（辞書と文法規則）を用いた記号の解読によって確定することができる（とする）。しかし、その文の意味と矛盾しない、発話の解釈は、たくさんある。つまり、発話者がある文を発したとして、彼または彼女は、その発話によって何を意味しているのか、ということについての解釈の候補はひとつではない。受話者は、どのようにして一つの解釈を選んでいるのか。受話者には、発話の意味の解釈（の候補）を評価し、不適切なものを排除するためのひとつの基準があるはずだ。その基準は何か。これが、関連性理論の問いである。

この理論は、人間の認知についての、次のような前提からスタートする。すなわち、人間には、関連性relevanceのある情報に注意を払い、それらが最も高い関連性をうむように処理する傾向がある、と。つまり、「人間の認知は、関連性を最大化するように働く性質をもつ」（認知的関連性の原理）ということが、この理論の大前提である。

関連性とは何か。関連性は、コンテクストにおいて定義される。コンテクストとは、情報を解釈（処理）するにあたって想定されていることがらの集合である。ある情報が関連性をもつとは、その情報がコンテクストにおいて認知効果cognitive effectをもつことだ。認知効果とは、次の三つのいずれかだ。第一に、不確実なコンテクスト的な想定を確定化すること。第二に、コンテクスト的想定（の一部）と矛盾し、誤った想定を放棄すること。第三に、コンテクスト的想定と結びついて、（コンテクストのみならでは得られない）新情報を論理的に導き出すこと（これを「コンテクスト的含意」と呼ぶ）。

たとえば、今、あなたは、新宿で開催される講座に出席しようと、駅の構内を歩いているとしよう。このときコンテクストとそして想定されていることは、(a)「おそらく次の列車に乗れるだろう」、(b)「もしその列車に乗ることができれば、講座の開始時刻に間に合う」、(c)「もし列車に乗り遅れたら、講座の開始に間に合わない」、という三つの情報だ。あなたがホームに着いたとき、ちょうど列車が入ってきた。このとき、新情報は、(d)「次の列車に乗ることができる」というものだ。(d)が{(a)(b)(c)}のコンテクストで処理されると、二種類の認知効果が得られる。(d)の情報は、(a)の想定を確定化すると同時に、(b)の想定と結合して、(e)「講座の開始に間に合う」というコンテクスト的含意を引き出すことになる。このような意味で、(d)は関連性がある情報だったと言える。

認知効果が大きいほど、関連性も大きい。と同時に情報処理のコストが大きすぎてはならない。認知効果がある情報を引き出すのに、あまりにめんどうで複雑な推論を強いるものは受け入れられない。つまり、情報処理のコストが低いほど、関連性は増す。関連性は、認知効果が大きいほど、そして情報処理コストが小さいほど、増大することになる。

【2】伝達関連性の原理

さて、この認知的関連性の原理は、コミュニケーションの場面であるか否かとは関係がない、認知の一般についての原理である。この原理を前提にした上で、もうひとつの原理が付け加えられる。そのもうひとつの原理が、コミュニケーションに関わっている。その原理、伝達関連性の原理とは、「発話は一般に、受話者の側に、関連性についての想定を生み出す」というものだ。ある発話がなされたとする。その発話の解釈、その発話が結局何を意味しているのか、発話者は何を言いたいのかという解釈は、たくさんある。受話者は、どの解釈を採用するのか。発話は、自動的に「関連性についての想定」あるいは「関連性についての期待」を生み出している。そうした想定や期待を最もよく満たしてくれる解釈が、受話者によって選ばれる。これが、伝達関連性の原理である。

だが、どのくらい関連性があればよいのか。もちろん、最大の関連性、関連性の最大値である……としたいところだが、その要求が高すぎることは明らかだ。発話者の方に、情報を伝えるだけの能力がなかったり、発話者が、何らかの理由によって、最大の関連性をもつ情報を与えたくないと思ったりするケースもあるからだ。学生が教師に、明日の試験について質問しても、その答えとして、最大の関連性をもつ情報（出題される問題は何か）は得られない。そこで、スペルベルとウィルスンは、「最適の関連性」という概念を案出した。それは、次のような趣旨である。受話者は、発話について、受話者（である自分）が少なくとも処理するに値するだけの関連性をもつはずだと想定し、かつ、その発話は、発話者の能力と選択が許す範囲内では最大であるだろうという期待をもつ。

教科書にもあるような簡単な具体例で解説しよう。今、客や店員がたくさんいる百貨店のあるフロアに、守衛が駆け込んできた、「建物が火事です The building's on fire」と大声で言ったとする。これを聞いた者は、この発話をどう解釈するだろうか。「建物 the building」は、どの建物を指すのか。その解釈は無限である。が、百貨店内の人々は間違いなく、この語の指示対象は、彼らがいるその百貨店の建物であると解釈するだろう。そう解釈することが、彼らにとって関連性が最も高い——何しろ生死すら左右しかねない——からだ。

以上が、関連性理論の基本的な構造である。ここから、さらに興味深い応用や発展が可能になる。

たとえば、「最適関連性」についての想定・期待から考えて、一般に、受話者が最初に思いつく解釈、つまり最も処理コストの低い解釈が、最終的に正しい解釈でもあると、普通は考えてよい。今引いた、百貨店の例でも、守衛の叫びを聞いた者は、あれこれ検討した上で最後に、「『建物』とはこの百貨店の建物を指している」という結論に至るのではなく、すぐに、この結論に飛びつくだろう。しかし、ときに、関連性のある解釈に至るまでに、余分な処理を必要とする発話がある。隠喩などがそうである。「ジョンはロバだ」という発話は、「ジョンは間抜けだ」ということを伝達しようとしている。そうだとすると、どうして、処理コストがより小さくてすむ後者が直接言われず、「ロバ云々」という前者が発せられたのか。余分な処理コストは、付加的な認知効果によって補償される。「ロバ」に喩えることは、「間抜けさ」について独特の含みを加えることになる。

【3】発話の魔術？

以上に概説したように、関連性理論は、まったく生まじめな説で、これといった大きな欠陥はないように見える。これに細かな修正を加えていけば、発話の理解のメカニズムについて、正確な説明が得られるだろう。そのような見通しをもちたくなる。

しかし、この理論には、大きな穴がある。つまり、説明が欠けている重要な前提があるのだ。どこに？　最も肝心な伝達関連性の原理に、である。この原理は、発話が、あるいは伝達的な意図が明示されているあらゆる行動（「顕示的刺激」と呼ぶ）が、それらがコンテクストにおいて最適な関連性をもつとの想定を受話者の側に生み出す、としている。だが、どうしてそのようなことが可能なのか？　つまり、発話に、どうして、関連性についての想定を生み出す力が宿っているのか？　この点が説明されていない。

関連性は、コンテクストとの相関でしか生じない。それぞれのコンテクストにおいて、認知効果をもつ情報が、関連性をもつ、とされるのだ。したがって、関連性についての想定を相手に与えるということは、コンテクスト（となる前提的な想定）もまた規定している、ということである。発話は、同時に、その発話がその中で関連性をもつことになるコンテクスト自体を生み出し、定義していることになる。だが、なぜ、いかにして、そんなことが可能なのか？　それは説明されなくてはならない。

これは、人工知能の分野で、「フレーム問題」と呼ばれている難問と関係している。フレーム問題とは、その都度、適切なコンテクストを枠付け、関連性のある情報をいかにして選び出すか、という課題である。人工知能が解決すべき主題領域がはっきりと限定されていれば、フレーム問題は生じない。たとえば、その人工知能がなすべきことが、「将棋を指すこと」だけであれば、フレーム問題はない。人工知能は、「次の一手」を決定するために必要な情報をできるだけたくさん検討すればよいだけだ。

しかし、人間は違う。将棋も指すが、デパートで買い物もするし、家族と食事もするし、仕事の打ち合わせもする。人工知能に、人間の知能に相当する汎用性を与えようとすると、たちどころに困難が生ずる。フレーム問題を解決できないからである。「建物が火事です」という発話を解釈しようとすると、汎用性のある人工知能は、たとえば、「建物」なるものが一般に火事である、と解釈する。もちろん、はじめから、この百貨店のことしか知らない人工知能、火事なのかそうでないのかを判別する機能だけをもつ人工知能を作るのであれば、たやすいことだ。しかし、人間は、他の建物のことも知っているし、火事か否かということ意外にも、無数のことに関心をもっている。それなのに、「建物が火事です」という発話を受け取ると、たちどころに「この建物」であると特定し、他のことには目もくれず逃げることを考える。

どうして人間にはそんなことができるのか? その認知のメカニズムはよくわかっていない。だから、人工知能の上にそれを実現することもできない。

伝達関連性の原理は、フレーム問題の解決を、発話にすべて委託しているようなものだ。発話に、フレーム問題を解消してしまう、魔術的な力が宿っているかのように、である。なるほど、実際にそうなのかもしれない。発話には、そのようなふしぎな作用があるのかもしれない。しかし、それは、理論が前提にしてよいことではない。まさに、そのことこそが、説明されるべきことではあるまいか。

【4】知っていることを知っていることを……

発話によって、受話者にとって関連性を有する情報を与えることができるためには、発話者と受話者が、コンテクスト的想定を共有している、ということが前提になる。まさに、そのコンテクストと相関で、関連性が発生するからだ。要するに、発話者と受話者は、同じことを知っていなくては――厳密に言えば、知っていることにならなくては――いけない。知の共有は、関連性をもった発話が成立するための必要条件である。

ここで、次のような事例を考えてみよう。これは、スペルベルとウィルスン、つまり関連性理論の提唱者自身が提起した例をもとにして創ったものだ。

水曜日の朝、アンとボブは、新聞の朝刊に、今晩ロキシーで『鳥』を上映する、と書いてあるのを二人で確認した。しかし夕刊では、その晩の映画が『目まい』に訂正されていた。これに気づいたボブは、訂正箇所を赤い丸で囲っておいた。その後この新聞を見たアンは、ボブが付けた印に気づき、映画の上映計画の変更を知った。その日の夜アンはボブに聞いた。「あなた、あの映画を見たの？」

さて、受話者であるボブは、アンが問うている映画を、つまり「あの映画」の指示対象をどちらだと解釈すべきだろうか。どちらも、最終的な上映スケジュールを知っているのだから、すなおに、『目まい』のことだ、と理解すべきなのか。しかし、ボブは、アンが未だ新聞の訂正を知らないと推測することもできる。そうだとすれば、アンは、『鳥』に言及していることになる。もちろん、ボブは、アンが印に気づき、すでに新聞の訂正を知っていると推測することもできる。この場合には、「あの映画」は『目まい』である。これだけでは終わらない。ボブはこう推量してもよい。「アンはすでに訂正を知っているのだが、彼女が知ったということを未だ僕が知らないと考えて、『鳥』のことを指しているのかもしれない」。……このように、推量は続き、結局、「あの映画」の指示対象を一義的に決めることはできない。

この例が含意していることは、こういうことだ。発話者と受話者が、同じことを前提的なこととして知っている、というだけでは、コミュニケーションは成功しない。相手が知っているということを知っていること、そのことだけが、コミュニケーションにとって有効な共有知となり、コンテクストの特定に役立つのだ。

このことを、具体例から離れ、抽象的に一般化して考えてみると、われわれは奇妙な結論に向かうことになる。今述べたように、発話者が最適な関連性を有することを語り、それを受話者が理解することで、コミュニケーションが成功するためには、少なくとも、両者の間で、コンテクスト的想定に対応する知識が共有されていなくてはならない。つまり、発話者と受話者は同じことを知っていなくてはならない。このことを、次のような等式で表そう。

$$k_a^{\,1} = k_a(X) \quad かつ \quad k_b^{\,1} = k_b(X) \cdots\cdots\cdots\cdots\cdots ①$$

この式で、$k_a(X)$とは、AがXを知っている、を表している。また$k_a^{\,1}$とは、Aの「世界についての直接の——第1階の——知識」という意味だ。この連立方程式は、AもBもともにXを知っている、という意味になる。

だが、今述べたように、単に、客観的に共有されているだけの知は、コミュニケーションでは役立たない。先の例では、アンもボブもともに、今晩、ロキシーで上映された映画が『目まい』だったことを知ってはいるが、このことはコミュニケーションの成功を保証しなかった。共有されていることを知られている知識だけが、解釈に使えるし、また発話に利用できるのだ。相手が知っているかどうか不確かな知識は、発話にも解釈にも活用できない。そこで、①の連立方程式によって表現された条件に加えて、次の連立方程式が成り立っていなければならないことになる。

$$k_a^2 = k_a(k_b^1) \quad \text{かつ} \quad k_b^2 = k_b(k_a^1) \cdots\cdots\cdots\cdots ②$$

この方程式の左辺k_a^2の上付添字2は、「知についての知」、つまり第2階の知であることを示している。

ここで、しかし、やっかいな問題が生ずる。コミュニケーションにおいて有効に活用されうる知は、共有されていることが知られている知のみである。「知についての知」も、知に関するこの一般的な条件に従うことになる。実際、先の例でも、ボブは、「アンが知っているということを僕が知っているかどうか」ということに迷い、指示対象の特定ができなくなっていた。そこで、次の条件が必要になる。Aに関してのみ方程式を示そう。

$$k_a^3 = k_a(k_b^2) = k_a(k_b(k_a^1))$$ ……③

もちろん、この第3階の知についても、同じことが成り立つ。これだけでは、役には立たないのだ。それより上位の、つまり第4階の知によって裏打ちされなくてはならない。ここで、われわれは純粋に論理的に考え尽くさなくてはならない。論理に殉じて、その最終的な結果を突き詰めなくてはならない。相手の第n階の知を発話者と受話者の双方が互いに知っている、というだけでは、その知は、コンテクストの限定に役立たない。それは、常に、第(n+1)階の知を要求する。

$$k_a^{n+1} = k_a(k_b^n)$$ ……④

最終的には、次のような方程式に到達する。

$$k_a^{\infty} = k_a(k_b(k_a(k_b \cdots)))$$ ……⑤

ここでk_a^{∞}は、Aの第無限回の知識を意味している。この方程式が意味していることは、背理である。⑤が表現していることは、発話者と受話者、AとBの間で知が無限に相互に反射しあっている、ということだ。とすれば、いつまでたっても、発話のコンテクストとして前提にしてよいことが決定できない、ということになる。発話することができない。あるいは、解釈することができない。コミュニケーションが始まらない、永遠の凍結状態のようなものだ。

われわれは、コミュニケーションを可能ならしめる必要条件からスタートした（①と②の連立方程式）。その論理的な含意を純粋に追いかけていくと、最終的には、⑤に到達する。この方程式が表していること、それは、コミュニケーションは始まらないということ、コミュニケーションの不可能性である。可能性の条件から不可能性の条件が導出されていることになるではないか。

*

ところで、ここで、⑤は次のように書き換えることができる。

$$k_a^{\infty} = k_a(k_b(k_a^{\infty}))\cdots\cdots ⑥$$

⑤と⑥は数学的にはまったく同値である。⑤から⑥への書き換えにおいては、無限集合の性質（部分と全体が等しい。たとえば「1以上の自然数の集合」と「3以上の自然数の集合」はまったく濃度（大きさ）が等しく、後者の方が2個要素が少ない、ということにはならない）を利用している。⑥が表現していることは何か。⑥は不動点をもつ関数の形式になっている（$k_b \times k_a$という関数によって、もとの値k_a^{∞}に回帰している）。だから、⑥は、他者Bを対象化しつつある能動的な自己k_a^{∞}が、自己Aを対象化しつつある他者Bの世界に、そのまま現出している、ということである。つまり、他者に対するものとして捉えたときにも、自己のもつ能動性がいささかも失われないということだ。他者の場所において、その他者をとらえつつある能動的な自己と同等な能動性を保持することができるとき、コミュニケーションに可能性が与えられるのである。たとえば、それは、性愛の

ような体験を想起させる。

ここで、われわれは双子に、ジューンとジェニファーの双子に回帰することができる。なぜならば、この二人において、⑥の条件は、いわば理想的な形で実現しているからだ。互いに相手を自分の分身と見なすということは、他者の場において、自己の能動性を感受することである。ここで、あらためて想起してほしい。ジューンとジェニファーのあいだでならば、コミュニケーションが成立していた、ということを、である。

だが、彼らは、外部の他者との間には、一切のコミュニカティヴな関係を切り結ぶことができなかった。なぜだろうか。何が欠落しているのか。このことを解明することが、コミュニケーションを一般的に可能なものにする条件を示すことにつながる。そうした探究を通じて、われわれは、関連性理論に関して、この節で指摘した問題も、解決することになるだろう。コミュニケーションはどのようにして、フレーム問題を乗り越えているのか、という難問に、ヒントが得られることになるはずだ。

4. 嫉妬と抑制

【1】二重焦点の世界

双子のあいだには、第2節で見たような至上の調和と同時に、外からは見えにくい葛藤があった。

実際、――双子は互いを自分の分身であると見なしていながら――、第三者の立場から眺めてみれば、二人の心の内容は決して一致していなかった。それは、たとえば同じ日の同じ出来事についての日記を読み比べてみれば、すぐにわかることだ。ウォーレスは次のように述べている。

ジューンとジェニファーの日記の同じ日付の文章を比べてみると、壮観でさえある。それはまるで、相手に焦点をしぼり、四六時中相手の一挙一動を記録する二台のカメラのようである。……二人とも同じ出来事や感情を、驚くべき細かさで綴っているが、決してぴったりとかみあわない。どちらも相手を見る視野がゆがんでいるので、シュール・リアリズムの絵画のように混乱した二重焦点の世界を生みだしている。二人の少女の鋭い直感力の狭間に、ぼろぼろになった現実が実は存在するのだ。(202-203)

双子が互いに相手を「もう一人の自己」として同定してもなお、両者の差異は還元されないのである(二重焦点)。むしろ、異なっているがゆえに、かえって相補的に噛み合ってしまい、両者のあいだに現に存在している差異が隠蔽され、統一の外観が構成される、といったほうが正しいくらいである。両者の同一性は、両者の根本的な差異の上に成立している。いわば同一性は差異に内在しているのだ。

この差異を基礎にして、双子のあいだには葛藤が生ずる。その葛藤はどんどん深刻化し、双子はやがて一緒にいることが不可能だと、自ら思うほどにまで達した。もっとも、すでに見たように、実際に別々になった場合には、もっとひどい結果になってしまうわけだが。しかし、双子のあいだの葛藤とは何か。何が双子にとって、それほど苦痛だったのか。

【2】極端にゆっくり行動する二人

いくつかの奇妙なエピソードを紹介することから始めよう。双子が学校に入学してから間もないころのことである。校長は、偶然、双子が下校する姿を見た。そのときのことを、彼は述懐している。

するとあの双子があひるのようなみょうな歩きかたで、一〇ヤードほど離れて、まるで行進するようにゆっくりと歩いているのが見えました。いつもあんな歩きかたをしているのかと秘書に尋ねると、秘書はそうだと答えました。私は信じられなかったので、車にとびのり、どこまでそうやって歩いていくのかをつきとめようと思って二人の後を追いました。町を通り抜けても、二人はこの奇妙な行進をずっと続けていたのです。(29)

なぜこのような奇妙な歩き方をしたのだろうか。非常にゆっくりと歩いていたということが重要である。双子の動作がきわめて緩慢であるということは、双子に接したすべてのひとが一致して認めていることである。たとえば、双子の食事は、ものすごく遅い。双子は、二人のあいだの秩序――

たとえばこの場合だと歩く配置の秩序――を決して崩すまいとしているように見える。

次のエピソードは、事態をもう少し解きあかしてくれる。これは、問題を抱えた児童のための専門校に転校する直前の双子（一三歳）と面接した、心理学者の証言である。

同じかっこうに足を組んだ二人は、完全に動作を揃えて同時にお茶のカップを口許に近づけた。「あの様子は鮮明で忘れられないですよ。あんなふうに同じタイミングで全く同じ動作に移るなんてことはよくよくのことです。特別な直感回路のようなものが二人をつないでいるのかもしれないと思いましたよ。それにね、二人ともゆっくりやるんです。」(38)

この話の中には、双子のあいだの調和と葛藤がともに現れている。調和は、もちろん、直感回路でつながったような双子の動作の完全な同調のうちに、見て取ることができるだろう。しかし、見たところの印象とは逆に、このエピソードは、調和よりもはるかに多く、葛藤の存在の方を示唆しているのである。葛藤は、二人の動作が極端にゆっくりしていることの内に伏在している。この証言者自身が、このことを感じ取っており、続けて次のように述べている。

「もしもう少し動きを速くすれば、そろえるのは難しかったでしょうね。どちらも自分の方が先に次の動作に移るのは嫌だと思っていたようで、それであんなふうにゆっくり行動してい

たのだと思います。」(38)

しかし、なぜより速く動くことを避けようとしているのだろうか。と同時に、動作は完全に同調しているのだから、より遅く動くこともまた避けられているということを、見逃してはならない。

葛藤がもっと顕在化している、もう一つのエピソードを見ておこう。例の犯罪のために、警察に捕らえられ、一つの部屋に拘置されていたとき、双子は、食事に関して奇妙なゲームを開始した。一人が全く食べず、もう一人が二人分食べ、ときどき立場を入れ換えるというものである。交替のタイミングについて意見が合わなかったことが、たびたびあったようだ(194)。食べる側になりたくて意見が対立するのではない。食べない側にまわりたいのである。当時、二人はスリムな身体になることに、非常に強い関心をもっていたからである。どちらか一方が少しでも痩せて見えると、すさまじいけんかになり、そんなときには、食事は二つとも手つかずになっていた。

要するに、葛藤の第一の構成要素は、「嫉妬」である。相手が自分より高い価値を得ているのではないか、より恵まれているのではないか——たとえばよりスリムに見えるのではないか——という不安が、双方にある。この不安は、逆方向から捉えることもできる。すなわち相手に嫉妬するということの裏には、相手から嫉妬されるに値する場所にまで上りたい、という欲望がある。だが、これだけであるならば、双子の葛藤は、通常よく見られる競争と変わらない。なぜ双子の内の一方は、たとえ嫌々であっても律儀に、二人分の食事を食べるのだろうか。あのゆっくりした動作が意味していたことは何だろうか。

　嫉妬は、他者が自分よりも優位であることを認める感情である（また自分が他者の水準まで、あるいは他者の水準を越えて優位になりうることを認める感情でもある）。ここに、双子の場合の固有の困難がある。双子にとって、相手＝他者は、もう一人の自分以外のなにものでもない。そうであるとすれば、相手が自分に対して優越していること、相手と自分に差異があること自身を肯定することができないはずだ。相手が自分よりも優れていてはならない。のみならず、自分もまた、相手を出し抜いて、相手から嫉妬されるような位置に立ってはならない。双子が決して相手よりも速く動こうとしないのは、このためである。より速く動くということは、その行動において主導権を握ることである。双子は、それぞれ、相手よりも決して速く動かないことによって（また相手の動きに決して遅れないことによって）、主導権を握って優位に立つことを（また主導権を握られて劣位に追い込まれることを）、慎重に避けているのである。スリムになることを強く望みながら、ときには二人分の食事を取って相手よりも魅力的になることを自ら禁ずる、奇妙な規範的な要請に服するのも、同じ点に由来している。このように、双子の葛藤を構成している第二の構成要素は、「嫉妬の基盤となる関係の抑制」である。

　つまり、双子の闘いは、明らかに矛盾する二つの構成要素に、分解できるのである。一方に嫉妬があり、他方に通常の嫉妬を可能にするような関係（前提）そのものに対する抑制あるいは根本的な否認がある。ジューンとジェニファーは、まさに双子であるがゆえに、非常に嫉妬しやすく、そしてこの同じ理由から、嫉妬の基盤を否定してしまうのだ。したがって、次のようにいうことができる。この双子の場合、両者のあいだの同一性は両者の差異を決して抹消することはなく、かえって差異を際立たせているのだ、と。

ゲームの理論で「囚人のジレンマ」と呼ばれる有名な葛藤がある。そこでは、二人の囚人が互いに相手を出し抜こうとすることからくる不合理が問題になっている。それに対して、この双子の「囚人」の場合は、相手を出し抜くことを志向しつつ、出し抜きされないところにジレンマの元凶がある。

【3】嫉妬と抑制の「8の字回路」

情況をもう少していねいに眺めておこう。互いに相手を（また自分を）優位なものとして認めることができず、競争関係において完全に均衡してしまう、という像は、実は第一次近似であって、事態の精確な記述ではない。学生時代の双子を観察したすべてのひとが一致して指摘しているところによると、ジェニファーの方が指導的な立場にあり、二人の関係を決定している。たとえば、ジューンが何かしようとしたとき、それを抑制してしまうのは、ジェニファーである。ジェニファーは、知覚できるかできないかの境目にあるような微妙なサインをジューンに送って、ジューンの行動をたちどころに禁止してしまう。だとすれば、ジェニファーが優位にあり、ジェニファーにどうしてもつき従ってしまうジューンはジェニファーに魅了されている、ということになるのだろうか。

そうではない。というのも、ジェニファーの指導性は、ジェニファーの決して克服することができない劣位に対する補償に過ぎないからだ。ジェニファーの劣位とは、ジェニファーの存在的な遅れとでも呼ぶべきものである。すなわち、それは、ジェニファーがジューンより10分間遅く生まれてきたということからくるジェニファーの劣等感に根ざすものだ。ジェニファーは、遅く生まれてきたがゆえに、自分が、両親にも他の人々にも愛されないし、また皆に認められるような才能もない、と感じていたのである。ジェニファーの存在そのものが、この遅れによって規定されてしまっている。しかしまさにそれがゆえに、個々の行為においては、そのたびにすべて、ジェニファーの方に指導的な位置が配分されるようになっているのである。

しかし、それならば、ジューンは、ジェニファーのこの劣等感に便乗して、自分の方こそ、優位に立つチャンスがあったはずではないか。ジューンは、このチャンスを自ら放棄していることになる。特別学校での卒業が近づいてくると、ジェニファーは、ますます、二人の目に見える差異を小さくし、二人を事実上一人の人間のように見せようとした。それは、「あたかも母親の子宮のなかでジューンとジェニファーの細胞が分化する前の状態に戻したがっているかのよう」(60)であった。子宮の中では、まだジェニファーの本質的な遅れは作りだされていないからだ。それに対して、ジューンは目立ちたかったし、よりかわいらしく、賢く、そして皆に愛されるようになりたかった。だがジェニファーは、これに抵抗した。

ジェニファーには、これがジューンをつなぎとめる最後のチャンスであることが分かった。「おまえはジェニファーよ。おまえは私なの」とジェニファーは繰り返し呪文のように唱えた。ジューンは苦しんだ。……ジェニファーがジューンを支配しようとするたびに、ジューンがあげた悲痛な叫びをティム・トーマスは、今でも覚えている。「私はジューンよ！　私はジューンよ！」（61）

しかし、結局ジェニファーの支配を承認してしまったジューンは、「おまえはジェニファーよ」というジェニファーの呪文にかかってしまったのである。ジューンの方も、「他者＝ジェニファーであること」以外の内的な同一性《アイデンティティ》を持たなかったからである。

だから、ジューンとジェニファーの二人の志向は、次のような8の字型のループを永遠に循環し続けているのである。

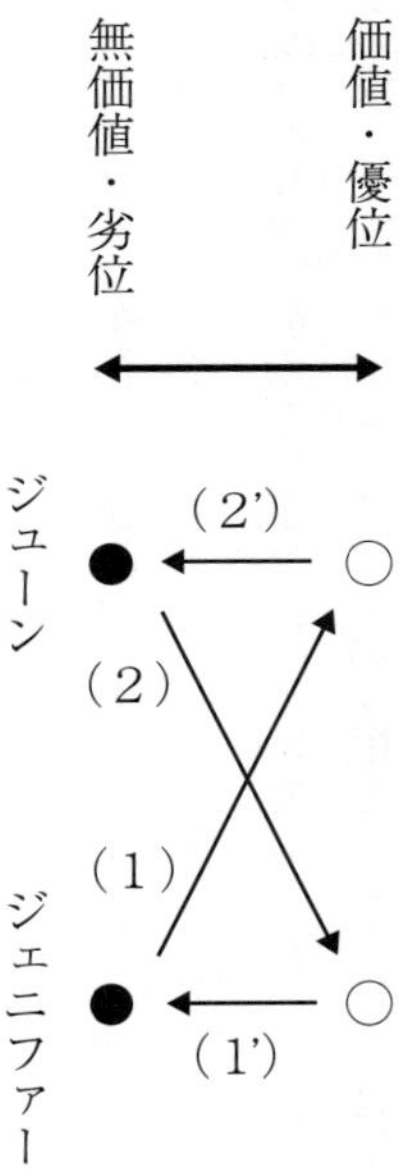

ジェニファーが存在的な遅れのゆえに自分自身をより低い価値のものとみなし(1')、ジューンに嫉妬する(1)。まさに、このジェニファーの劣等感と嫉妬とを条件として、ジューンの方は、自分の価値をジェニファーの水準にまで引き下げてしまい(2')、結果としてジェニファーの支配に屈したことになる(2)。しかし、ジェニファーの支配を支えているのは、ジェニファーの抹消不可能な劣等感である(1')。……(1')→(1)→(2')→(2)→(1')→という循環がいつまでも続くのだ。

5. 他者の欲望

【1】二種類の他者

ルネ・ジラールによると、主体の欲望は直接対象には向かわず、媒介を経由して対象に向かう。ここで媒介とは、他者のことである（つまり、主体は、他者がある対象を欲望していること、他者がある対象を所有していること、こうしたことに導かれて、その対象を欲望するにいたるわけだ。主体は、他者の欲望を欲望する（つまり模倣する）のである。だから、対象の価値は、対象そのものに内在しているわけでもなければ、主体の内的な心の構造から直接に派生してくるものでもない。主体にとっての、ある対象の価値は、他者がそれを所有しているということ（あるいは欲望していること）から、構成されるのである。ジラールの理論は、およそこのように欲望の構造を説明する。

この場合、媒介となる他者はさまざまなタイプがありうる。だが細かい相違は捨象してごく単純化してしまえば、この媒介＝他者の模倣へと主体を導く感情的な基盤（の最も原初的な形態）が、嫉妬である、と言うことができるだろう。

つまり、嫉妬は、欲望の不思議な交錯を基礎にしている。嫉妬は、ひとが、自己の同一性《アイデンティティ》を、自己自身の所有物によってではなく、他者の所有物によって、規定しようとするところから、結果するのだから。したがって、嫉妬を経験すること、あるいはまた嫉妬を克服することは、他者の優位を基底にすえ、そのもとで逆説的に自分の同一性を確立することなのである。それゆえ、嫉妬、あるいは嫉妬の克服は、次の⑦式から⑧式への変換を含意している。

「他者」＝{〈他者〉、〈自己〉}……⑦

↓

「自己」＝{〈他者〉、〈自己〉}……⑧

⑦式の意味していることは、次のことである。嫉妬において、他者は、二重の形式で現れていることを、まず洞察しなくてはならない。他者は、一方で自己に対して優位に立っている。だが他方で、嫉妬のような競争的・敵対的な感情が生ずるためには、他者は、自己と対等で、自己と類似していなくてはならない。まったく隔絶したほど優位にある相手に対しては、嫉妬は生まれな

い。いま自己と対等である限りおける他者を優位なものとして他者と区別するために、前者を〈他者〉、後者を「他者」と表記する。また〈他者〉と対面する自己を〈自己〉と書くことにする。この〈自己〉と〈他者〉との競争的な関係――〈自己〉と〈他者〉を含む集合の全体――を、まさに競争的なものとして規定するのが、優位なものとしての「他者」である。だから、他者は、〈自己〉（と〈他者〉）に対して、超越的なものと現象していると同時に、あえて言えば超越論的なものとしても機能している。「他者」こそが、〈自己〉−〈他者〉の関係を構成し、両者の経験の基本的な性格を決定しているからである。

嫉妬を経由して自己の同一性《アイデンティティ》を規定すること、あるいは嫉妬を克服することは、この他者の位置を、自己に置き換えることなのである⑧。嫉妬を克服するということは、たとえば、自己を競争者であった他者以上の水準に引き上げることである。あるいは、もはや他者との敵対的感情にこだわらなくなること――したがってその限りで競争において賭けられていた対象をすでに所有しているかのようにふるまいうること（所有しているものにひとは拘泥しないのだから）――である。

⑦において、他者が二重化しているということが、最も重要である。他者は、内在的であると同時に、超越的である。他者は、対等な相手であると同時に、一種の第三者でもあるわけだ。この二重性――とりわけ他者の超越性――が、自己の超越を誘発するのである。

他者の二重の成分のうち、超越的な成分の超越性をより強化させていくと、⑦式からのヴァリエーションとして、他者のさまざまな現れを位置づけることができる。他者の超越性が強化されれば、他者への感情は、⑴単純な嫉妬から、⑵羨望や、さらには⑵'憧憬へと変化する。

さらに他者の自己（あるいは〈自己〉）からの超越が高まれば、⑶他者は自己のあり方を承認（または否認）するだけの存在に到達する（作田［1991］参照）。このタイプの他者の極限には、たとえば神がいる。⑴と⑵の段階では、他者は、自己にとって理想であり、まさに自分がそうなりたいイメージであった。このことは、他者が自己と似ていることを意味している。しかし、⑶に至ったときには、他者は、もはや自己とは似ておらず、自己がそれになりたいような理想ではない。が、その他者が、自己の理想性と関係がなくなるわけではない。それどころか、⑶の段階の他者こそが、理想性を規定する。つまり、この他者は、そこから見たときに理想がまさに理想として、好ましいものとして現れる視点を具現しているからだ。「価値」はこの⑶の他者に対して現れているのである。私が「第三者の審級」と呼んでいるのは、このような機能をはたす「他者」である。

他者の超越性が強化されてしまえば、⑦から⑧の移行に相当する変換は起こりにくいと思われるかも知れない。しかし、たとえ他者がより高みに設定されていようとも、その他者の超越性に導かれて、自己は、他者に肯定的に承認されるところまで自らをも高めることによって、自身の同一性《アイデンティティ》を確立することになる。⑴⑵の「他者」に対しては、自己は、その像（イメージ）に直接同一化することによって、また⑶の「他者」に対しては、自己は、その視点を、自らを評価する基準として採用することによって、⑦から⑧への移行を実現する。この移行は、いわば自己が他者の超越性を分有するに至る過程である。

【2】双子はどこで躓いているのか

さて、このように考えることによって、ジェニファーとジューンの挫折が、どこにおいて生じていたかを、精確にいい当てることができる。双子の困難は、⑦式が表現するような関係の不成立である。相手＝他者が優位で超越的なものとして現れようとしたその瞬間、前節で見た8の字型の志向の循環によって、その超越性は消去されてしまう。こうして、いわば嫉妬は不発のまま、永遠に再生し続けることになる。⑦が成り立たなければ、当然、⑧への移行もありえない。⑧は、⑦の単なる変形だからである。

それゆえ、ジラールが想定しているような関係――他者の模倣による欲望の定立――が、常に首尾よく形成されるわけではない。この双子の事例がまさにそうであるように、他者の超越性（優位）が認められるやいなや、ただちに還元（消去）されてしまい、他者への嫉妬や模倣への志向が、不発に終わってしまう場合もあるわけだ。つまり、他者の超越性を、ア・プリオリな、恒常的前提として、仮定してはならない。

【3】普通だが奇妙な性体験

ここで、双子の男の子たちとの恋愛や性関係について、かんたんに述べておこう。最初に述べたように、双子は、ほとんど会話ができないにもかかわらず、何人もの男の子たちに対して、随分激しい――しかしいびつな――恋心を抱いている。男の子たちの中でも最も重要なのは、二人が処女を捧げたカールである。双子が男の子に夢中になる理由は、異性に対する普通の興味だけではないように見える。実は、男の子こそ、双子の競争のもっともわかりやすい対象なのである。だから、関係は、原則として、一人の男の子をめぐる三角関係となる。カールに関しても、基本的にはそうであった。三角関係がつりあいよく作られない場合——たとえば男の子がどちらか一方を偏愛しているように感じられる場合——には、強引に——ときには勝手な思い込みによって——もう一人の男の子との関係を作りだし、自分のボーイフレンドが相手のボーイフレンドの対応物であること、つまり両者が釣り合っていることを確認し、納得しようと努めている。たとえば、カールがどうやらジューンよりもジェニファーを愛しているらしいと感じたジューンは、カールの弟のウェインが妹よりも自分を愛していると思うことで、納得しようとした。(147)

だから、男の子への激しい恋慕は、双子の永続的な葛藤が、転移した姿なのである。双子が次々と新しい男の子に恋心をいだかざるをえないのは、このためである。だから、男の子が、自分にとって魅力的であるということ以上に、片割れの妹や姉にとって魅力的であることが肝心であった(9)。ジェニファーが作ったペンフレンドもまた、そのような対象の一人だった。彼女は、精神病院にいるとき、まだ見ぬそのペンフレンド、マークに思いを寄せ、彼との結婚まで想像していた。しかし、マークから送られてきた写真を見た瞬間、ジェニファーは、ものすごく落胆する。「ジェニファーの耳には、早くもジューンのあなどる声が聞こえてくるようだった」(285)。実際、ジューンは、そのような態度を取った。「ジェニファーが写真を渡すとジューンはちらっと見て驚いた様子だったが、それから浮かれた調子で『男じゃないじゃん』とくすくす笑った」(285)。このとき、ジェニファーにとってのマークの存在価値は、ほとんど失われたといってよい。このように、ボーイフレンドとの関係において、ほんとうに標的にされているのは、男の子そのものではなく、自分たち同士だったのだ。

もう一度、二人の初めての性体験の相手カールの話題に戻れば、二人にとって、決定的に重要なことは、カールが、性の対象として最初にジェニファーを選び、ついでジューンを選んだということである。双子が一八歳の夏のある日、カールをまじえた三人は、誰もいない田舎の教会で、まるで儀式のような性の関係をもった。教会の祭壇の前で、二人はおごそかにカールの衣服をぬがせ、ついで自分たちも裸になった。双子は、全裸でカールの前に立つ。そして二人を見つめるカール。三角関係の均衡が、現実化した。しかし、それは束の間のことだ。カールは、まずジェニファーを選び、内陣の段に連れていった。ジューンは、カールがジェニファーを抱くのをただ見ていなくてはならない。しかしうまくいかなかった。カールはこんどはジューンに挑みかかるが、またしても失敗した。そしてカールと、もう一度ジェニファーを選び、やっと成功した(138-9)。カールとジューンが性の関係をもつのは、それから一週間の後のことである。このときは、もちろん、行為するものと見るものとの立場は逆転する(145)。しかし、一週間も後の体験は、もうさして重要ではない。

最初にジェニファーがカールに選ばれたという事実は、生まれてからずっと続いてきたジェニファーの優位を、完成させるものであった。ウォーレスも指摘しているように(139)、性におけることの先後関係が、生における逆の先後関係をちょうど補うことになったのである。これによって、あの8の字構造は、ますます強固なものとなった。「ジューンはおくれをとったために、うらやみながらも軽蔑していた妹から逃れることができなくなってしまった」(139)からである。

【4】西インドからイギリスへ、そして……

ジューンとジェニファーをこのような閉塞状況に追い込んだ最も中心的な要因は、もちろん、二人が双子であったということにある。すなわち、両者が、あまりに近接しているがゆえに、互いに感応しやすく、嫉妬のリファレントになりやすかったのだが、その肝心の他者が、まったく自分と同じ顔、同じ表情の身体であったということ――つまりもう一人の自己であったということ――、このことが、二人を閉じた循環に封じ込めてしまったのである。しかし、原因はこれだけではなかったはずだ。ほとんどの双子は、こんな悲劇的なところにまで追い詰められることはないからだ。

たとえば、双子同士のあいだで嫉妬と抑制のダブル・バインドが形成されたとしても、嫉妬や羨望・憧憬のリファレントを、別の人物に差し向けることもできたはずだ。そのような人物として、兄弟姉妹はもちろんだが、とりわけ多くの場合、両親が選ばれただろう。しかし、ジューンとジェニファーの場合は、この嫉妬のリファレントの転換がうまくいかなかった。なぜだろうか。双子の一家、ギボンズ家の運命を思い起こしてみると、その理由は推測がつく。

ギボンズ家の両親は、西インド諸島の出身で、最初の二人の子ども（双子の兄と姉）をそこで得ている。しかし、彼らは、二人とも、最初から、西インド的な文化に同化できず、ヨーロッパ――というか（旧宗主国の）イギリス――由来の価値観に傾いている。実際、彼らは、やがて故郷を捨てて、イギリスに渡ってしまう。彼らは、単に物理的に故郷を離れただけではなく、――とりわけ父親の方は――そこでの人的な関係を完全に絶ってしまった。彼らがイギリスに渡ったのは、イギリス的な訓練を受けた彼らの能力を評価してもらえ、ヨーロッパ的な意味での社会的成功を得るためであった。父オーブリは、イギリス人以上にイギリス的なマナーに通じ、イギリスでの職業的なグループに過剰なまでに埋没した。要するに、ギボンズ家の両親は、自分の存在の根を、完全に否定しさろうとしているのである。

しかし、そのような存在の根は、表層的には糊塗できても、日常の無自覚的な生活の深部にはどうしても残ってしまう。たとえば、母親のグロリアは、もともと夫ほどにはイギリス的な教養をもっていないので、イギリスの、ほとんど白人しかいない地区での生活に適応しきれていない。若い頃から特別な学校で徹底的にイギリス的な教育を受けてきたオーブリでさえも、家に帰ってからの生活は、典型的な西インドの故郷の父親のそれだったのである。

要するに、ギボンズ家の両親が肯定し、承認する価値と、彼らの所有物や存在とのあいだには、根本的な齟齬があった。このような矛盾、自己否認のゆえに、彼らは、子どもたちの価値指向の対象とはなりえない。というのも、両親の属性や所有物を指向したとしても、その当の両親が、自らの属性や所有物を否定的にしか評価していないのだから。[6] こうして双子は、自分たちの同一性《アイデンティティ》を構成するための準拠点となる超越的他者として、両親を設定することができなかった。言い換えれば、二人だけの閉じられた循環に、家族の他のメンバーは実質的な影響を与えることができなかったのである。[7]

しかし、それにしても、双子が、自分たち以外の他者に、一切、話しかけることができなかったのは、なぜだろうか？　他者を前にして、双子の身体の表現機能がまったく麻痺してしまうのは、なぜだろうか？

6. 言語行為の構造

【1】抽象的執行仮説

双子が、外部の他者に直面したとき、その他者に向けて、どうしても音声言語を発することができなかった。彼らは、会話したいと心から欲していたにもかかわらず、そうできないのである。これはなぜか、というのが問題であった。しかし、この問題に直接に答えるまえに、文を発話する行為が、どのような内的な構造をもっているかを、確認しておく必要がある。

ここで言語学の生成意味論学派の洞察を参照しよう。今日、生成意味論を標榜する学者はほとんどいない。この学派は、理論上の構想としては失敗だったと言わざるをえない。しかし、そこで見出された一つずつの発見については、興味深くかつ妥当なものも含まれている。以下に紹介する知見、抽象的執行仮説もそのひとつである。

それは、任意の文が、基底構造においては「執行文performative sentence」の形式を取っている、とする説である。執行文とは、世界を記述することを旨とする「事実確認文constative sentence」とは異なり、それを発話すること自体が行為を構成することになる文である。たとえば、「あした喫茶店で会おう」という文の発することで、ひとは何かを記述しているのではなく、約束という行為を遂行しているのである。事実確認文と執行文という二種類の文の形態があるのではなく、すべての文は執行文に還元できるという生成意味論学派の主張は、抽象的な哲学談義としてではなく、純粋な言語的事実にもとづく推論として、提起されている。

生成意味論によると、すべての文は、必ずしも具体的な音として現れることはないが、次のような四つの条件を満たしている。

(1) 一人称の主語（英語ではI）をもつ。
(2) 二人称の（間接）目的語（you）をもつ。
(3) 平叙・肯定・現在の文である。
(4) 動詞は、次のような意味素性をもつ。
{+ performative, + communicative, + linguistic, + declarative}

すなわち、執行動詞（執行文の発話が構成する行為の形式を表示する動詞）であり、伝達、しかも言語的な伝達を表現し、宣言としての性質をもっている動詞である。このような性質を満たす動詞は、英語ではちょうど tell に相当する。

すべての文は、このような条件を満たす執行文である。そのように見なす言語的事実があるのだが、それらを詳細に解説する余裕はない。ここでは、(1)の条件、つまり、見えない（聞こえない）基底に、一人称の主語（I）の存在を仮定する根拠についてだけ、その一端を紹介しておこう。それは、たとえば、次のような観察に基づいている。

As for myself, I won't be invited.……………………⑨

*As for herself, she won't be invited.………………⑩

これら二つの文はまったく同じ形式の文に見えるのだが、前者⑨は文法的だが、後者⑩は非文法的（不適格）であると英語の話者（ネイティヴスピーカー）は感じる。どのようにしたら、このちぐはぐな反応に一貫した説明を与えることができるだろうか。ところが、⑩の文を、

Mary$_1$ knows that as for herself$_1$, she won't be invited. ……⑪

というような形で、より包括的な文の中に埋め込めば、文法的なものになる。"as for -self" のような表現は、通常、単独で使うことはできないが、従属文のなかでならば、場合によっては使えるのだ。その場合、主文の主語と同一人物が-selfによって指示されていなくてはならない。

ところが、"as for myself" だけは、⑨のように単独で使えるように見える。このことは、顕在的には現れないが、⑨がIを主語とする文の従属節だからだ、と考えなくてはならないことを示唆している。つまり、⑨は、

I —— (that) as for myself, I won't be invited.……………⑫

という文の部分になっているのである。このようにして、顕在的な発話の基底に、その顕在的な発話を従属節に組み込んだ、Iを主語とする文がある、という認定に至るのである。

ここで詳しくは紹介しないが、(2)(3)(4)の諸条件についても、それらを顕在的な発話の基底構造に仮定すべきであることを含意する言語的な事実がある。つまり、言語使用についての事実の観察をもとにして見えない主文の性質を推定すると、(1)から(4)の条件が満たされていなくてはならないことがわかるのだ。したがって、顕在的に発話されたどんな文Sも、その論理的な構造からいけば、I TELL you Sという形式をもっていると結論することができる。

【2】言葉を発すること

以上は、文法に関する事実だ。これを敷衍し、一般化したとき、言語を発するということに関して、どのようなことが言えるだろうか。

第一に、発話するということは、単に言語的に表示された情報Sを伝達することではなく、同時に、その当の発話という行為と発話された情報S（が含意する選択性）とが帰属する主体を、（潜在的には）指示することでもある。この主体は、もちろん、「I（私）」によって表現されている。この主体は、個々の発話行為の起源に位置しており、伝達されるべき情報において含意されている認知や行為の選択性を、構成するものである。つまり、この発話主体Iの存在は、認知や行為が所属する経験的な水準に対して論理的に先行しており、擬似超越（論）的〔先験的〕なものである。そのことは、Iに帰属せしめられる行為を表示する動詞（TELL）が、現在形において提示されている、ということによって、含意される。現在形という時制は、他の諸時制とは異なり、ある特定の時間や時点を表現するものではない。それは、経験的な出来事を表現するのではなく、無時間的な事態を表現するのである。つまり、Iによって指示されている発話主体は、いわば、経験の外にはじき出されているのだ。

第二に、発話においては、伝達される情報の到達点も、you として指示される。それは、情報が含意している認知的・行為的な選択性が、二次的に――つまりIに後れて――帰属する場所である。

それゆえ、発話は、現実の受容に先立って、それを受け取るべき場所を、外部に先取りしつつ行われることになる。

それゆえ、第三に、発話するということは、Iによって指示される主体からyouによって指示される二次的な主体への、一種の「力 force」の行使として、構成される。このことは、執行動詞TELLの意味素性、とりわけ〔+performative〕によって、含意されている。発話は、単に一つの身体から別の身体への情報の移動あるいは拡散ではない。発話するということは、Iに決定権が優先的に帰属する選択の圏域（選択された領域）に、youによって指示された主体もまた参入すべきであることを、youによる実際の諾否に先立ってあらかじめ指示しつつ、遂行されるわけである。もちろん、youは拒否することもできる。だがしかし、いずれにせよ、youは、発話されたとたんに、Iが指示する超越的な主体に帰属する選択を、受け入れるはずのものとして、予定されてしまう。だから、発話は、いわば「押しつけがましい」ものなのである。発話は、その度に、一方の主体が他方に対して優越的であることを、誇示しつつ遂行されるからだ。

だが同時に、第四の点として、この深層の執行文は、事実確認文との接点、執行文が事実確認文へと転化する境界線の位置にある、という論点を加えておかなくてはならない。このことは、抽象的な執行動詞TELLの意味素性に〔+declarative〕が入っていることの内に含意されている。宣言文は、執行文の中でも特異な性格をもっている。宣言文は、執行文が事実確認文へと裏がえる一歩手前にあるからだ。この点は、ジョン・サールが、言語行為の分類のために導入した基準、言葉と世界の間の「適合方向」という観点を活用するとはっきりと見てとることができる。言葉と世界の内のどちらが基準（固定的な原点）となっているのか、どちらがどちらへと適合していくのか（すり寄っていくのか）ということが、適合方向ということである。サールによれば、適合方向の違いによって、確認文と遂行文とを区別することができる。確認文の場合には、適合方向は、言葉から世界へ、である。つまり、世界は固定されていて、言葉の方が世界に適合しようとする。たとえば、赤い花を活けた花瓶がこの部屋に実際にあるときに、「この部屋に赤い花がある」という言明が妥当である（真である）とされるのだ。遂行文の場合には、適合方向が逆になる。世界から言葉へ、と。今度は、世界の方が、言葉に適合するように変更させられるのだ。もっとも分かりやすい例は、「命令」である。「この部屋の花瓶に赤い花を活けよ」と誰かが命令したときには、部屋にはまだ赤い花は飾られていない。この命令の成否は、その後、世界がこの命令に対応するように変化するかどうか（つまり、部屋の花瓶に赤い花が活けられた状態が実現するかどうか）、しかもその変化が、まさにその命令を原因として引き起こされたかどうか、にかかっている。

この観点を導入したとき、宣言文はトリッキーなケースであることがわかる。そこでは、背反する適合方向がともに効いているように見えるからだ。「これで会議を終了いたします（or 終了しました）」とか「私たちは結婚いたします（or 結婚しました）」とかといった宣言をとりあげてみよう。これらの宣言は、世界の中にある新しい事態、つまり会議の終結とか結婚とかといった、今までにはなかった新しい状態をもたらしている、と考えるならば、適合方向は、世界から言葉へ、ということになる。つまり、言葉によって示された状態へと世界の方が歩み寄っていこうとしているのだ。しかし、これらの宣言文がどんなときに有効なのかを考えてみるとよい。まさに会議が終了したときや、結婚が成り立ったときではないか。実際、宣言文の発話においては、その新しい事態が成り立ちつつあるか、あるいはすでに成り立ってしまったかのように述べられる。したがって、宣言文によって行為する者は、その行為の結果としてもたらされるべき状態がすでに実現してしまっているかのように述べることを通じて、まさにその行為を遂行するのだ。このとき、宣言文は、実現された世界の状態を記述しているように見える。つまり宣言文は、確認文と同じことを表明しており、このときの適合方向は、言葉から世界へ、である。この場合には、世界においてすでに成立している状態を、言葉は追認している。

宣言文は、事実確認文と執行文とが接する蝶番の位置にある。今、適合方向を数学でいう「ベクトル」として思い描くならば、次のように言うことができる。執行文では、世界から言葉へという向きのベクトルが作用しているのだが、その大きさが弱くなりゼロになったとき、宣言文になる。とはいえ、そのゼロのベクトルにおいて作用しているのは、あくまで、執行文のベクトルであって、事実確認文のベクトルではない。それゆえ、もう一度強調しておくならば、第三の論点で述べた、執行的発話の「力force」はなお効いている。

【3】主人と奴隷

ここで、第1節で述べた「コミュニケーションを構成する諸選択」との関連を示しておこう。コミュニケーションは、二つのレヴェルに属する、発話者／受話者の四つの選択から構成されている、と述べた。これらの選択と、I TELL you Sという発話の構造との対応を確認しておきたい。

発話者の情報的意図に、つまり発話者が受話者と共有したいこととして（意図的に）選択した情報に対応しているのが、Sの部分であることは明らかであろう。発話者は、このSの部分を、受話者が理解することを欲しているだけではない。同時に、発話者は、彼（または彼女）がそれを受話者に伝えようと意図しているということ、そのことを受話者に分かって欲しいと思っているのであった。この伝達的意図を表現しているのが、I TELL youの部分である。抽象的執行仮説は、コミュニケーションを成り立たせている二つの水準の選択を抽出したと見なすことができるだろう。

ところで、コミュニケーションの成立にとって最も重要な選択は、発話者の伝達的意図に対応する受話者側の選択、受容（／拒否）の選択である。この選択が実現することが、コミュニケーションがまさにコミュニケーションとして成立するための条件となる。逆に言えば、他の選択は、失敗したり、存在していなかったりしても、コミュニケーションは実は成立してしまう。たとえば、受話者が理解に失敗することがある。発話者が意図していたようには、受話者が理解しないケースはめずらしくない。それは、「誤解」等と呼ばれる失敗したコミュニケーションかもしれないが、コミュニケーションという事態が成立したことは確かである。あるいは、発話者の方に、情報的意図も伝達的意図もなかったとしても、受話者が、そこに、伝達的意図を読み取り、受容してしまえば、客観的には、そこにコミュニケーションが成り立ってしまうのである。

すると、われわれは、こう言うことができる。コミュニケーションとは、結局、受話者が、相手を——自らが関係している他者を——、前項で述べたような条件を備えた、伝達位置が帰属する主体Iとして措定することである。前項で述べた条件とは、その主体の、超越論的な性格を述べている。コミュニケーションは、その超越論的な主体Iによる「宣言」として遂行されている。

同じことを発話者の側からとらえるならばこうなる。彼または彼女は、受話者たる他者から、超越論的な主体として想定される——つまりそのような役割を果たすものとして期待される。彼は、その想定を満たすものとして、つまり受話者となる他者の期待に応ずるものとして振る舞わなくてはならない。それをなしえたとき、あるいはなしえたと信じることができたとき、彼は、コミュニケーションに参加したことになる。喩えて言えば、彼は、奴隷（受話者）から主人であることを求められているのだ。主人としての責任を果たすことができるか。それが、発話者に課せられている重荷である。

さて、いまや、双子の発話における不能の究極的な原因を考えるにふさわしい地点にきた。ジューン、ジェニファーは「主人」となりうるのか。これがポイントである。

7. 沈黙の構成

【1】超越論的仮象

前節での考察は、コミュニケーションの関係構造が、次のようなものであることを含意している。Ｉによって指示される主体すなわち自己と、you によって指示される主体すなわち他者は、もちろん一方では、それぞれ情報の始発点、終着点として、対等に対峙する。しかし、それだけではなく、自己は、他者を（自己が提供する）情報の肯定的な受容者としてあらかじめ措定してしまうので、他者の心的な世界を、自己（の心的世界）の部分であるかのように、扱っていることになる。つまり、他者は、自己にとって外部（対等）であると同時に、内部（自己の優越）でもあるわけだ。したがって、コミュニケーションにおいて、自己の視点は、分裂（二重化）しているのである。一方の視点にとっては、他者は見通しえない外部（壁）であり、他方の視点にとっては、他者は視野の内部にすっぽりとおさまっており、透明なガラスのようなものだ。

もちろん、後者の視点は、錯覚である。しかし、それは、有用な錯覚である。この視点のおかげで、他者の内部（知識）は、自己にとって、見通しうるものとして現れる。すなわち、自己がいかに不可解な他者に対面しようとも、その他者が何者であるかということ、その他者がどんな知識をもっているかということ、こういったことについて、自己は、予断をもつことができ、またこの予断を利用することができる。それゆえ、自己は、もはや、3節で述べたような無限階の知識（知識についての知識についての知識についての……）にわずらわされることがない。知識の無限階にいたるまでの反復は、相互の知識がさしあたっては透明ではなく、互いに相手の知識について確実な認識に到達することができない、ということを理由に生じたものなのだから。優越なものとしての自己に対して現れる自己と他者の像を、——自己が自己と他者が直接に対峙しあう経験的な場面から離れて、超越論的な場所に立った場合に開かれるものなので——ここでは、「超越論的仮象」と呼んでみよう。カントが導入した語の転用——というより意図的な誤用ではあるが。

以上のような自己と他者の関係は、次のような形式で表現することができるだろう。

「自己」＝{〈自己〉、〈他者〉}……⑬

自己が発話者の側である。自己の二重の水準は、「自己」と〈自己〉によって、それぞれ表現する。〈他者〉は、〈自己〉と対等なものとして、〈自己〉に外在する。と同時に、「自己」は、〈自己〉と〈他者〉とが内属している領域——すなわち〈自己〉と〈他者〉が選択し前提にするもの——を、決定しうるものとして、（自己自身にとって）現れてもいる。この⑬の構成は、5-1．で提示した方程式⑧とまったく同一のものである。

だから、いまや、双子がなぜ外部の他者に話しかけることが不可能であったかを、知ることができる。⑧（つまり⑬）が成立するための前提条件が、⑦であった。ところが、双子は、⑦のところで躓いている。双子の「嫉妬」における困難は、言語行為の可能性を保証する超越論的仮象の不在に繋がっているのである。

【2】沈黙の構成

⑦から⑬（⑧）が導かれる。しかし、⑦と⑬の次のような相違は、確認しておかなくてはならない。⑦においては、決定の優先権は、他者（「他者」）にある。自己は、他者の決定をまたなくては、自身の選択、自身の欲望を構成することができない。しかし、⑬においては、自己の方こそ、擬似超越論的〔擬似先験的〕な場所を占めており、決定の優先権を所有する。だから、他者の実際の選択をまたずして、自己は率先して自身の選択を構成できる。言い換えれば、⑬における、〈他者〉の場所は、実際の他者の選択によって充填されなくてもよい（つまり、「自己」が提起した領域を、他者が受け入れるか拒否するかは別問題である）。⑬において措定された〈他者〉とは、可能的な他者であり、他者がそこへと入るかもしれない形式であるに過ぎない。それゆえ、いったん⑬の関係が構築されてしまえば、任意の他者に対して、この関係が含意する枠組みによって対峙することができる。〈他者〉の可能的な定在を、〈〈他者〉〉で表示すれば、⑭式の関係性はすでに⑬式が要求する関係性と等価な機能をもつ。

「自己」＝{〈自己〉、〈〈他者〉〉}……………………⑭

コミュニケーションを遂行するということは、通常、コミュニケーションを創発する主体が、伝達の相手となる他者に対して力（ミクロな権力）を行使しようとすることでもあるのだ。言語行為によって実現されるような通常のコミュニケーションにおいて、自己は、他者の選択をあらかじめ選択するものとして、自らを指示することになるからだ。もちろん、この力は、実効的であるとは限らない。他者は拒否する権利をもつのだから。というか、次項で述べるように、究極的には他者の拒否する力は、自己のミクロの権力よりも強く基底的なのだが、とりあえず、まずはこの点についてはカッコに入れて議論を進めよう。コミュニケーションを開始する者は、――一般には――、相手に対する自身の優位を指示することなしに、コミュニケーションの関係を構成することはできない。この力の関係を、（コミュニケーションを行う自己に対して）確立するのが、超越論的仮象である。

厳密にいえば、このような力の関係において他者を措定することなしでも、コミュニケーションが可能な場合もある。3【4】で述べたような基底的な条件――⑥式によって含意されている条件――が、純粋に成立している場合には、コミュニケーションが可能である。だがしかし、このような条件のみであれば、性愛的な関係によって結ばれているような濃密な対他関係[8]の中でしか、コミュニケーションはありえない、ということになる。この双子の場合は、互いに、相手の他者性（差異性）を自らの自己性（同一性）と等置することによって、第3節の⑥式が表現するような濃密な関係性を、理想的なかたちで実現している。実際、双子の間ではコミュニケーションが可能である。

要約しよう。⑬式（あるいは⑭式）が表現する力の関係は、⑥式が表現する性愛的な関係を代理するものである。⑬式は、⑥式と等価的であるともいえるし、⑥式以上に強力であるともいえる。等価的であるというのは、すでに述べたように、⑬式の示す力の関係は、他者を（自己にとって）透明なものとして先取りして定位するので、自己と他者の間の知識の無限の反射を省略することができるからである。だが他方で、⑬式の働きは⑥式の効果を越えている。⑥式が示すような性愛的な関係において、他者は自己（私）に匹敵する単一的なものとして現れている。つまり、他者は、私自身がそうであるのと同様に、（私にとって）唯一無二なものとして現象している。このようなとき、関係は、通常、特定の他者に固着することになるだろう。それに対して、⑬式が指定する関係のもとでは、自己は原理的には任意の他者に対して、力の関係を構成することができる。

繰り返し強調しておけば、コミュニケーションを創発できるということは、独特な力の関係を他者に対して構成しうる、ということである。われわれの考えでは、おそらく顔の表情を含む任意の（他者に対する）表現は、通常、超越論的仮象の媒介によって、他者を自己の選択に対して従属的（副次的）なものとして位置づけることを、含意しているのである。こうして、他者に対して顔をもつこと――むしろ顔であること――は、一種の力を行使する能力なのだ。

【3】フレーム問題の克服

しかし、この力を導く超越論的仮象を、どんな主体でも恣意的に作り上げることができる、というわけではない。他者への優位は、逆説的にも、むしろ、嫉妬の関係が代表しているような他者の優位を前提にせざるをえないからだ。それは、他者への従属的な関係を、逆転・克服するものに過ぎない。⑬（＝⑧）式が⑦式からの転換であるということが、この逆転を含意している。しかるに、我々の問題にしている双子の場合には、8の字のループを描く志向の呪縛によって、「健全な嫉妬」が、つまり他者の優位（⑦）が、つくり出せないのである。

この逆説——他者への優位は他者の優位から導かれるという逆説——は、6【3】で示唆しておいたことでもある。コミュニケーションの成立を究極的なレヴェルで支えているのは、受話者の選択（受容／拒否の選択）にある。一見、コミュニケーションを開始させる発話者に主導権があるように見えるが、これを最終的にコミュニケーションとして実現しているのは、受話者の方の「受容」の選択だ。主人の奴隷への支配的な関係は、奴隷によって支持され、承認されている限りで可能になる。ヘーゲルが『精神現象学』の「自己意識」の項で描いたのと同じ逆転が、個々のコミュニケーションでも効いている。

＊

ところで、この逆転こそ、3【3】で提起した、フレーム問題はどのようにして克服されているのかという難問に答えるための鍵がある。フレーム問題とは、関連性のある情報をどのようにして選び出すことができるのか、という主題であった。人はほとんどの場面でこれに成功している。だが、なぜそれができるのかが自分でもわかってはいない。

　ここまでの考察が含意していることは、フレーム問題は、コミュニケーションにおいて、その中でおいてのみ解決される、ということである。どういうことか。受話者は、彼または彼女にとっての他者である発話者を、あたかも超越論的なレヴェルにいる主体であるかのように想定する。ということは、発話者が語ることは、受話者によって、あらかじめ、受話者の経験にとって関連性《レリヴァンス》をもつはずのものとして、前提にされているということだ。たまたま、受話者にとって都合のよい、意味のあることが語られるわけではない。また、受話者は、発話者が語ったことの中から、どれがレリヴァントなものなのか検討し、選ぶ必要もない。なぜなら、コミュニケーションの関係に入るとき、受話者が、最初から、発話者を（受話者にとって）レリヴァントなことを語るはずの主体として想定しているからである。発話は、何であれ、関連性をもつ。そのことは（受話者によって）先決されているからである。

　この説明は、ドナルド・デイヴィドソンが「寛容の原理Principle of charity」と呼んだ原則の応用（一般化）として解釈することができる。寛容の原理とは、受話者は、発話者の発言をはじめから「真である」と前提にしている、という趣旨である。デイヴィドソン自身の用語で言い換えれば、受話者は、発話者の語ることを、T-文の中にはめ込んで受け取る。[9] このような前提があれば、発話者の信念や知識と受話者の信念や知識を両方とも見渡すことができるような超越的な第三者がいなくても、コミュニケーションの成立を説明することができる、というのが、デイヴィドソンの主張の中核である。[10]

デイヴィドソンの理論における、「真である」という部分を、「関連性をもつ」に置き換えるとわれわれの説明になる。理論を駆動しているモチーフも、デイヴィドソンとわれわれのここでの議論は共通である。われわれもまた、デイヴィドソンと同じように、発話者と受話者が共通の知識をもっているというだけではコミュニケーションは成り立ち得ず、しかも、その共有性の事実を確認することができる超越的な第三者をあらかじめ仮定しておくことができないとすれば、背理に陥る――コミュニケーションは一般には不可能だということになる――という認識から出発した（3【4】）。知識の共有性を認定できる第三者がいない状況で、どのようにしてコミュニケーションが可能なのか。この状況はいかにして克服されているのか。これが、われわれの探究を導いてきた問いであるとすれば、これは、「根源的解釈」の可能性についてのデイヴィドソンの理論と同じ動機によって駆動されていたと言ってよい。

*

だが、フレーム問題への回答を与えるためには、さらにもう一歩、問い進めなくてはならない。どうして、われわれは、受話者は、他者（発話者）を信じることができるのか。なぜ、他者である発話者が、真であることを、私（受話者）にとって関連性のあることを語っているはずだと、私は信頼することができるのだろうか。デイヴィドソンの理論と対応づけるならば、受話者が寛容の原理を受け入れるのはどうしてなのか、という疑問である。この無条件の信頼がなければ、フレーム問題は解決しない。この信頼に基づく、発話の受容が、フレーム問題を克服しているからである。

この問題、受話者の他者(発話者)への信頼はどこから来るのかという疑問は、⑬式の原点が⑦式だったことを考慮するによって解くことができる。⑦における「他者」(=〈他者〉)の変形の結果として、⑬の「自己」(=〈自己〉)がある。⑬で「自己」と表示されているものこそ、発話の主体である。そして、この発話の主体の源流は、⑦における「他者」である。

「他者」は、〈自己〉にとって、嫉妬の対象となるような存在者であった。このとき、「他者」は、〈自己〉にとって、自らの経験の価値を規定する他者、自らの欲望の対象を構成する他者である。「他者」を媒介にして、〈自己〉は、自らが欲望すべきもの、自らが好むものを規定している。そうであるとすれば、「他者」の欲望、「他者」が何を欲しているのか、「他者」が何をよいとしているのか、ということは、定義上、〈自己〉にとって、価値があり、レリヴァントなことだ。〈自己〉にとってのレリヴァンスは、〈自己〉が「他者」に帰属する(と認知した)欲望を媒介にして構成されているのだから。最終的に完成したコミュニケーション(⑬)においては、この「他者」の位置を——受話者の観点からは——発話者が占めている。発話者の発言が、関連性をもつものとして、受話者によって先決されている究極の原因は、ここにある。

いわば、人は「他者」に魅了され、その「他者」に嫉妬の気持ちさえ抱いている。嫉妬は、もちろん、それぞれの成熟したコミュニケーションにおいては消え去り、意識もされないが、しかし、あえて誇張したときには「嫉妬」へと発展しうるようなタイプの情動によって、人は「他者」に魅了されている。その萌芽的な嫉妬は、人間にとってきわめて有用な情動である。なぜなら、それこそが、フレーム問題を一挙に克服するための力を、嫉妬の対象となっている「他者」に、つまり発話者に与えることになるのだから。

8. 電話と郵便と魔法

【1】弱い他者たちの系列

「沈黙の双子」の事例に戻ろう。ここまでのわれわれの理解が妥当だとすれば、ここからは、ジューンとジェニファーの双子に関して、次のことが予想される。すなわち、この双子の場合でも、何らかの仕方で作為的に（外部の）他者への優位を構成してやることができれば、その他者に対してコミュニカティヴな関係をもつことができたはずだ。

次のような実験結果が報告されている。このとき双子は一四歳である。

キャシィ〔双子の教育・治療にあたった教育心理学者〕はイーストゲイト・センターの心理分析室を使うように手配した。その部屋には外から見える鏡とビデオカメラがあるので、二人が遊んでいるところを記録できるのである。大変な結果があらわれた。

まずキャシィが色々と打楽器を鳴らすように二人を促しているところが写る。……この時間は彼女が予想してとおりになった。ドラムのたたき方を色々なリズムで粘り強く教えても、双子は全然やってみようとしなかった。そこでキャシィは部屋をでて、かわりに双子が可愛がっていたアリソンという元気いっぱいの小さな子をこの部屋に入れた。アリソンはすぐにドラム・スティックをひったくり、ゲラゲラ笑いながらたたき始めた。カメラは、ジューンの顔の緊張が解け、お茶目で可愛い笑みが仮面の下からのぞくのをしっかり捉えた。ジェニファーのこわばった表情も少しずつ緩んだ。……ジューンはスティックを持ってシンバルめがけてふり下ろした。……アリソンのうれしそうな叫び声があがり、双子の楽しげな笑い声が重なったのである。(49)

このあと、再びキャシィはこの部屋に入っている。すると、「案の定、鉄の目隠しが降りたように二人の目から輝きが消えた」。双子は、この幼な子との間では、豊かな感情的交流をもつことができるようだ。なぜか?

双子は、(互い以外の)ほとんどの他者に対して一切の(言語的・身体的な)表現＝表情をもつことがなかったが、実は、双子は、関与してきたそれぞれの集団に、ごくまれに、話しかけることもできるような友人をもったのである。その第一のものは、四歳年下の妹ロージィである。すでに述べたように、双子の沈黙は、家族に対しても守られた。しかし、末っ子のロージィとだけは、言葉を交わしたり、遊んだりしたのだ(28)。この子は、双子よりも若い唯一の家族メンバーである。しかしロージィがある程度成長すると、双子との間の交流がなくなり、彼女も他の家族メンバーと同じ扱いを受けるようになる。学校にも、一人だけ友人がいた。その子は喘息もちでひ弱な子であった(29)。拘留された警察でも、双子はほとんど孤立したが、ただ一人だけ友情を結んだ女性がいる。その女性は、三〇歳を越えていたが、重度の知的障害者だった(211)。

これらの特殊な他者たちには、ある共通な特徴がある。すなわち、彼らは、年令や能力において、圧倒的に双子よりも劣る者たちなのである。このような他者たちは、双子に対等に反発してくる恐れがない。これらの他者たちと関係した場合には、双子の優位が、つまり⑬に定式化したような関係が、いわば外的に、構築されたであろう。双子が、彼らと話ができるのは、このためである。

【2】郵便と電話

このように考えると、双子の言語をめぐるいくつかの奇妙な現象を、説明することができる。このような弱い他者たちの系列の極限には、何があるだろうか。そこには、自らは一切の選択をなさない他者が、つまり物化した身体があるはずだ。それこそ、人形である。双子が思春期にいたるまで、驚くべき熱心さで人形遊びに興じたことは、すでに述べておいた。

通常は言語を発することができなかった双子が、電話をかけたり、手紙を書いたりすることができたのはなぜか? たとえば、双子は、いたずら電話をいろいろなところにかけ、楽しんでいる。

どうしても必要な会話（たとえば弁護士との打合せ）や緊要な要求（学校での扱いについての訴え）などは、電話を使うことで、何とか行うことができた。また手紙もいろいろな人に書いており、すでに述べたようにペンフレンドもいた。電話と同様に、手紙によるいたずらも行っている。匿名で「愛の脅迫状」を男の子たちに出しまくったのだ。双子の郵便への愛着は、ジェニファーが書いた小説にも現れている。彼女は、『郵便配達人と郵便配達嬢』という奇妙な題の小説を書いているのだ(119)。

手紙も電話も、他者に直面することなく他者に関係する方法である。言い換えれば、他者の表現的＝表情的な核心部――つまり他者の顔――を、自らに対して現前させることなく、他者との関係を作る方法である。文字や電話を介することによって、他者の実在感は、希薄化する。このような他者は、双子にとって「か弱い他者」と等価な機能を担うだろう。つまり、他者の実在感を希薄化することによって、他者に対する優位を、作為的に構成することができるはずだ。このとき初めて、双子は他者に向けて言葉を発することができたのである。

たとえば、先の引用文の中に登場した教育心理学者キャシィは、テープレコーダを介することで、かなり密接な信頼関係を築くことに成功している。キャシィは自分のメッセージをテープに録音して双子に渡し、これを受けて双子の方は応答のメッセージを録音したテープをキャシィに返すのである。これもまた、他者を間接化し、その実在感を希薄なものにする一つの方法である。

【3】盗みと魔術

目的のよくわからない犯罪、とりわけたわいのない盗みを、双子が執拗に繰り返したのはなぜか、ということについても、この同じ文脈から理解することができる。人は所有者に気づかれないように物を盗まなくてはならない。所有者は後になって盗みという行為が行われたことを知るが、犯罪者が何者であるかを直接には確定できない。つまり、盗むということは、相手（他者）の実在感を極小化しつつ、なおその相手（他者）と関係をもったことにするための、特殊な方法の一つである。盗みを遂行しつつあるときは、相手は気づいていないので存在しないも同然であるし、また盗みが発覚した後も、さしあたっては盗人は盗まれた者にとっては匿名的なので、直接の反撃を受けることはないのだから。

この点に関連して、盗みのために侵入した施設のひとつが障害者（弱い他者）のものであったこと、しばしば、いかにも官僚的で人間的生気の乏しいありふれた建造物が狙われているということ、これらのことに注目すべきだろう。双子は、盗みの対象となる他者の実在感を、さらに弱体化しようと、念入りに工夫をこらしているのである。こうして、盗みは、他者をほとんど無化しうる操作であるがゆえに、双子にとって数少ない、コミュニカティヴな志向をもった行為たりえたのである[11]。

双子の最初の盗みは、彼らが処女を捧げた少年カール（とその兄弟たち）と別れた直後に行われている。この事実は興味深い。男の子をめぐる争いは、双子を例の嫉妬と抑制の循環から解放する可能性を持っていた。結局、第4節で述べたとおり、カールをめぐる三角関係は、この循環を完成しただけであり、男の子たちが双子から去ることによって、循環から抜け出る希望はまったく失われる。このとき、盗みによるいびつなコミュニケーションが誘発される。

さらに、「魔法」に対する双子の強い嗜好も、我々の理解に対して傍証を与えている。双子は――とりわけ妹のジェニファーは――、魔法を極度に好み、また信じている。魔法とは、双子にとって、他者といかなる接触も持たずに、他者を操作する方法である。たとえば、ジェニファーは、ろうそくを使った奇妙な呪いによって、気に入った少年やマリリン・モンロー[12]を呼び寄せようとしている（115－6）。

こうしてみると、魔法の関係と盗みの関係は同型である。魔法の対象となる人物は、魔法使いである双子を捉えることができない。つまり、双子はその人物を操作＝選択の対象とすることになるが、その対象となった人物は、双子に反抗すること――拒否を含む固有の（主体的）選択を行うこと――がありえないのだ。双子は、まったく超越的な位置に立って、自分の身を守ることができるのである。

＊

要するに、双子も、外的な状況や行為そのものの本源的な特性を利用することで、他者の存在を無化＝物化するか、逆に自らの存在を無化＝超越化することができた場合には、――そしてこの種の場合にのみ――、他者に対してコミュニカティヴな関係行為を構成することができるのである。この事実は、コミュニケーションに内在する非対称的な力の存在を、第6節・第7節で見たときとは別の方向から照射する。

もちろん、通常の人々は、双子が行ったような工夫を全然必要としていない。人は、発話している限りにおいて、また表現している限りにおいて、直面する他者に対する優越的な関係を構成することができるのである。他者がたとえ高い地位にあろうと、大きな権力を握っていようと、その他者へと向けて発話・表現しているその瞬間は、⑬式が表示するように、力が、発話＝表現者からその他者へと向かうのである。双子にはこれが、この力の行使ができなかった。彼らはただいびつなコミュニケーションのみをいくつかかろうじて作り上げることができたに過ぎない。このことは、彼らが嫉妬——あるいは嫉妬の不可能性——の循環に呪縛されていたことの帰結である。通常のコミュニケーションの可能性を支えているのは、嫉妬の関係の成立とその克服である。嫉妬に値するような特定の他者（超越的他者）を自らの内に固有化することが、任意の他者とのコミュニケーションを保証するというわけだ。

9. アメリカと子どもと放火

【1】アメリカ願望

なぜ双子はアメリカに強烈に憧れるのか？　双子は、人形遊びによってアメリカ的状況を繰り返し再現し、またアメリカ的な雰囲気をもった男の子を愛した。だが双子はアメリカに一度も行ったことがない。二人にとっての「アメリカ」とは、結局、社会に流通している紋切り型のイメージでしかない。

ジューンが一六歳のときに書いた、彼女にとっての最初の小説『ペプシコーラ中毒者』は、後に出版されたほどだから、一定の水準に達したものだったといえるだろう。この小説の舞台は、表題から容易に予想されるようにアメリカである。ウォーレスは、この小説が、当時双子が使っていた通信教育の文章教材が教える「フィクションのイロハ」の規定を、ことごとく無視しているということに注目している。この教材は、たとえば、編集者の好まない論材として、「アル中、精神病者、クスリ常習者、売春婦、作家」などをあげている。ところが、これらはすべて、『ペプシコーラ中毒者』の中に重要な要素として登場する(91)。こうなってしまうのは、この小説の中に、ジューンに固有な実質的な体験に根ざすところが、ほんのわずかもないからである。すべての体験から遊離したところで小説や物語を作ろうとすれば、純粋なイメージ、しかも社会内の誰もが(体験なしでも)知っている一般的なイメージに頼るしかない。つまり、編集者が嫌うような凡庸なイメージの凡庸な羅列を、作品化するしかない。ジューンのこの小説に他の作家の作品にない固有性やオリジナリティがあるとすれば、それは まさに「作家独自のいかなる固有な体験も混入していないということ」、「どんなオリジナルなアイディアも入っていないこと」にある。オリジナルな作品を提出しようと望むものが、ここまで徹底して凡庸であり続けることは、通常できないだろう。

このイメージとしての「アメリカ」は、二つの否定の上に成立するものと分析されなくてはなるまい。第一に、双子自身の現状（現在）が否定されている。すなわち、イギリスが否定されているわけだ。第二に、双子の家族の本来の根（過去）が否定されている。すなわち、西インド諸島が否定されているのだ。「アメリカ」というイメージは、積極的・肯定的な志向の先に生み出されたのではなく、否定の重複の結果として結晶したのだ。

この双子の悲劇は、超越（論）的な他者――⑦式で「他者」と表記した水準――を、自分たちの間にも、また家族的関係の中にも、設定することができなかったことであった。だから、それでも双子が超越的な他者を要請すれば、それは、自分たちの外に、そして家族的な関係の外にいきなり登場しなければならないはずだ。超越的な他者の出現が期待されている場所は、双子自身とも家族ともいかなる関係がないという意味において、双子にとって純粋な外である。超越的な他者は、（これに従属する者に対して）欲望を、したがって対象の価値を構成する。それゆえ、超越的な他者を招き寄せようとする試みは、純粋な外に価値ある対象を見出そうとする志向と連動するだろう。両者は、同じことの二側面である。双子自身と家族への二つの否定によって導かれる「アメリカ」とは、このような外に見出された価値対象に相違ない。

双子は、彼らが欲望すべき価値対象を、（彼らの過去と現在に対する）純粋な否定によって、見出すしかない。そのため、憧れの対象が、とてつもないところに見出される場合もある。一例をあげよう。双子は、判決によって「精神病質」と認定されたために、刑務所から精神病院に移されることになった。しかし、病院の都合のためか、この移動はすぐには行われなかった。引っ越しを待つあいだ、双子は、精神病院という場所を、一切の苦しみから双子を救済してくれるユートピアであるかのように夢想する（260、290）。もちろん、実際に行ってみた精神病院は、ユートピアとはほど遠いものだった。が、ともあれ、移動のために待機している間は、二人にとって、精神病院は「アメリカ」と等価な憧れの対象である。もちろん、精神病院が、彼らのそれまで経験してきた場所——家族や学校や警察など——よりも良いところであろうと予期しうる、いかなる根拠もなかっただろう。精神病院が価値をもちえた理由は、それが、彼らが今まで一度も経験したことがない場所であったということ、つまり過去と現在に対する純粋な否定であったということ以外に考えられない。

【2】先に「子ども」をもつこと

このような無根拠な憧れに、我々は、失われた——というよりもともと持たなかった——「他者」を、自分たちの関係（とその近傍）の外部に回復しようとする、双子の命懸けの試みを見るべきである。実際、超越的な他者を外部に見出そうという志向は、双子の奇行の主要なモチーフであるといってもよい。

すでに述べたように、他者の超越的な形象の最も発達した形式は、承認する（だけの）他者である（5節参照）。双子の努力の非常に多くの部分は、この承認する他者を、何とか自分たちの外に見出すための試みである。

たとえば、双子の小説への熱中に屈曲した表現の欲求を見るだけでは、まだ十分ではない。双子は、小説が編集者に認められることに、異常なほど関心を寄せる。小説は、双子にとって、自分たちの存在を承認する視線を、外部から引き出すための媒体でもあるのだ。

また「子ども」がやはり「小説」と類似の働きを担っている。子どもを産むことは、双子の幻想の重要な主題である。たとえばジューンは、ジェニファーに性体験において遅れをとったときに、先に出産することによって、何としてもこの遅れを取り返したいと念じている（139）。もっとも性体験の先後関係が想像させるのは、出産においてもジェニファーが先を越すということである。この想像が二人を同時に捉えて離れない。

　双子は今でもなお教会での一件〔ジェニファーがジューンに先んじて性体験をもった出来事〕にしばられて、それ以来抱き続けた希望にがんじがらめにされていた。……このころ二人のみる夢の中身が初めて一致した。ジェニファーの日記。一九八一年、六月一一日。『粗末な小屋の中で出産。激痛。』同じ夜のジューンの記録。『ジェニファーが口や肩から出産するのを助ける。赤ん坊は白人で、泣き声をあげない。星座は双子座。』（144）

双子がどちらも子どもをもつことを強く希望するのは、子どもをもつということが、彼らには、一人前の成人と見なされるための鍵であるかのように感じられているからである。つまり「子ども」によって、確実に人々の肯定的な承認を受けることができるはずだと、信じられているのである。[13] ウォーレスによれば、双子は、それぞれ、相手に子どもができたら、是が非でも盗み出してしまおうと心に決めている（237）。もし子どもにここで推定したような意義があるとすれば、相手の出産は、決定的な敗北を意味しているからである。

【3】放火と裁判

承認は肯定的なものでなくてもよい。つまり他者が双子の行為を妥当なもの、望ましいものとして意味づけている必要はない。仮に否定的な承認であっても、まったく承認する他者が存在しないよりは、はるかにましな状況なのである。

たとえば双子の犯罪、とりわけ放火のことを考えてみよう。双子は、犯罪的な行為を終えたあと、まるで逮捕されることを望んでいるかのように、犯罪をにおわす電話をかけて警察をからかっている（173）。この段階では、「監獄」が、先に解説した「精神病院」と同様に、現状に対する否定的な志向の吸引点となり、「憧れ」の対象として措定されていた。いずれにせよ、彼らが放火を好むのは、それが世間の大きな注目を集めるからである。双子は、二人が行った放火事件が新聞に報道されたとき、本当に嬉しそうにしている（179）。

頂点は裁判である。二人は、彼らの犯行が暴かれる裁判を、希代の英雄的な行いが確認されていく過程であるかのように楽しんでいる。たとえばウォーレスによれば、ジェニファーは「鼻が高い」と威張っている（263）。最後の判決は、彼らの精神を最高度に刺激し、高揚させる（268）。判決こそ、彼らに対する外部の他者たちの集合的な承認——もちろん否定的な——を、集約して表現するものである。判決が下された日のジューンの日記を引用してみよう。

危険で悪魔的で、情容赦のない犯人。この私が！　私の苦痛、自意識過剰なところ、激しやすい面がとうとう明るみに出た。ラベルが貼られた！　私の運命はもう決ってしまった！　ジューン・アリソン・ギボンズ、十九歳になったばかりなのに、サイコパス患者として歴史に記録される。(268)

「歴史に記録される」という仰々しい言葉が、彼女の興奮ぶり、得意になっている様を表現している。

だから、双子は、裁判に立ち会った者がごくわずかであったこと、彼らを糾弾したりその立場を弁護したりする人々の間で繰り返されるはずの華々しい論戦がまったく見られなかったということ、こういったことにはひどく落胆してもいる。両親とごくわずかの立会人しか臨席しなかった判決の日に、双子にとって最も印象的な場面は、法廷から出てくるときに写真を撮られそうになったという出来事である。回りの人々は双子を写真撮影から庇おうとしているが、双子は、突然現れた二人の記者を彼らの命を狙う「暗殺者」であるかのように想定し、翌日の新聞に掲載されるだろう「双子、暗殺される」という見出しのことを夢想したりして、密かな喜びに浸っている(273)。

要するに、双子は、彼らの行為が善いものであるということ、規範的に肯定されうるものであるということについて、承認を求めていたわけではない。求められているのは、行為についての承認ではなく、存在についての承認である。双子は、彼らを肯定的にも否定的にも承認することができる超越的な他者を、彼らとは疎遠な社会の内に求めたのだ。だから、(小説を認めさせるなどの仕方で)肯定的な方向からそのような承認に近づくことができないならば、たとえば放火のような劇的な目立つ犯行によって、否定的な方向から他者の承認を獲得しようと努めたのである。

【4】容姿をめぐる競争

最後に、双子の間の争いが、主として、容姿をめぐる競争であったということについて、簡単に考察を加えておこう。スリムになること、美しい顔をもつこと、写真うつりをよくすることへの双子の渇望を、「女の子」ならばほとんどの人がもつ普通の要求の一種であると、片づけてしまうわけにはいかない。先に(4節)紹介した食事をめぐる二人の不思議な競争が示しているように、美しい容姿への双子の渇望はあまりに激烈である。

興味深い細部にも注意しておこう。十代の前半の段階では、双子はむしろ、女性として成熟することをどちらも拒絶していた。二人は、互いの間の取り決めでスカートをはかないことにしていたし、また胸が膨らんできたときも、できるだけペチャンコに見せようと、胸の周りに包帯をしっかりとまきつけている(75)。どうして二人は女性としての成熟を拒否しあっているのか。第4節で述べたことを思い起こせばすぐにわかる。二人はこの点でも、「どちらかが先んじて主導権を握ること」を拒否しているのである。この拒否が、日常の個々の行動にではなく、生活史のレヴェルで現れたものが、十代前半の「成熟の拒否」だ。

いずれにせよ、容姿に関して、双子は極度に神経質だ。誰かが双子のどちらか一方を少し太って見えるとか、より丸く見えるなどといった場合には、言われた側はとても落胆した。たとえば、裁判のあとに面会にきた父親のオーブリが「おや、ジェニファー、少し顔が丸くなったな。姉さんより少し太ったみたいだぞ」と言って「褒めた」とき、ジェニファーはひどく腹が立ち、また落ち込んでいる(271)。明らかに、容姿は双子にとって「実存的」な問題にまで高められている。

容姿がつまり顔の表面が、かくも重要なのは、これこそ、その人物の対他存在を端的に規定する部位だからであろう。任意の他者の承認は、まずは、顔の表面へと向けられる。双子の闘争における最も重要な係争点は、ほかならぬ、この他者(「他者」)の承認だったのである。

10. 内在と超越

二人の関係の外部に超越(論)的な他者を求める双子の志向の強度は、そのような他者の不在の徹底性にちょうどみあっている。双子にとってまったくの空虚であるその場所に、双子の存在を承認する権能をもつ第三者を、外部から導き入れようというわけである。しかし、双子が最後まで二人の間の錯綜した闘争から解放されなかったという事実、そしてまた他者に対する表現を獲得できなかったという事実、これらのことは、この双子の志向が結局は挫折したことを示している。

双子の試みが成功しないのは、彼らが、超越的な他者を、彼ら自身から純粋に疎遠な場所に、直接に樹立しようとしたからである。すでに論じておいたように、原初的には、他者の超越性（「他者」）は、他者の内在性（〈他者〉）と融合したような形態において、現出する。その他者の二重性に対する最も分かりやすい情緒的な表現が、嫉妬である。他者が内在的であるということは、その他者が、自己と同等であるということ、自己自身と同じでもありうるということである。原初的な水準では、超越的な他者は、この内在的な他者と連続している。他者の超越性が強化されたときには、内在的な他者とのこの繋がりは隠蔽される。しかし、超越性は、もともとは、内在性からの自然な遷移によってもたらされたものなのである。双子の不幸は、内在的な他者、自分自身でもありうるところの他者、すなわち互い同士が、決して超越的なもの（優越的なもの）としては、現れえなかったというところにある。そのため、彼らは、超越的な他者を、彼ら自身の内在性からまったく切り離された場所に、あらためて構成するしかなかったのだ。だが、このような超越性は、結局、実効的なものではありえない。それは内在的な基礎をもたない空中楼閣のようなものであり、やがて崩壊する。

ジューンとジェニファーの双子は、二つの闘争を闘っている。第一に、容易に見て取ることができる闘争、双子とその外部の他者たちとの間の闘争がある。双子は、外部の他者たちから自らを徹底して保護しようとする。だから、闘争の形式は完全な沈黙である。だが双子は、表面からは捉えにくいもう一つの闘いの中にも置かれていたのだ。その第二の闘いは、言うまでもなく、双子の間の内的な闘いである。この闘いは、嫉妬とその抑制の間の逃れ難い循環の形式を取っている。

二つの闘争は独立ではない。第一の闘争を必然化しているのは、第二の闘争の未解決だからだ。双子の唇が外部の他者たちを前にして完全に硬直せざるをえなかったのは、嫉妬とそこに発する自他の独特な反転を、順調に経過できなかったからなのである。コミュニケーションを創発する主体の積極性を産み出すことができるのは、ただ、嫉妬の関係に基礎をもつ他者の超越性である。

双子が外部の他者への一切の働きかけをなしえなかったこと、二人だけの関係に自らを内閉していたこと、これらの事実からするといくぶん意外に聞こえるかもしれないが、双子の悲劇の核心は、他者という現実を純粋状態のまま生きてしまったということの内にあるのだ。通常の嫉妬の関係には、すでに他者の隠蔽が含まれている。それは、「他者」の優越性＝超越性のもとで、自己と他者の差異を相対化することなのだから。さらに、通常のコミュニケイティヴな志向――とりわけ言語行為の構造――は、この隠蔽をさらに徹底させる。それは、他者の実際の反応（選択）に先立って、他者との差異を「自己」における相対的な差異として内部化してしまうからである。それに対して、双子が体験しているのは、同一であるということがそのまま差異＝闘争であるということに通底することの苛烈さである。つまり、他者に対する一切の欺瞞を排することの苛烈さである。[14]

注

1　仕事から帰ったらただテレビを見るだけ、というのが、オーブリの生活の典型的なパターンだった。「オーブリのテレビと双子の会話不足が、何事につけ家族の団欒に水を差すのだった。」（83、数字は、M. Wallace [1986=1990] の頁数である。以下同様）

2　もちろん、専門校を出たあとは、仕事にはつけず、双子は家にいた。

3　二人は「トーキング・アメリカン」のリンガフォンのコース案内を取り寄せるなど、なにかにつけアメリカに興味をもった（72）。

4　ランスとその兄弟に双子が興味を持ったのは、彼らの一家が、「アメリカ的」な雰囲気をもっていたからである。

5　双子は、星占いを深く信じている。それは二人が、生まれた時刻にこだわっていたことの帰結である。また、ジェニファーは、ジューンは自分の真の片割れではなく、どこかに、自分と完全に生まれた日時が同じ本当のパートナーがいるはずだ、という夢想を抱いている（235）。

6　後で論ずるように、双子の「アメリカ願望」は、両親のこの「自己の存在基盤の徹底した否定」に応じて、生み出されたものである。

7　ウォーレスは、双子の葛藤はいつ始まったのか、と問うている。おそらく、それは、二人が生まれた直後から始まっている。たとえば、双子は、母親の母乳を求めて競い合い、その争いがあまりに激しいので、最初の数カ月で母乳をやめざるをえなくなったほどである（24）。この乳房が、後年、たとえば「男の子」に取って代わられる。また、ジューンの方がジェニファーよりも身体が弱く、お座り、ハイハイ、ヨチヨチ歩きなど発育のすべての段階でジェニファーが早かった。ここに、妹であるジェニファーの指導的な立場が、すでに予告されている。

8　第3節に提起した⑥式は、性愛のような体験と同時に、これとはまったく逆の体験、たとえば憎悪によって敵対している関係を表現していると解することもできる。それは、自己の能動性が、他者によって奪われてしまい、自己が分裂へと導かれているような状況でもあるからだ。実際にも、純粋な憎悪と（性）愛は、その外観とは裏腹に、非常に近接した体験である。両者は、ちょっとしたきっかけで容易に反転してしまう。この双子の場合も、互いに愛しつつ憎みあっている。ここで言う「濃密な対他関係」の中には、このような憎悪の関係も含めて考えなくてはならない。

9　T－文とは、「『X』が真であるのは、Yの場合に限る」という条件文である。『X』は、発話者の発言で、Yは、その発言を聞いたときに受話者が観察している状況だ。これは、発話者が発した『X』という文の真理条件を与える文になっている。デイヴィドソンは、このT－文にあてはめて発言を受け取る態度を「寛容の原理」と呼んだ。コミュニケーションに参加する受話者は、寛容の原理を採用せざるをえない。つまり寛容の原理は強いられている。奴隷が、主人を主人として認めることを強いられている、と感じるのと同様に。

10　デイヴィドソン風に言えば、寛容の原理さえ仮定しておけば、根源的解釈の状況で、受話者は意味の理論（全体的体系）と信念の理論（全体的体系）を作り出すことができる。根源的解釈とは、表現（発話）の意味も相手の信念もまったく知らない状況で、相手の発言をまったくゼロから解釈する、という意味である。まったく予備知識をもたない外国語の世界に入り、周囲の人が何を言っているのか解釈しなくてはならない状況を思えばよい。寛容の原理をもって人々と交流していれば、やがて、さまざまな発話表現によって何を言っているのか、発話者たちが何を信じているのか、その全体的な体系が把握できるようになるはずだ、とデイヴィドソンは論じていることになる。

11　実は、盗みの反転した形態である贈与にも、類似の構成がある。贈与は、受取手となる相手の意志（他者の選択）とは関係なしに行われる。つまり、贈与は――たとえば市場交換の内にある支払や返済のようなものとは違い――相手の当然の要求に応じて行われるわけではない。この意味では、贈与においても、さしあたって、他者の実在感は小さくされている。ところで、この双子は、しばしばプレゼントをあげる（たとえば家族に）ことに、ずいぶんと情熱をもっていた。彼らのプレゼントへの愛着は、彼らの盗みへの衝動と同じところに根をもっていた可能性が高い。

12　なぜマリリン・モンローなのか。おそらく、マリリン・モンローは、いかにもアメリカ的なもの、アメリカ性を代表する人物として選ばれているのである。双子のアメリカ願望について、次節で論じる。

13　ジューンの夢の中に登場する「ジェニファーの子ども」が白人であったということにも注目しておこう。すでに述べておいたように、この一家は西インド諸島出身で黒人である。「白人」であるということは、子どもへの憧れが、「アメリカ」への願望と同様に、彼ら自身の現在と過去を否定しようとする志向の上にうち立てられている、ということを予想させる。

14　蓮實重彦は、一九八〇年代最後の年に出した著作（蓮實重彦［1989］）の中で、日本の八〇年代（頃）に書かれた主な「小説」を分析し、そこに「双子」あるいは「身体の二重化」という主題が、おそらくほとんど意図されることなく、共有されている点に注目している（井上ひさし『吉里吉里人』、村上春樹『羊をめぐる冒険』、村上龍『コインロッカー・ベイビーズ』、大江健三郎『同時代ゲーム』、中上健次『枯木灘』など）。興味深いことは、蓮實の指摘によれば、しばしば、双子は、彼らだけでは自足せずに、さらに独特な「神話的な三角形」の中に位置づけられているということだ。三角形といえば、「パパーママーボク」のエディプスの三角形を想い起こすだろう。エディプスの三角形は、――世代関係を上下の軸で表現すれば――底辺を上にした逆三角形になる。それに対して、ここで問題になるのは、形の上では、これを反転させた二等辺三角形である。底辺の両端の二点には、もちろん双子がいる。二等辺三角形の頂点には、「父」がいて、双子に命令し、その行動を支配する（こういう構図が最もはっきりと、典型的なかたちで現れているのは、『同時代ゲーム』である）。

第三の点にあたる「父」は、双子の間の苛烈な差異を緩和する装置として機能しているのではないだろうか。それは、両者が内属する同一的な領域を、外部の超越的な観点から規定するものなのだから。つまり、三角形は、双子の双子性を隠蔽する装置なのである。「神話的な三角形」は、双子がまさに双子だけであっては、何者としても自己提示できないということと、双子を外部の世界へと働きかける積極的なまとまりとして機能させるためには、どうしても第三の要素を導入せざるをえないということに対する、八〇年代の「小説」の無意識の反応であったのかもしれない。それに対して、われわれが見てきたジューンとジェニファーの双子にあっては、二等辺三角形の頂点を形成する第三の要素が、徹底して欠落していたのである。このような双子は、「双子」というまとまりにおいて、外部の世界に冒険的に出ていくことができない。この冒険の欠落は、この双子があまりに純粋に双子であり、両者の間の葛藤を緩和するいかなる付加的な装置ももちえなかったことに由来する。

第2章

フレーム問題再考——知性の条件とロボットのジレンマ

1. 間抜けなロボットたち

【1】間抜けなロボットたち

知的に行為しうる人工物を、ロボットrobotと呼ぶ。ロボットとは、人工知能によって行動する機械である。ロボットという語は、時代の想像力のなかで機械が人間（の身体）と近縁な存在として急激に感覚されるようになっていった二〇世紀の初頭に、ある劇作家によって造られ、定着した。二一世紀の今日、われわれは、再び、われわれと同様な知性を備えた自動運動体を、機械の内に夢想する。

しかし、ある機械が、知性に裏打ちされて行為する、とはどういうことか？　その機械が、与えられた状況——それは通常動的な種々に変化する状況である——において、適切に選択的に振る舞うとき、その機械は、ロボットと呼ばれる人工物である。知性の本性は、選択的な能力にある。選択とは、むろん、その機械の上に実現される反応の規則性やパタンのことではなく、当の機械そのものに帰属させうる「目的」に準拠した適切性／不適切性の区別でなくてはならない。つまり、動的な状況に対応して、適切な選択肢が、さまざまに変化しなくてはならない。選択肢の適切性／不適切性の分割は、その選択肢が志向している状況が、その当の選択肢にとって適切であるか不適切であるかの区分と並行している。

同時に、きわめて当然な、次の要求を忘れるべきではない。すなわち、ロボットは、行為する機械でなくてはならない、ということを。行為とは、知性の本性である選択性の実現形態である。つまり、行為とは、たとえばロボット（機械）のようなシステムそのものに選択性を帰属させることができる外界への働きかけのことである。だから、ロボットは、世界の自身以外の部分に、自らを原因とする形態において、変化を与えなくてはならないのだ。

知性は、行為や世界の状態（状況）が適切であるか否かを決定する操作が無矛盾であることを、最低限の条件とする。さもなければ、一貫した選択は不可能だからだ。この適切性／不適切性を判定する操作は、一般に、何らかの形の論理（学）に準拠した推論の形式をとると、考えられている。

ところが、特定の論理を前提にしたプログラムによって、右に定義したような意味で知的に行為する機械を実現しようとすると、ある原理的な困難に遭遇する。この困難は、デネットによって、「スターウォーズ」に登場するロボットR2D2を素材にして、非常に印象的に例示されている。われわれわれがこれから問題にしたい「原理的困難」の本性を理解するのに、デネットの事例にまさるものはないので、ここで簡単に紹介しておこう（Dennett [1984→1987 = 1987 : 128-9]）。

最初のロボットR_1は、かれの貴重なエネルギー源である予備バッテリーがしまってある部屋に時限爆弾が仕掛けられていることを知らされた。かれは、すぐに部屋を発見し、部屋の中の一台のワゴンの上にバッテリーが乗っていることを確認した。かれは、ただちに、「バッテリー救出作戦」を立て、PULL OUT（WAGON ROOM）を行えば、バッテリーが取り出せると結論した。果たしてかれはこれを時限爆弾爆発前に行ったのだが、不幸にも、その同じワゴンに爆弾も乗っていたので、結局、バッテリーは爆発とともに失われてしまった。かれは、ワゴンの上に爆弾があることを知らなかったわけではない。ただ、ワゴンを持ち出せば同時に爆弾も持ち出したことになる、ということを知らなかったのである。

そこで設計者は、ロボットが、自らの行為の直接の——意図された——結果だけではなく、その副次的な結果をも推論できるように、プログラムを書き換えた。こうして改良されたロボットは、R_1D_1と名付けられた。この新しいロボットは、R_1と同じ問題に直面したとき、やはりPULL OUT（WAGON ROOM）を行えばよいと思い到り、そのあと新しいプログラムにそって、副次的結果を演繹しはじめた。ワゴンを引き出せば車輪が回転する、ワゴンを引き出せば音が出る、ワゴンを引き出しても部屋の色は変わらない等々と。とそうこうしている内に、爆弾が爆発してしまった。

再び設計者たちは、「ロボットに関係ある結果と関係ない結果の区別を教えてやり、関係のない結果を無視するようにしなくてはならない」と判断し、目下の目的に照合して関係があるかないか、という区別を演繹するプログラムを開発した。このプログラムを備えた第三のロボットは、R_2D_1である。ところが同じ状況に直面して、このロボットはまったくなにも行動を起こさない。なぜか？ロボットは、何千もの無関係な結果を演繹しては、それをいちいち「無視する」のに忙しくて、行動を起こすことができないのだ。もちろん、「無視する」のに忙殺されている間に、爆弾は爆発してしまった。

　これらのロボットたちが直面しているのが、われわれが主題化したい「難問」である。その難問は、一般に「フレーム問題」と呼びならわされている。知能を備えた機械であるためには、何らかの意味で、「フレーム問題」が克服されなくてはならない。上記のロボットは、いかに精巧に造られていようと、与えられた状況において、適切な選択肢を選択しえなかったということにおいて、知性の基本的な要件を欠いている。だが、フレーム問題は、いまや多くの論者が認めているように――またわれわれもこのあと示すように――、非常に困難な課題である。それは、ある意味では、完全に解決不能である、ということすらできる。

　しかし、フレーム問題は、われわれ人間にとっては通常問題になっていないようにみえる、つまり人間は通常これを解決しているようにみえる。実際、すぐあとに述べるように、人工知能やロボットの可能性がかなり本格的に研究の俎上にのぼるまでは、このような問題が存在することすら、気付かれていなかったのである。人間が、いかに「自明な仕方で」これを「克服している」かを、この事実は示している。しかし、であるとすれば、フレーム問題は、ますます深刻な問題である。ある知的（であることを期待された）物体（機械）にとっては、いろいろ手をつくしても、絶望的なほどに難しいこの課題が、別の知的物体（人間）によって、なぜそうもやすやすと解決されてしまうのか？

ロボット（あるいはそのシミュレーション）は、われわれの「知能（知性）」についての（自己）理解を、機械装置の上に外化したものにほかならない。もし、われわれが構想しうるロボットがどうしてもフレーム問題に直面してしまい、知的な存在としては挫折してしまうのであるとすれば、フレーム問題は、また、われわれの「知性（知能）」についての理解に、根本的に反省をせまるものでもある。つまり、知性は、それが人間のものであろうと、あるいはもっと一般的な意味においてであろうと、われわれが今日ロボットの上で実現しているような仕組みでは、働いていないのだ。

【2】フレーム問題とは何か

フレーム問題とは何であるか（したがって何でないか）を理解することからして、そもそも、かなり困難な課題である。

フレーム問題は、最初、行動計画の自動生成の領域で見出された（この間の事情について、詳しくは松原・山本［1987：266–7］、Janlert［1987：1–9］参照）。もともと、人工知能の領域においては、公理（と推論規則）を与えておいて、定理を自動的に演繹することができるプログラムについての研究が、かなり早い段階から進められていた。行動計画の自動生成とは、定理の証明と類比的なやり方で、特定の問題的な状況で、問題を解決するために、どのような行為がなされなくてはならないかを、自動的に導出するシステムのことである。

そのさい、当然、世界の諸状態を表現する「文」が必要となる。文は、対象の状態やシステムの行為を表現する述語をもった、一階の論理式のような形式になる。たとえば、先のPULL OUT (WAGON ROOM) は、ワゴンを部屋から引っ張り出すという行為を、また。ON (x, y) は、xがyの上にあるという状態を、それぞれ表現している。ところで、定理証明は、論理の世界なので、無時間的であり、状況は不変なのだが、行動計画においては、状況が変化することが問題になるので、さらに論理式に、状況の概念を引数として入れておかなくてはならない。たとえば、ON (x,y) [s]——「状況 sにおいて、xはyの上にある」——のように。さて、このようにしておけば、あとは、それぞれの状況において行為——それは一つずつ異なる述語＝演算子で表現されている——が遂行されたときの結果を、公理として与えておけば、問題がないように思われる。しかし、このときフレーム問題が出現するのである。いま機械が遂行しうる行為の種類がn個、状況の種類がm個であったとする。このとき、必要な公理の数は、当然、m×n個となる。これは、——機械が汎用性の高い自動計画システムであるならば——膨大な数にのぼる。しかも、対象の状態を表現する述語の種類が多ければ、一つずつの公理も、それぞれの状態に関してどのように変化したかしないかに関してすべて表現しなくてはならないので、長大なものとならざるをえない。

たとえば、次のような公理は、直観的には十分に思われるが、実はそうではない。

$$\forall s \forall x \forall y(\mathrm{HAND\text{-}OVER}(x) \wedge \mathrm{HAND\text{-}FREE} \wedge \mathrm{BLOCK}(x) \wedge \mathrm{ON}(x,y))[s] \rightarrow (\mathrm{HOLDS}(x) \wedge \mathrm{HNAD\text{-}OVER}(y))[\mathrm{GRASP}(s)]$$

この公理の意味するところは、状況sにおいて、手がxの上方にあり、手に何も握られていなくて、xがブロックであり、xがy上に乗せられているとき、手でつかむという行為を行うと、xは手に握られており、手はyの上方にある、ということである。しかし、このような公理しか与えなかったならば、ちょうどR_1が犯したのと同じ誤ちが出てくることになる。公理は、つかんだあと、xはy上にあるのかないのか、さらにはxは依然としてブロックのままなのかそれとも何物かに変化したのか、こういったことについて、いささかも言及していないからだ。公理には、行為のあと、xはyの上にのっていないこと、そしてxは依然としてブロックであること、こういったことを書いておかなくてはならない。そして、通常は問題にしなくてはならない対象の状態はもっと多いから、はるかに長い公理が必要になる。そこには、たとえば「つかんだときに部屋の電気のスイッチは消えない」、「壁の色は変わらない」等々の、われわれ人間だったらまったく無関係と感じることがらが、実にたくさん書かれているだろう。しかし、こうなったら、今度は計算の効率性が著しく下がり、R_1D_1のような悲劇が結果する。こうして、フレーム問題が発見された。

フレーム問題は、自動計画機械だけではなく、知的なロボットに一般にともないうる問題である。それは、一般に、次のように定義することができるだろう。すなわち、ある行為が遂行される際に、関係ある（レリバントな）事項を無関係な（イレリバントな）事項から、効率的に（しかも十分に）区別し選択することは、いかにして可能か、という問いである[1]。

【3】フレーム問題とは何でないか

フレーム開題が何であるかを理解するさいに注意しなくてはならない点を、いくつか補っておこう。

右で見てきた事例からただちに推察できるように、フレーム問題は、世界をどのように表現・表象するか、ということにかかわる問題である。フレーム問題は、世界を十分な正確さで表現・表象している、ということだけでは、「知的」にはなりえない、ということを教えている。情報的にはまったく同等なシステムでも、効率においてまったく異なる、ということがありうるのである。世界を正しく表現する方法が見出せないわけではない。そうではなく、正しさと同時に効率性をも保証するような知識の表現の形式が見出せないのである。

フレーム問題は、行為する物・者にとってのみ、現れるような問題である、ということをあらためて強調しておく必要がある。行為とは、世界の状態に変化をもたらすことである。したがって、必然的に、フレーム問題は、状態の「変化」の記述の問題でもある。行為によって引き起こされる変化を、有意味な性質に限って記述するには、どのような方法がありうるか、ということは一種のフレーム問題である。

だから、当然、フレーム問題は、「時間」という次元が有効であるような世界でしか、顕在化しない。つまり、過去・現在・未来、とりわけ未来ということについて語ることができるような世界に、はじめて、フレーム問題が現れる。

フレーム問題が、このように変化を記述することにかかわるということから、しばしば、予言問題の一種であると考えられる場合がある。予言問題とは、将来の出来事についてよりよい予測を形成するにはどうしたらよいか、ということである。予言問題も、確かに困難な問題である。しかし、予言問題とフレーム問題は、まったく別の問題だ。仮に、予言問題が解けたとしても、フレーム問題は解けない。自分の行為について、非常に正確な予測ができたとしよう。それは、将来に起こりうる出来事についての、非常に包括的な一覧表を与えるだろう。世界が決定論的にできていない場合には、将来の出来事を予言する命題に、確率が付いているかもしれない。しかし、このような予言がなされていたとしても、それが効率的に利用されて、適切な行為がなされるとは限らない。このことは、R_1D_1のことを考えれば、すぐにわかる。大量の予測の中から、有意味な部分をどうやって選択すればよいかが問題なのである。そもそも、フレーム問題は、予言問題が完全に解けたと仮定した場合に、より先鋭に現れるのである。

2. 解決への試み

【1】フレームまたはスクリプト

当然のことながら、人工知能やロボットの研究者たちは、フレーム問題を解決しようと様々な試みを繰り返してきた。そのような試みは実にたくさんあり、ひとつひとつをていねいに検討している余裕はない。ここではごく少数の代表的な事例だけを、概観しておこう。解決をもくろむさまざまなアプローチは、フレーム問題が、いかに深刻な問題であるかということに、逆に照明をあてることになる。

フレーム問題のかんたんに思いつく解決法は、経験の全体を「典型的なシナリオ」の集合のようなものと考えるという方法である。つまり、外界の状況を典型的な有限個に分解し、それらひとつひとつに対して、どのように行為すべきであるか、どのような変化に注意をはらうべきかを、はじめから書き込んでおくのである。ある紋切り型の状況において、ある一定の側面にのみ注意が集中し、それだけを入力として、一足飛びに結論――どう行為すべきで、なにを有意味な変化として登録すべきか――に至るような傾向性を備えた機構を、構築するわけだ。言うまでもなく、シナリオの数は、手におえる程度に少なくしておかなくてはならない。このようなシナリオのことを、ミンスキーは「フレーム」、シャンクは「スクリプト」と呼んだ。

もし人間の行為を、無条件反射と条件反射の複合・継起のようなものと考えるとすれば、人間もまた、「フレーム」や「スクリプト」によって、フレーム問題を解決していることになる。類型化された（条件）刺激―反応のセットは、まさに、いま述べたような意味での「シナリオ」であると言えるから。しかし、人間の知的な営みをこのようなものと考えて間違いないのだろうか？　またフレームやスクリプトを与えることで、機械は本当にフレーム問題を解決できるのか？

シナリオを利用しようというアプローチの限界は、明白である。例外的な事態に直面する、という場合のことを考えてみればよい。状況が典型に一致していたり、あるいは状況と典型との偏差があらかじめ予期されていた範囲内にとどまるあいだは、フレームやスクリプトをもった機構は、適切な反応を示すだろうが、例外的な状況に直面するや、混乱するほかないだろう。それに対して、人間は、例外的な状況にも、ある程度柔軟に対応しているように思われる。例外に対処できるようにする方法は、二つ考えられる。一つは、シナリオの数を増やし、また細部を綿密に規定しておくことによって、例外を非例外化する――あるいは予期された「例外」にしてしまう――ということである。しかし、こうするとシナリオは膨大な数にならざるをえない。それゆえ、いまどのシナリオを適用すべきかを検索する作業が、たいへんなものとなるだろう。こうなれば、われわれは完全に初期の問題場面に連れ戻されてしまう。すなわち、膨大なシナリオの中で、目下の行為に関与的なシナリオのみを選びだすにはどうしたらよいか、というのはフレーム問題以外のなにものでもない。

もう一つの方法は、機械に、例外を通じて学習する能力を備えさせることである。そうすれば、機械は、例外に直面して一旦は当惑したとしても、やがてこれをも適切に処理することができるようになるだろう。実際に、人間は、このような学習能力によって、例外的な出来事に対する適応を行っているように見える。しかし、学習するためには、目下の状況の中で、何が重要で何が重要ではないか、つまり何を記憶にとどめ何を登録しなくてもよいか、を弁別できなくてはならない。言い換えれば、フレーム問題が解決していなくてはならない。非常に柔軟な学習能力は、フレーム問題そのものが、何らかの形ですでに処理されていることを前提にしているのである。

だから、機械の場合には、予期されていない例外的な事態が現れた場合には、そのような事態にも対応できるように、機械の設計者がプログラムを書き換えるしかない。つまり、設計者が、新たなフレーム（やスクリプト）を追加したり、フレーム（やスクリプト）を補正したりするわけだ。設計者の手によって、機械が学習したのと同じ効果をもつようにするわけだ。しかし、もちろん、これは学習ではない。学習とは、このようなプログラムの改変がシステムによって内生的に生じることなのだから。

フレームやスクリプトを使用する方法の最大の問題は、「学習的な効果」が、外生的にしか引き起こせない、ということの構成の内に暗示されている。それは、実は、フレーム問題をいささかも解決しておらず、その解決の場面をずらしているだけなのだ。フレーム問題とは、状況について十分に多くのことを知っているシステムが、しかもなお、自身の行為にとって意味ある部分のみをどうやって選択するのか、という問題である。たとえば、壁に色を塗るという行為をするとき、壁の形状やら材質やら、さらに壁のある部屋の温度やらが不変であることを知っていてもなお、壁の色にのみ注意を集中させるにはどうしたらよいのか、ということが、問題なのである。ところが、フレームやスクリプトをもち、行為が定型化された機械にとっては、そこに書き込まれていないことがらは、そもそも存在しないに等しい。それは、関与的な意味ある部分を選択してきたわけではなく、そもそもそのような選択が不可能なように作られているのである。フレーム問題を解いているのは、フレームやスクリプトをもつ機械ではなく、それを造った設計者のほうなのである。デネットが的確に指摘しているように、この種のアプローチは、特定の行為者＝ロボットが出会いそうなフレーム問題を最初から解いておいてやることである。

人間の場合も、確かに紋切り型や典型を利用しながら、状況に対処しているのだろう。しかし、人間の場合には、まさにそのような紋切り型を（たとえば学習によって）使えるようになる、ということにおいて、フレーム問題をなんらかの形で処理していると考えなくてはならない。人間は、少なくともミンスキーやシャンクが思い到った機械よりは、はるかに強力な機械である。

【2】STRIPS

フレーム問題においては、行為によって何が変化し、何が変化していないかを、弁別することが課題となっている。その弁別の作業において、変化していないことが何であるかを確認する作業が膨大になったとき、困難が現われる、そこで、次のような原則をたてておこう。すなわち、「行為によって明示的に変化させられたもの以外のすべてのものは、不変なままにとどまる」と。こうしておけば、暗黙の内に変化してしまっているかもしれないものについて、あれこれ推論する必要がないので、フレーム問題が回避できるように思われる。このような原則にのっとった行動計画の自動生成システムとして、STRIPSがある（Fikes & Nilson [1971]）。

STRIPSの重要なポイントのひとつは、副次的な結果を（も）明示的に書き込んでおかなくてはならない、ということである。STRIPSとは、次のような工夫である。個々の行為を表現する作用素（演算子）を、その作用素が適用されるための先行条件、適用によって付加される命題のリスト、適用によって除去される命題のリストの三つによって定義してしまう。そして行為がなされるたびに――作用素が実際に適用されるたびに――、この定義にしたがって、公理や定理をそのまま書き換えてしまう。こうしておけば、何が変化したか、何が変化していないかについてのたいへんな推論を経ることなしに、変化／不変の弁別をただちに行うことができるので、フレーム問題を乗り越えることができるはずだ、というのだもくろみである。

たとえば、push（k, m, n）という作用素――これは、対象kをmからnへと移動する行為を表現している――は、次のようなリストによって、定義される。

先行条件　ATR(m)　∧AT(k, m)

除去　ATR(m), AT（k, m）

付加　ATR(n), A T(k, n)

ATR（x）は、ロボットがxのところにいるということを、AT（x, y）は対象xがyにあるということを、それぞれ表現している。

だが、変化しうるすべてを、除去リスト、付加リストに書き込むことは不可能であろう。そこで、他の述語がそれらの複合によって導出できるような原初的な述語の集合を、定義しておく必要がある。原初的な述語と他の非原初的な述語をどのように関係づけるかということも、興味深い技術上の問題を含んでいるが、その点についてはふれずに先に進もう。ただ、何を原初的な述語として認定するかということは――ヤンラートが示唆しているように――、世界の性質の中で何を本質的なものと認め、なにを派生的なものと考えるかという、「形而上学的な区別」にかかわる問題である、ということを留意しておく必要がある。

多くの論者が指摘しているように（松原・山本［1987 : 267］、Janlert［1987 : 20–21］）、STRIPSは、行為（作用素）と対象（作用対象）を独立したものと考えているため、対象によって、行為の副次的な結果が異なるような場合には、困難に遭遇する。広く知られているのは、「カップと受け皿」の事例である。カップcが受け皿dの上にのっているような場合を考えてみよう。受け皿を移動する行為――すなわちpush（d, m, n）――を行えば、受け皿だけではなく、カップを一緒に移動するから、AT（d, m）が除去され、AT（d, n）が付加されるだけでは不十分であり、同時に、AT（c, m）が除去され、AT（c, n）が付加されなくてはならない。しかし、カップを移動する場合には、カップ以外の何かが同時に移動するような副次的な結果が伴わない。このような差異は、push（k, m, n）の一般的な定義からは出てこない。

これを避ける方法は、いくつか考えられる。一つは、push（k, m, n）の定義はそのままにしておき――ということはAT（c, m）やAT（c, n）には明示的には言及せず――、他の原初的な述語――たとえばON（c, d）とAT（d, n）のような――から、副次的な結果（この場合は、AT（c, n））が導出できるようにする、という方法である。しかし、このようにするとAT（x, y）という述語の原初性が損なわれることになる。STRIPSでは原初的な述語を定義しておく必要がある、と述べておいた。原初的な述語とは、他の述語から合成できない述語のことだから、少なくとも原初的な述語が表現しているような状態については、二次的な推論を経る必要がなく、直接に明示的に書き込まれていることを要する。しかるに、いま提案したような方策は、状況に応じて、ATという関係が、原初的であったり、原初的でなくなったり（つまり二次的な推論から派生約に確認しなくてはわからないことになったり）することを意味している。たとえば、ATという関係は、カップが受け皿の上にある場合には原初的ではなく、直接にテーブルの上にある場合には原初的であるということになる。このような混乱は、結局、行為＝作用素の定義を不可能にしよう（なぜなら、それは、原初的であると認定されているような述語によって定義されているのだから）[2]。

もう一つの方法は、何らかの方法で、行為の対象と行為とを結び付けてしまうことである。そのような方法としては、両者を弱く結び付ける方法と、強く結び付ける方法がありうるだろう。前者は、対象ごとにそれに適用可能な行為をもれなく記述するという方法である。後者は、行為を表現する作用素の中に、対象の在り方をはじめから書き込んでおく、という方法である。対象の細かな違い（たとえばカップが受け皿の上にあるのか、テーブルの上にあるのか）にしたがって、前者は、その対象を異なる対象（受け皿上カップ／テーブル上カップ）として扱う方法であり、後者は、対象に働きかけるきわめて類似する行為を異なる行為（受け皿上カップ移動／テーブル上カップ移動）に分離する方法である。それらは、本質的に恣意的な対処法であると言わざるをえまい。そして何より、どちらの方法も、フレーム問題への「解決」としてのSTRIPSを破綻に導いてしまう。対象の細かな違いごとに必要とされる行為の定義は、膨大な記述量を必要とする。こうなれば、目下の行為にとって、どの記述が関与的でどれが不関与かを弁別することが、きわめて困難な作業となろう。これは、またしてもフレーム問題以外のなにものでもない。STRIPSがそもそも有利だったのは、比較的少数の行為を対象とは独立に定義し、それぞれの行為ごとにそれによって生ずる変化を明示することができると考えられていたからだ。しかし、副次的結果のことを考えると、それは不可能であることがわかる（以上の点について、松原・山本［1987：267］参照）。

【3】UNLESS

副次的な、結果をうまくあつかえるようにするにはどうしたらよいだろうか？　サンドウェルは、特殊な論理によって、これに対処している（Sandwell[1972a][1972b]）。まず、対象、性質そして状況を引数とするような特殊な述語の集合を定義しておく。たとえば、IS（banana, yellow, s）は、状況sにおいて、バナナが黄色いことを表現している。さらに、行為の表現の中に、状況の概念が含まれるように工夫する。たとえばINN（push(banana, x, y), s）によって、状況sにおいてバナナをxからyへ移動するという行為を、表現するのである。こうしておけば、たとえは、次のような公理のもとで、「カップと受け皿」の問題は解決できる。

INN(push(o, x, y), s)∧INN(support(o, o'), s)
→INN(push(o', x, y), s)

サンドウェルの論理は、フレーム問題をどのように処理するのだろうか。サンドウェルのアイディアの中核は、高階の述語UNLESSの導入にある。ここでは、一階の述語のみによって世界を表現するということは放棄されている。基本的な原理は、「対象が過去の状況においてある性質をもっており、かつ新しい状況においてその性質が失われたことが証明されていない限り、対象は新しい状況においてもその性質を依然としてもっている」という推論規則、である。この推論規則を、形式的には、次のように書くことができる。

IS (o, p, s)
UNLESS(ENDS(o, p, Succ(s, a)))
IS(o, p, Succ(s, a))

Succ (s, a) とは、状況 sにおいて aという行為がなされた結果生ずる状況のことである。

UNLESSという述語があるため、変化がなかったものについていちいち記述する必要がなく、変化があった場合にのみ記述すればよいことになる。こうして、無意味な不変性を大量に記述するというフレーム問題から、解放されるように見える。

UNLESSのような述語を使った場合の顕著な特徴は、通常の論理に見られる論理の単調性が消え失せる（ように見える）ということである。論理の単調性とは、公理システムAがより包括的な公理システムBに拡張された場合には、Aによって証明されるすべての定理は、Bによって証明される定理の中に含まれる、と表現できるような、公理と定理の単調な関係のことである。すなわち

$A \subset B$ ならば $Th(A) \subset Th(B)$

ただじ Th(S) とは、Sから証明されうる文の集合

といった関係のことである。しかし、UNLESSが存在する場合を考えてみよう。たとえば、

A, UNLESS(C) →Bの二つ（のみ）が公理であるとき、Bを証明することができる（なぜならばCが証明されていないのだから）。ここに、公理としてCを追加してみよう。当然、新たな公理のシステムA, UNLESS(C) →B, Cからは、Bを証明することができない。つまり、公理の増加によって、証明できる定理の数は減少する。

しかし、UNLESSの導入もまた、フレーム問題の解決にならない。UNLESSと相関して使用される、述語ENDSが重要である。われわれは、ヤンラートが指摘するENDSの次のような曖昧さを、等閑に付すわけにはいかない（Janlert [1987:26-27]）。世界の状態が、表現・表象の体系の中で、全面的に特定されているとは限らない。たとえば、石を窓に向けてなげる、という行為のことを考えてみよう。窓は、窓枠によって細かく仕切られていたとする。つまり、窓は、厳密には、小さな窓の集合になっているとする。石が窓に投げられれば、当然窓のうちどれかは壊れるだろう。しかし、このとき、もし、世界の状態が十分に徹底して特定されていなかったならば（たとえば、石の厳密な質量、石を投げたときの初速や力、石を投げた角度、空気抵抗、重力等々について、厳密に特定されていなかったならば）、細かく仕切られた窓のうちのどの特定の窓が壊れるかを、予言することはできない（つまり、どの窓が壊れるかを証明することができない）。窓の破壊が証明できないから、先の推論規則によって、われわれは、石が投げられた新たな状況においても、窓は壊れていない、と結論せざるをえなくなる。

このような難点を回避するためには、述語ENDSが、「終わること」を表現しているのではなく、

「終わるかもしれないこと」を表現しているのだと考えなくてはならない。しかし、そうであるとすれば、ENDSは、終わるかもしれないものの候補を上げているだけである。ENDSの意味することが厳密な「終わること」(否定が証明可能なこと)ではないとすれば、ENDSという述語の使用の仕方——どんなときにENDSが使用できどんなときに使用できないか——についてのきちんとした指針が、もはやないことになる。つまり、ある行為が、対象のどのような性質についてENDSを付しうるような変化をもたらすか、きちんと決めることができなくなる。こうして、われわれは、またしてもフレーム問題そのものに連れ戻されていることに気がつかざるをえない。フレーム問題は、有意味な変化を、無関係な不変化から区別することが課題だったのだから。

また、松原・山本[1987:268]が指摘する、次の難点も重要である。たしかに述語UNLESSの導入は、記述の量を著しく減少させる(例外のみを記述すれば良いので)。しかし、減少した記述は、推論の量によって補償されなくてはならない。ある状況で、ある定理が成り立っているかどうか(つまり変化しているか否か)を決定するためには、過去の状況に次々と遡る推論をしなくてはならないからだ。膨大な記述の検索が、必要のない分だけ、膨大な推論を行わなくてはならない。R_2D_1のことを思い出してみよう。R_2D_1はこの種の推論に時間がかかっていたのである。すなわち、かれは、ENDSが付されていない性質については「無視してよい」ということを教えられ、確認の作業をしていたのだ。高階述語を導入した非単調論理は、せいぜい、R_2D_1の水準に止まっている。つまり、それによるフレーム問題の解決は、単なるみせかけのものに過ぎない。

最後に、論理の非単調性も、ある意味では、みせかけに過ぎないということを指摘しておこう。UNLESSの導入以外にも、フレーム問題の解決を目指して、多くの論者が、様々なタイプの非単調論理を考案した。非単調論理のポイントは、行為との関係で世界の在り方についての信念が変化する、ということを積極的に主題化しよう、ということにある。ある時点で、テーブルの上に帽子があると信じていたロボットも、「移動行為」のあとでは、もはや、テーブルの上に帽子がある、ということを信じていない、というわけだ。このことは、定理の形で表明されでいる信念が、特定の状況や時点に限定されている、ということを意味している。実はこのような状況・時点と結びついた信念は、通常の単調論理の範囲内で表現することができる。単調論理で扱いうるこのような信念を、非単調性とみなすことは、むしろ、次のようなことを含意している。すなわち、状況の変化によって消失した信念と、知識の欠落とを、同等なものとして扱っている、ということを（Janlert［1987：29-30］）。別の時点にはあったが現在にはない信念を、単なる信念の不在のように扱うことになるからだ。しかし、むろん、両者は区別されなくてはならない。

3．表象主義の陥穽

【1】表象主義

以上のもろもろの「解決」は、すべて失敗している。困難の真の原因は、すべての「解決」が前提にしているような基本的な構えの内にある、と考えるべきであろう。

われわれは、先にフレーム問題は、世界の状態について表現・表象する仕方についての問題である、と述べておいた。フレーム問題とその「解決」がともに前提にしている基本的な構え（の一つ）に、知性についてのある種の「表象主義」がある。ここで表象主義というのは、現実化される行為にたいして、認識の過程が先行する、という考え方である。この場合、認識とは、世界の状態（その中に当然自身の行為が含まれる）についての判断の集合であり、それらの判断は、直接の「知覚」もしくは「推論」によって得られる。つまり、認識の過程とは、知覚もしくは推論の過程である。世界のさまざまな状態は、これらを抽象的な水準で表象するような「記号」となることによって、はじめて、知覚や推論の対象となりうる。つまり、知覚や推論は記号の媒介を必要とする。認識を行為に対して先行させ、行為が認識によって制御されているとする考え方を、ここで表象主義と呼ぶのは、このためである。

表象主義は、行為を知的なものとして実現するためには、不可避であるように見える。最初に述べたように、知能に裏打ちされた行為とは、状況における選択的な性能として現れる。選択は、世界の中で何が適当であり何が適当ではないか、についての区別が前提になる。このような区別は、知覚と推論をもとにした判断（の連鎖）をどうしても必要としているように見える。こうして、表象主義は、知的な運動体を構成するためには、必然であると考えられたわけである。

しかし、いまのところ、表象主義が作動しうるための条件を整えようとすると、すなわち世界の状態を、それについて判断したり推論したりすることが可能なような表象の体系に写像しようとすると、どうしても、フレーム問題の餌食となる。これは、ダブル・バインド的な状況である。表象主義は、知的な行為にとって不可欠に見えるが、表象主義を採ったとたんにそれを捉えるフレーム問題は、知性の挫折を意味しているからだ。だが、行為する知性にとって、表象主義は、はずせない条件なのだろうか？

【2】「被造物」という名のロボット

この問題に関連してブルックスのきわめて独自な試みが、参考になる（Brooks[1988]）。ブルックスにしたがえば、認識を担う中心的な制御部門をもたなくても、十分にロボット——知的に行為する機械——を造ることができる。

伝統的なアプローチは、知的システムを構築するために、内部を機能によって分割する。その分割の基本は、インプットを引き受け、世界についての記号的記述を産み出す、知覚（認識）的なモジュールと、アウトプットとしての行為を生産する行為モジュールへの分割である。しかし、この方法では、知覚（認識）モジュールと行為モジュールを結ぶために、さまざまな困難に遭遇せざるをえない。そのような困難の最も重要なものが、フレーム問題である。

それにたいしてブルックスは、システムを活動によって分割する方法を提案する。活動とは、世界とシステムの相互作用のパタンである。それぞれの活動を担う部分システムのことを「層」と呼ぶ。つまり、システムは相対的に独立した活動（したがって「目的」）を担った層によって構成されていることになる。もちろん、各層は、場合によっては連絡を取りあえるような、ゆるやかなつながりをもっている。このような方針に立って、ブルックスは、知的に行為するロボットを実際にいくつか造り、それらを「被造物」と命名する。

被造物は、したがって、表象を操作したり、表象を産み出すような、中心的な認識部門をもたない。システムを、相対的に独立した活動を担う「層」に分解することによって、さまざまな利得が得られる。たとえば、知的な機械は、状況の変化にたいして十分に強くなくてはならない。すなわち、状況の小さな変化は、機械＝システムのトータルな変化（その最も極端な場合が機械＝システムの崩壊である）をもたらすべきではなく、変化が大きくなればなるほど、順に機械＝システム側の変化も大きくなるように造られていなくてはならないだろう。並行的に活動する多元的な層をもつ「被造物」は、まさにこのような要求に答えるものである。「被造物」は、世界の全体を類比的に写像するモデルを、システムの特定の部分に局在させていない。「被造物」が変化にたいして強いのは、その中の比較的独立した層が、それぞれ独自に世界の特定のアスペクトにのみ応じて変化していくだけだからだ。小さな変化は、通常、一つの層もしくはその周辺の内部に因果的な結果をもたらすにとどまる。

しかし、「被造物」は、表象の媒介なしで、いかにして選択的な行為を実現しているのか？　重要なことは次のことである。それぞれの層は、行為そのものにおいて、知覚（認識）を同時に実現しているということ、これである。行為と、世界の状態についての判断が、別々の作業として分離しておらず、それらは、ただ同じことの異なる抽象の仕方にすぎない。（適当な）選択的な行為そのものが、同時に、世界についての（ロボットにとっての）妥当な認識を構成しているのである。

ブルックスのロボットが、フレーム問題を回避できるほどの十分な性能をもっているかどうか、にわかには判定できない。しかし、少なくとも、それは、行為から分離された表象の存在を前提にしないような、知性の可能性を示唆している。つまり、それは、フレーム問題とその「解決」が自明視している、表象主義的な前提に動揺を与える。

【3】認識は行為である

「被造物」を可能にしている基本的なアイディアは、認識それ自体が行為である、という点にある。あらためて確認しておけば、行為とは、システムに選択性を帰属させることができるような、外界への働きかけのことである。「認識」は、通常、外界（の対象）に原因をもっているものと見なされているので、行為ではないと考えられていた。しかし、ブルックスはロボットを構想するにあたって、認識を行為と等置してしまったのだ。このようなアイディアは、ロボットにある革新をもたらした。ところで、人間や他の動物において確認される事実は、それらの知的なシステムにおいては、行為と認識が、実際、このような緊密な一体性を保っていることを示している。

たとえば、佐々木正人［1987：17-18］によって紹介されているヘルドとハインの次のような実験は示唆的である（Held & Hein[1963]）。誕生時からずっと暗闇の中で育てられてきた同腹のネコ五対が歩けるようになるのを待って、それらにはじめて「見る」体験を与える。その際、特殊な工夫をする。対のネコの内の一方は、実験装置の中を自由に自律的に移動できるようにしておく。他方のネコは、ゴンドラの中に入れられ、ただ他律的にのみ移動を体験するようにしておく。前者のネコの移動がそのまま後者のネコの入っているゴンドラの移動をもたらすように装置はつくられており、両者の移動の量が、厳密に等しくなる。一方のネコにおいでは、移動は自身に帰属する選択だから、定義上「行為」であるが、他方のネコにおいては、移動は、行為ではない。

このような移動にともなう「見る」体験を十分に与えたあと（三時間×十日間）、両者が実質的に見る機能を身につけたかを確認する。それは、見ることに密接に関連している次の三つの活動の有無を基準にして調べられた。基準となる活動とは、実験者がネコを両手で持ち、ゆっくりと机の上に下ろすときに現れる、足で机の面の近づくのを予測するような着地姿勢、第二に実際にはガラスに覆われているのだが、見えとしては途中から床がなくなって落ちてしまいそうになっている「視覚的崖」を回避する行動、突然目前に現われた人の手にたいして眼を閉じる「瞬目反応」の三つである。いずれも、動物が厳しい環境の中で生きていくのに不可欠な活動である。

三時間ずつおよそ十日間の明かりの体験の後、移動を自律的な行為として行ったすべてのネコには、以上の三つの活動を基準にして、見る機能が獲得された、と判断された。しかし、他律的な移動体験しかなかったゴンドラ内のネコには、三つのどの活動も現れず、見ることが、生体にとって意味ある機能となっていないことがわかった。

　この実験的な事実は、ネコにおいて、視覚が、移動する行為と独立して成立しえないことを含意しているだろう。いってみれば、視覚において、すでに移動する行為が含意されてしまっているのである。行為すなわち自らに選択性が帰属する行動の外では、視覚は、もはや実質的な機能として確立しない。このような関係は、行為を出力する部門と、世界の状態を知覚しこれを記号へと変換する認識部門とを独立させる表象主義的な構成を、真向から否定しているといえるだろう。

　同じことは、人間を通じても観察される。確かに、ただ受動的に見ているだけで、能動的ないかなる行為をも行っていない、と表現したくなるような場合もある。行為から切り離されて、純粋に観照的な態度で、対象を見ていることもある、と主張したくなる。だが、そのような態度の内にも、実は、行為が、外部からかろうじて観察されるような微細な形態において伏在している。

　われわれの眼球は、実は、始終活発に動いている。そのような動きの中には、非常に速い周期的な揺れ（眼震）、痙攣的な左右へのふるえ（眼振）、ゆるやかに漂流するような動き、視点を変えていくときに現れる「飛越」のような運動など、きわめて多様な形態が含まれている。いま、鏡の付いたコンタクトレンズを使って、眼球の微細な動きと対象の像の動きとを同調させてみる。そうすると、完全な静止網膜像が得られる。もし、視覚が対象を受動的に反映することによって成立する認識であったならば、これは、理想的な視像であるはずだ。だが、佐々木正人[1987:27]によれば、静止網膜像は次のような奇妙な結果をもたらす。

われわれが対象を見るとき、対象の特定の局面に注意を集中し、それを図化している。逆にいえば、関心の対象となっていない他の部分を背景化＝地化している。これは、いってみれば、視覚におけるフレーム問題の克服である。ところが、いま述べたような仕方で作られた静止網膜像は、突然、視覚の領域にフレーム問題を顕在化させる。すなわち、静止網膜像を与えられた知覚者が見たものは、対象にとって意味ある重要な部分（たとえば対象が顔である場合には鼻や首や頭のような部分）が明滅したり、消滅したりするような、対象の像の不安定な変転なのである。つまり、知覚者は、重要な意味ある部分を、安定的に図化することができなくなってしまう。このことは、眼球の運動が、視覚の水準でのフレーム問題の解消に、ある積極的な役割を果たしていたことを示唆している。

実際、眼球の注視の中心となっている係留点の軌跡を調べてみると、対象を捉える眼球が、飛越の運動によって、その係留点を目まぐるしく移動させていることがわかる。しかも、その移動の量や形状は、対象を視覚的に同定する能力と緊密に相関している。たとえば、三歳児は、移動の量も少なく、対象の特定部分に係留点を集中させる傾向があるのに対して、六歳児は、移動の量も多く、移動の広がりも大きい。そして、三歳児は、対象の再認実験（最初に見た図形と同じ図形を後から呈示されたいくつかの図形の中から選ぶ実験）に失敗する確率が、六歳児よりも断然高い（佐々木正人[1987:28]）。

係留点の移動の軌跡をみると、それは対象の輪郭や重要な部分を、まるでなぞっているように見える。おそらく、眼球の運動は、対象のあるその場所に移動し、対象の輪郭や表面に触れる行為の、等価的な代理物なのである。眼は、眼球の微細な運動を通じて、いわば、対象のあるあの場所へと自ら移動し、そこにおいて対象の像を獲得するわけだ。視覚は、したがって、いかに表面上は受動的な観照のように現れていようと、潜在的にはやはり一種の行為である。

われわれは、認識が、それ自体で行為であるということを、ブルックスの特殊なロボットと、動物や人間についての心理学的な事実から、推察してきた。行為性は、おそらく認識そのものの本性に属している。そうだとすれば、表象主義約な態度は、放棄されなくてはならない。表象主義は、認識と行為の分離を前提にしているからだ。フレーム問題は、この分離の上に立っている。それは、さしあたって認識（あるいは表象）の領域で顕在化する。しかし、まさにそれが問題となるのは、認識が行為にあとから接続されなくてはならなかったからだ。だが、われわれはいまや、行為的な場面から独立したものとして認識について語るべきではない。もし、なんらかの仕方でフレーム問題が解消されているのだとすれば、それは、おそらく、認識が、同時に、一種の行為でもあるからだ。

とはいえ、われわれの探究は、もちろんまだ終わらない。われわれは、本節で、この探究のための前提を確認しただけである。かりに、行為と一体化した認識が、フレーム問題をなんらかの仕方で克服しているのだとすれば、つまり関係のある有意味な事項を、無関係な事項から分離する選択がなされているのだとすれば、それはいかにして可能だったのかを、さらに立ち入って問わなくてはならないからだ。つまり、認識=行為において実現されなくてはならない有意味な事項の選択が、いかなる機構によって支持されているのかを、明らかにしなくてはならない。

4. 無視すること

【1】フレーム問題はなぜ解けないか

マッカーシーは、有名な「宣教師と土人」のパズルを使って、フレーム問題の本性を非常に巧みに描き出している（MacCarthy[1980:29-30]）。「宣教師と土人」のパズルとは、次のようなクイズである。「川岸に三人の宣教師と三人の土人がいる。そこには二人乗りのボートがある。川のどちらの岸であろうと、土人の数が宣教師の数を上回れば、宣教師は食べられてしまうとしたら、どのように川を渡ればよいか？」もちろん、惨事を起こさずにボートで両側を往復しながら、全員を向こう岸に渡す方法が、求められている。だが、マッカーシーは言う。

誰かにこの開題を出題したら、かれが、半マイル上流に上り、橋を渡ったらどうだと提案した、と想像してみよ。『橋だって』、あなたは言う。『橋なんてことは、問題のどこにも書いてないよ』。すると、この愚か者は答える、『でも、橋がないとも書かれていない』。あなたは、問題の英文を眺め、さらにこれを一階述語論理に翻訳したものまで眺めてみる。そして、あなたは、確かに橋がないとは『書かれていない』と認めざるをえない。そこで、あなたは問題を修正して、橋を排除し、もう一度問題をだす。すると、愚か者は、ヘリコプターを提案するので、あなたがそれを排除すると、翼のある馬はどうかとか、二人がボートを漕いで他のものがボートにぶらさがるのはどうか、などと提案する。

あなたは、いまや、こいつは愚か者だが、啓発的な愚か者だ、ということに気がつく。かれに、本来の意味での問題を伝えるのをあきらめて、あなたはかれに解答を教える。ところが、さらにめんどうなことに、かれは、ボートに穴があいているかもしれないとか、オールがないかもしれないとか言って、あなたの解答に難癖をつける。あなたが、問題のこのような欠を補うと、かれは、海の怪物が川をのぼってやってきてボートを飲み込んでしまうかもしれない、という。またしても、あなたは失敗し、かれを完全に黙らせてしまうような推論の方法はないものか、と考える。

(MacCarthy[1980:29-30])

われわれは、通常、この愚か者がくどくどと述べるような事項のことを考えて、思い悩むようなことはない。つまり、われわれはフレーム問題を、克服してしまっているのである。それにたいして、愚か者の反論は、フレーム問題を顕在化させる。この愚か者を黙らせるようとするのは、フレーム問題を解決するような「論理」をあみだそうとすることを意味している。

ここで、第二節で概観したもろもろの「解決」のことを思い返してみよう。それらは、すべて失敗していた。マッカーシーが使った「宣教師と土人」の事例は、フレーム問題がなぜ解けないのか、を教えてくれる。フレーム問題とは、知識の中に、行為にとって関係のある事項と関係のない事項の区別を導入し、前者のみを有効に選択するにはどうしたらよいか、ということだった。しかし、愚か者の執拗な難癖が示しているように、行為にとって無関係な意味のないことがらは、あるいはそのようなことがらを表現している言明は、いくらでもある——つまり無限にある。だから、無関係な事項を排除し、関係のある部分のみを残そうとする作業は、決して終わらない。

無関係な部分を排除する方法は、直接的なものと間接的なものとがありうるだろう。しかし、どちらの方法に依拠しようとも、原理的な困難は解消されない。直接的な方法とは、無関係な部分と有意味な部分との区別を世界の状態を表現する記述の水準に設定することだが、この場合は、当然、膨大な（無限の）記述が必要になる。間接的な方法とは、世界の状態を表現する記述の量の方は減らして、そこからの推論によって、区別を導入することである。こちらの場合には、膨大な（終わりのない）推論が必要になる。したがって、松原・山本[1987]が述べているように、フレーム問題は、ある意味では、原理的に解くことができない。記述か推論のどちちかが、膨大なものとならざるをえない。記述を節約すれば、その分は、推論によって補わなくてはならず、推論を圧倒的に大きな非効率なものにしてしまう。

【2】認識＝行為を支える非認識＝非行為

だがしかし、われわれの通常の行為においては、フレーム問題は、必ずしも現われない。たとえば、先の「宣教師と土人」の問題に直面して、われわれは、通常、あの「愚か者」のような立場に立つことはない。それはなぜだろうか？

述べたように、フレーム問題の「正面からの解決」は、原理的にありえない。正面からの解決とは、何らかの形態で、記号的な過程として顕在化するような（つまり、記号によって表現・表象されるような）操作を通じて、フレーム問題を解消することである。だから、われわれがときにフレーム問題に悩まされないのだとすれば、われわれは、これに正面から直面せず、これをなんらかの仕方でかわしているはずだ。すでに、第3節で、フレーム問題（の解決）が前提にしている表象主義が、人間の認識—行為の関係を正しく抽象するものではない、ということを示唆しておいた。このことは、人間の行為が、フレーム問題と同じ平面を共有してはいないということを、示しているだろう。だが、それにしても、行為でもあるところの認識が、いかにして、フレーム問題をかわしているのか？

再び「宣教師と土人」の事例が、ヒントを与える。愚か者が後から指摘するさまざまな難癖を、われわれは最初はまったく問題にしていなかった。それがために、（愚か者によって後から、様々な可能性に気づかされさえしなかったならば）われわれは、フレーム問題に直面しない。つまり、フレーム問題は、世界の中で起こりうる無限に多様なことがらを、純粋に無視する術を知っているものにたいしてのみ、解消されるのである。フレーム問題は、なんらかの積極的な認識の営みによって克服されているわけではない。そうではなく、無視と呼ばれる特殊なタイプの「認識＝行為の不在」こそが、これを非問題化するのである。

無視という営みは、しかし、たいへん不思議な営みである。この営みを構成する条件について、簡単に考察を加えておこう。

第一に、無視という営みは、それ自体、営みの否定でもあるのだが、単なる無知とははっきりと区別されなくてはならない。たとえば、「宣教師と土人」のパズルに対したとき、思か者によって指摘された可能性を、われわれは全く知らなかったわけではなく、ただ気がつかなかっただけである。フレーム問題を解消する「無視」という方法が驚異的なのは、知っているのにそれを問題化しないからである。はじめから知らないことについては、そもそも、フレーム問題が浮上することはない。

第2節の【1】でみた「フレーム」や「スクリプト」を用いた「解決」は、機械を、非常に広範なことがらについて無知にしてしまうことによって、フレーム問題に応じようという手段である。しかし、それはフレーム問題の克服ではない。はじめからないものは克服できないのだから。また、第2節の【3】において、論理の単調性についての誤まった理解は、単なる知識の欠落と変化した信念とを混同するおそれがある、と述べておいた。これは、言い換えれば、無知と無視との混同である（過去になってしまったことがらは、十分に可能でありながら、いまは問題にしなくてもよいものとして、無視されているのだから)。

しかし、第二に、単なる無知とは本質的に異なっているにもかかわらず、他方では無知の場合とよく似て、無視という操作は、たとえば記号的な過程に翻訳できるようないかなる積極的な痕跡をも、残さない。つまり、無視は、その驚異的な能力にもかかわらず、決して、積極的に行われる何かではありえない。純粋に無視するとは、このようなことをいう。

フレーム問題の「解決」を図ろうとする試みの多くは、――たとえばSTRIPSにせよUNLESS述語の導入にせよ――、「無視すること」に対応する営みを、積極的に遂行されなくてはならない操作として扱ってきた。UNLESSという述語が表現する操作は、そのようなものの典型である。しかし、それが何であれ、積極的な操作によって、「無視すること」を代行しようとすれば、フレーム問題は避けようがない。だが、他方、表象主義的な方法を採る以上は、無視が積極的な操作に変換してしまうことも避けられない。そのような方法は、なんらかの論理にしたがってプログラムに書き込むことしか術をもたず、そして書き込んでしまえば、機械はその操作を(積極的に)遂行してしまうからである。ともあれ、無視がフレーム問題をかわすことができるのだとすれば、それがいかなる積極的な操作をも構成しないからである。

認識=行為に対してフレーム問題が顕在化しないとすれば、その全体が、無視という不在の営みによって、包囲されているからだ。つまり、認識=行為は、総体として、非認識=非行為(無視)によって、その可能性を与えられているのである。

しかし、ある操作や営みが積極的（肯定的）ではない、とはいかなることか？　つまり、その本性からして、自己否定的な操作とは、どのような操作なのだろうか？

【3】消極的な操作

無視することは、いかなる積極的な痕跡もさしあたっては残さないにもかかわらず、たしかに、世界の状態について区別し、選択するような、効果をもたらしてもいる。すなわち、それは、世界内の諸要素を行為にとって関係ある有意味な範囲に限定することによって、世界についてのある「描像」を、予期の地平のような形式で、ある行為を遂行しようとしている行為者に対して与えている。たとえば、「宣教師と土人」のパズルを出されたとき、われわれはこれに解答しようと構えたとたんに、問題の世界をある限定された要素によって構成されたものへと固定してしまう（ように思われる）。

しかし、何度も述べたように、無視という操作に対応するような、いかなる（心的）事実も、さしあたっては見出せない。しかし、そうだとすれば、われわれはどうやって、無視という操作が存在していることを確認しているのだろうか？　われわれは、なぜ、無視という操作が存在していると、言うことができるのか？　またしても、「宣教師と土人」のパズルをめぐってマッカーシーがつくった寓話が示唆的である。無視という操作は、あの愚か者が「半マイル上流の橋を使ったらよいではないか」という提案を行ったとき、「そのような可能性があるとは予想していなかった」という驚きの反応を通じて「発見」されたのである。つまり、無視に相当する選択の操作は、私とはまったく異なる他者の行為＝認識に直面したとき、「そのようには予想してはいなかった」以上は「そのようにではなく予想＝想定していたはず」であるとして、後から、反作用のようにして見出されるのだ。

無視という操作は、このように、発見される場合にはいつでも、事後的にそして否定的に発見される。事前に、肯定的に存在していたはずのものとして。無視という奇妙な操作は、自らが存在することの現実性を、その操作が直接に帰属する時点には確立できず、その時点の後に確立する。つまり、それは、操作が実現された（はずの）現在にではなく、その操作にとって来来であるような場所に、存在の現実性をはじめて確保することができる（したがって、未来からの逆投影として、「かつてあった」ものとして発見される）。また、無視は、肯定的＝積極的な形式においてはさしあたって存在しているということすらできず、ただ自らの否定を鏡として、そこに自らを反照させることによってのみ、現実的である（それは、そのようには予想していなかった、という形式の否定を通じて見出される）。われわれは、このように、未来性と否定性を基本的な条件として、存在することの現実性《リアリティ》を確認することができるような操作のことを、「消極的な操作」と呼ぶことにしよう。無視は、消極的な操作（の一種）である。[3]

われわれは、行為において、無数のことを無視する。そうすることでフレーム問題をかわしている。無視することは、いま観察してきたように、「根本的に秘密裡に」とでも表現したくなるような仕方で、世界についての有意味な知識を選択し囲い込むのである。

この見えない囲い込みは、「ほかの事情が等しければ」とか「以下同様な仕方で」などという句のうちに含意されている操作とも同じ種類のものである。これらの句の重要な特徴は、その「意味」があらかじめ積極的に明示されることが、決してないというところにある。これらの句は、意味が明確でないがゆえに使われるのである。はじめから明確であるような限定には、これらの句は使えない。このような句によって掲示されていた（はずの）内容もまた、事後的に、否定的な仕方で、はっきりする。たとえば、あとになって、極端に逸脱的な行為＝認識を示す他者に直面したときに、はじめて、「同様な」とか「等しければ」とかの句によって限定されていた、世界の状態の範囲が見出されるのである。「それ」は、もはや「同じ」とは言えない、と。したがって、「同じ」ということで囲い込まれていた範囲は、「それではないところのもの」が含まれる領域である、と。

このように、「ほかの事情が等しければ」とか「以下同様な仕方で」などという句とともに使用される操作もまた、一種の消極的な操作である。そして、実際、このような句が自由に駆使され通用するならば、フレーム問題を確かに回避することができる。ロボットたちにとっての躓きの石は、単なる不在でもなければ、通常の積極性＝肯定性でもない、操作の消極性である。

しかし、未来にしか存在することのないいかなる証拠も残さない操作が、それでも、未来に先立つ時点において――つまり現在あるいは過去はおいて――実現されている、ということはどういうことなのだろうか？　実際、無視する操作の存在の痕跡を、現在の行為＝認識の内に直接求めようとするや、たちどころに困難に陥ってしまう。また、否定的にしか見出せない操作が、それでも、「存在していた」という肯定形で言表される存在を基礎づけるのは、いかにしてなのだろうか？無視の操作を、積極的＝肯定的に何かを行う操作としてプログラムを構築するや、確認してきたように、フレーム問題の深い森の中に迷い込んでしまう。さらに、いったい、（われわれが今日理解している）ロボットには何が足りなくて、操作の消極性を身につけることができないのだろうか？これらは、深い謎である。これらの謎に照明を当てるには、さらにもう一歩踏み込んだ考察を、どうしても必要とする。

5．サーカムスクリプション

【1】知識の囲い込み

フレーム問題は、認識と行為を分断し、行為が認識のあとからやってくるとみなす表象主義的な前提を採った場合には不可避に出現する。このとき、それは、世界の状態についての十分で正確な認識（記述＝知覚と推論）をどのようにして効率的に、行為のもつ（知的な）選択性へと媒介するか、といった問題として現れる。このような形式においては、フレーム問題は、原理的に解決不能な問題である。このことは、知的な運動体の完全な挫折を意味する。したがって、逆にいえば、知性は、認識と表象主義的な認識と行為の分離を前提にしてはいないということである。つまり、知性は、認識と行為が緊密な一体性を究極的には保持している場合にのみ、成立可能なのである。思えば、これは皮肉な結論である。通常、知的である、ということは、行為（運動）に、十分な認識——外界をよく見、それにもとづいてよく考えること——が先立たれていることである、と考えられてきた。行為の前に、冷静に外界を見聞きし、熟慮することこそ、行為に知的な彩りをあたえる必須の条件であると、長いあいだ信じられてきた。しかし、このことこそ、むしろ、知性にとって最大の躓きの石だったのである。

しかし、認識と行為が分離不可能な一体性をもっているということは、知性にとって——フレーム問題の解消にとって——、必要条件ではあるが、十分条件ではない。[4] フレーム問題が乗り越えられるためには、一体的な認識＝行為が、全体として、奇妙な不在の営み——一種の非認識＝非行為——によって囲われていなくてはならないのである。その不在の営みを、われわれは、たとえば「無視」と名付けている。無視する術を知っているもののみが、フレーム問題に不断に直面することの煩雑さから逃れることができるのである。無視に代表されるような、積極的には遂行されないことによってむしろ積極的な効用をもたらす営みを、われわれは「消極的な操作」と名付けたわけだ。しかし、まさに遂行されないがゆえに遂行されたことになる、この消極的な操作とは、いったい何であろうか？

無視することは、さしあたっては、世界についての知識（知覚された、あるいは推論された世界の状態についての判断）のある部分を排除し、残りの知識の部分を関与的な事項として囲い込むような効果をもっている。ところで、このように知識を制限し囲い込む操作を、主題化し、これを一個の操作として書き込んだ独特な論理がマッカーシーによって考案されている。それは、「サーカムスクリプション circumscription」と呼ばれる特殊な推論規則をもった一種の「非単調論理」である。実は、前節でも示唆しておいたように、「非単調論理」は、一般に、「無視」に相当するような操作を積極的に定義し、論理の中に導入しようとする試みであると言える。たとえば、サンドウェルによって提起された述語 UNLESS が、そのような試みの一種であった。だが、サーカムスクリプションは、「無視」を、最も直接的な仕方で主題化している点に、特徴がある。たとえば、UNLESS を使用する場合には、述語 END が付されていないかどうかについて過去に遡って推論する作業を通じて、はじめて「無視」に相当する操作が、作り上げられる。つまり、「無視」は、記述をもとにした推論を媒介して、もたらされる。それに対して、サーカムスクリプションは、「無視」に相当する操作を、直接一個の操作として定義してしまう。

前節でも述べたように、間接的であろうと（UNLESS 述語の導入のように）、また直接的であろうと（サーカムスクリプションを用いようと）、論理の中で積極的に定義されてしまった操作は、もはや本来の意味での無視ではない。つまり、それは、消極的な操作ではない。無視は、営みの不在である。にもかかわらず、なんらかの仕方で操作が内実をもって定義されてしまえば、機械は、あの R_2D_1 のように、「無視すること」を行ってしまうだろう。何であれ、主題的に遂行されている操作は、無視ではない。しかし、このことを確認した上で、なおサーカムスクリプションをもった論理の全体を概観しておくことにも、利得がある。それは、「無視」を最も端的に定義しているがゆえに、その限界を通じて、本来の意味での——つまり消極的操作としての——無視という奇妙な選択の操作が、「何ではないか」を暗示しているからだ。言い換えれば、サーカムスクリプションが引き受けざるをえない限界の彼方に、それこそまさに消極的＝否定的な仕方で、無視という営みの本態をかいま見ることができる、と期待してよいからだ。

【2】サーカムスクリプション

マッカーシーが提案したのは、特殊なメタ推論規則をともなった、二階述語論理である。サーカムスクリプションと呼ばれるそのメタ推論規則を、マッカーシーは「ある結論に飛びつくための推論規則」である、と要約している。もう少していねいに言えば、この二階述語論理の中では、「対象Oが、事実Aのもとで性質Pを持つことが推論されたとき、性質Pをもつ対象はOに限る」と解釈することができるような推論規則が定義されている。この推論規則は、性質PをもつものをOだけに囲い込み、O以外の他の対象も性質Pをもつ可能性があるにもかかわらず、それらについては「無視する」ことを定めていることになる。

この推論規則には、形式的には、たとえば次のように表現される。

定義　論理式A(P)における述語Pのサーカムスクリプションとは、次のような文図式である。

$$A(\Phi) \wedge \forall x(\Phi(x) \rightarrow P(x)) \rightarrow \forall x(P(x) \rightarrow \Phi(x)) \quad (1)$$

Φ(x)は、任意の論理式である。またここでは一つの変数xのみの場合を書いたが、一般的にはn組の変数の組で考えるべきである。A(P)——述語句P(x)を含む論理式——が定理であるとき、上記の文も定理になる。

この推論規則は、次のことを意味している。つまり、論理式Φで表現できるような性質や関係を満たす対象xが、述語Pが表現するような性質をもっていることがわかっているとき（つまり、Φ(x)→P(x)のとき）、Pを満たすxはすべてΦをも満足すると見なすことによって、ΦとPがまったく合致していると考えるということを、この規則は含意する。A(Φ)は、Pによって満足されている条件が、Φによっても満足するという仮定を表現している。

マッカーシーが提示している事例の一つを借用して、この推論の様を描いておこう。

〔例1〕ブロック世界において、次の文Aが成り立っているとする。

$$isblock\ a \land isblock\ b \land isblock\ c \qquad (2)$$

すなわち、aもbもcもブロックであると主張されているわけだ。このisblockという述語のサーカムスクリプションは、定義によって、

$$\Phi(a) \land \Phi(b) \land \Phi(c) \land \forall x(\Phi(x) \rightarrow isblock\ x)$$
$$\rightarrow \forall x(isblock\ x \rightarrow \Phi(x)) \qquad (3)$$

と書き表すことができる。ここで、

$$\Phi(x) \equiv (x = a \lor x = b \lor x = c)$$

とおけば、サーカムスクリプションの図式(3)の前件は当然真になるから、

$$\forall x(isblock\ x \rightarrow (x = a \lor x = b \lor x = c)) \qquad (4)$$

と結論することができる。これは、ブロックが、aかbかcに限るということを意味している。つまり、ブロックであるということが、最初の文A(2)において主張されていた対象のみ

に限定され、他の対象がブロックである可能性を「無視」していることになる。

この論理は、いわゆる「非単調論理」である。このことは、この事例を使った場合には、最初の公理(2)に isblock d を付け加えてみると理解できる。このときには、もはや(4)を定理として導くことができなくなる。つまり公理を多くすると、より少ない公理からは証明可能であった定理が証明不可能になる。もっとも、この種の「非単調論理」の「非単調性」は、第2節で示唆しておいたように、見せかけのものに過ぎないのだが。

ここで、「モデル」および「極小モデル」なる概念を定義しておこう。ある公理系のモデルとは、よく知られているように、その公理系のすべての公理が満足するような、各変数および論理式への真偽値の割当法のことである。モデルとは、いわば、その公理系によって記述されている世界にほかならない。また、公理系の中の述語Pに関する極小モデルとは、公理系の公理を満足し、またPが真となるようなモデルの中で、真である論理式の範囲が最も小さくなるもののことである。極小モデルとは、公理系が記述していると解釈できるような(複数の)世界の中で、最も小さいものである。さて、このとき、次の定理が成り立つ。

定理　公理系Aの中の述語Pについての任意のサーカムスクリプションは、Pについての任意の極小モデルにおいて真である。

（証明）MをPについてのAの極小モデルとする。P'を(1)の前件のΦの代わりのものとする。前件の右半分より、PはP'を拡張したものである。もしここで(1)の後件が満たされなかったならば、P'はPの真部分であることになる。この場合には、P以外のすべての述語をそのままにし、PをP'に置き換えれば、Mの真部分モデルM'を得ることができる。これは、Mの極小性についての仮定に反する。□

これらのことを考慮した上で、次のような記法を導入すると、サーカムスクリプションの直観的にみてわかりやすい別の形式的な表現を得ることができる。すなわち、いま、∀x（U(x) → V（x））を、U≦Vと表しておく。これは、UのモデルがVのモデルの部分集合である、ということである。これを使えば、述語Pについてのサーカムスクリプションは、次のように書き表すことができる。

Circum［N(P) ∧ (U≦P)：P］≡ N(U) ∧ (U＝P)　(5)

N(P) は、Pが肯定形としては出現しない論理式

(5)の基本的含意は(1)と同じだが、(5)の方がよりシンプルで、サーカムスクリプションという操作がいかなるものであるかをわかりやすく表示している。これは、U(x) → P(x) のとき――UがPのモデルであるとき――、Pの定義としてUを採用してしまうことによって、Pを最小化する操作で

ある。このとき、U以外にもPなる性質をもっ対象が存在しているかもしれないのに、そのことは全く「無視」されてしまうのだ。

サーカムスクリプションは、このように明快に定義でき、一見、簡単な操作であるかのような印象を与える。しかし、ごくトリヴィアルな例を別にすれば、一般にはサーカムスクリプションは非常にむずかしい。サーカムスクリプションと名付けられたこの推論を行う手順は機械的な仕方では定義できないか、またできた場合でも、たいてい、その手順にしたがった推論は、膨大な量のステップを要する。つまり、サーカムスクリプションは、意に反して、無視の操作を非効率的にしか代行しない。サーカムスクリプションによる推論は、ちょうどR_2D_1と同じように、多くの時間をかけて、無関係な部分を「無視する」のである。マッカーシーの思惑では、この推論は、結論に一挙に飛びつくためのもののはずなのに、実際には、スローモーションで結論に近付いていくだけである。結局、サーカムスクリプションは、無視するという営みの本質を完全に逸しているのである。無視という操作は、積極的には「なにもしないこと」であるがゆえに、極限的に効率的な操作、つまりまったく時間を要しない操作なのだから。したがってサーカムスクリプションを用いた論理は、フレーム問題の解決としては、完全に挫折している。だが、われわれがこの操作に興味をもつのは、このような「非単調論理」を一般にみまう難点のゆえではない。無視することを定義しようとしたとたんに、サーカムスクリプションは、別の方向からも制限を受ける。

【3】サーカムスクリプションの限界

実はサーカムスクリプションの計算可能性は一般的には保証されていない。サーカムスクリプションは、対象となる論理式A(P)が、述語Pに関して、分離可能な論理式 separable formulas である場合に、計算可能なのである。分離可能性とは何か？ この条件の本来の意味は、分離可能な論理式の特殊な場合——最も単純な場合——である孤立した論理式 solitary formulas の構成からみた方が、わかりやすい。論理式A(P)が、次のような意味で、述語Pに関して孤立している場合には、Pについてのサーカムスクリプションは計算可能である。

定義 論理式A(P)がPに関して孤立しているということは、それが、次のような形をとっている場合である。

$$N(P) \wedge (U \leqq P) \qquad (6)$$

ここでN(P)は肯定形のPが出現しない論理式であり、Uは述語Pを含まない述語の組。[56]

Pに関してサーカムスクリプションをほどこした場合には、PのモデルUがそのままPの定義として採用されることになる、ということを想起しておこう。(6)は次のことを、結局意味している。

A(P)がPに関して孤立している(あるいは分離可能である)ということは、——UがPを含んではならないことから端的に示されるように——、A(P)の中でPがP自身を用いて再帰的・循環的に定義されていないということにほかならない。このような再帰的・循環的定義が排除されているとき、サーカムスクリプションの計算可能性が与えられる。

再帰的に定義される述語にサーカムスクリプションが適用できないのはなぜか? その理由は簡単である。サーカムスクリプションとは、その述語についての極小モデルを指定することである。ところが、述語の定義が再帰的であるとき、極小モデルが得られない。なぜならば、Pを定義し、Pに取って代わられるべき述語Uの中に再びPが見出されるため、そのPに関して同じ置き換えが反復されなくてはならないからだ。このような反復は、PがPを含むUによって再帰約に定義されている以上は、決して終わらない。つまり、Pのどんなモデルに対しても、それよりもさらに小さいモデルを見つけだすことができるため、極小モデルには絶対に到達しない。それゆえ、このようなPに対しては、サーカムスクリプションが計算できないことになる。

このように、サーカムスクリプションは、循環的な定義に対しては禁止されている(つまりサーカムスクリプションは、循環的ではないような仕方で作られている(Pを導く)含意の関係を、Pを定義する関係と見なすことによって得られた)。他方、サーカムスクリプションは、無視する操作を表現しようとしながら、逆にその本性を根本的に逸するものであった。それは、無視——営みの不在であるような営み——を、つまり消極的な操作を、積極的な操作によって、擬態しようとする、無益な試みだったのだ。サーカムスクリプションは、無視する操作を、いわば総体として反転させたときに得られるのである。してみれば、われわれは、ここで、むしろ次のように問うべきだろう。サーカムスクリプションがそれに対して禁止されているような操作の内にこそ、無視という不思議な営みの性格が反映しているのではないか、と。つまり、無視とは、述語を循環的に定義するそのやり方と類同なにものかではないか、と。

このような問いは、無視という操作の次のような性格を鑑みれば、単なる仮設的な反語の域を越えることになるだろう。われわれはすでに、無視に代表される消極的な操作の内に、たとえば「以下同様の仕方で」とか「他の事情が等しければ」という句によって表示されるような操作が含まれる、ということを述べておいた。「以下同様」という句は、無視が裏側から照らし出していた操作を、いわば表側から素直に提示しているのである。両者は、同じことを、別の方向から眺めているだけである。いわば、積極的な操作（行為＝認識）を可能にし、それを取り囲んでいる消極的な操作（非行為＝非認識）を、その積極的な操作が属している側から眺めれば、「以下同様」という表現が適当であるし、逆の方向から眺めれば、無視という言い方がしっくりするのだ。ところで、「以下同様な仕方で」とは、行為を、したがってそれを表現する述語を、まさに循環的に定義する方法（の一種）にほかなるまい。この句は、すでに構成されたり、実現されたりした行為をもとに、再帰的に、未だ実現されていない他の行為を定義する場合に用いられる。消極的操作の神秘は、定義におけるこのような循環性をどうしても呼び寄せてしまうような、ある特殊な関係の内にこそ、もとめられるべきだろう。

われわれは、循環的に定義された述語に関して極小モデルを求めようとすると、モデルを反復的に取り替えていく際限のない運動が結果すると述べておいた。この際限のなさと似たような無限性が、無視という操作にも伏在している。いま、無視という操作を強引に顕在化させ、何が無視されていたかを書き込んでしまう、ということを考えてみよう。この過程は、決して終わらない。「無視されていたこと」の選択は、――まさにそれが一個の選択の操作として完結するためには――フレーム問題が回避されていることを前提にしており、したがって、それ自身、無視する操作に伴われていなくてはならないからだ。こうして、無視していたことを顕在化する営みは、それ自体、もう一段深い無視を前提にしてしまうため、終わりのない反復を帰結するはずだ。「宣教師と土人」の問題を前にしたあの愚か者のことを想起してみよう。愚か者の挑戦的な反論に対抗して、いかに周到に問題や解答を規定しても、なおそこで無視されていた何かが残ってしまい、それを顕在化することによって愚か者は、われわれの（問題や解答の）定義が、つねにそのたびに不十分であったということを明るみにだす。サーカムスクリプションは、述語の再帰的・循環的な定義を、それが終わりのない操作の反復を結果することを理由にして、排除してしまう。しかし、もしフレーム問題からわれわれを遠ざけている「何か」を探り出そうとするならば、このような無益にみえる反復を避けるべきではない。そこにこそ、神秘の鍵があるからだ。少なくとも、われわれがフレーム問題を回避しているように見えるとき、その回避を可能にして何かを規定しようとすれば、このとき、この種の反復が不可避であるように思われる。

6. 集合論的類比

【1】順序数

サーカムスクリプションは、循環約・再帰的な定義をその対象から除外する。サーカムスクリプションは、無視という不思議な操作を、論理の上に表現しようとするものだった。しかし、その推論は、無視とはまったく別のものである。そもそも、サーカムスクリプションの基本的なアイディア——「ある対象Pが性質Uをもっていることが分かっているとき、性質Uをもっているものは Pのみであると考えよう」——は、無視という操作に対する的確な抽象であろうか？　これは、性質Uについての言明の妥当範囲を、確実に確認されている範囲に限定しよう、ということである。だが無視という操作は、これとはむしろ対照的な態度である。無視とは、一方で、P以外の対象が性質Uをもっていることの可能性が十分に現実的である、ということが信じられているにもかかわらず、他方では、それを判断の対象として積極的には主題化しない、ということである。それは、P以外の対象について知らないということ、少なくとも知らないと仮定すること、とはまったく違う。「無視」においては、その「P以外の対象」は、どのように扱われるのか？　それは、Pと「同じ（様）である」と「仮定される」のである。しかし、その「同じ」ということの内容は、決して主題化されない。つまり、「P以外の対象」が「これまでと同じ」である、ということを、具体的な内容をもった言明と置き換えることはできない。

たとえば、われわれにとっては、「宣教師と土人」の問題で、川に橋がかかっているとか、近くにヘリコプターがある、といったことは、このような形で出題されている場合には、通常の状況ではない。つまり、「いつもと同じ」ということの範囲内に、それらのことがらは入っていない。しかし、なんらかの言明や公理によって、橋がないこと、ヘリコプターが近くにおいてないこと、を明示的に書き込んだとしても、決して、あの「愚か者」の挑戦を排除できない。彼にとっては、橋があったり、ヘリコプターがあることが、「いつもと同じ通常の状況」だったのだということが重要だ。われわれが、いくら明示的にこれらの可能性を排除したとしても――たとえば「橋は川にかかっていない」とか「ヘリコプターは一時間以内で到達できる範囲にはない」などという公理を付け加えても――、そのときには、かならず、「他のことがら」については無視されてしまう。「他のことがら」は、「通常の状況と同じ」だからである。しかし、愚か者は、この無視されている「同じ」をついてくる。その「同じ」は、明示されえない以上は、「何でもありうる」のであり、愚か者は、常にその度に、われわれとは異なる、かれにとっての「同じ状況」を提示することによって応じてくるのである。

「同じ」を暗黙の内に仮定してしまう、無視という態度は、「循環的な定義」の体裁を取っている。サーカムスクリプションは、そのような循環的な定義を、推論の対象から排除してしまった。だが、循環的形式は、概念を定義する方法のごく一部分である、というわけではない。つまり、サーカムスクリプションは、ごくまれに現れる都合の悪い形態の定義だけを、除去した、というわけではないのだ。むしろ、循環性・再帰性は、概念定義の基本的な形態である。このことは、集合論のような数学の基礎的な部門を参照してみればただちに理解される。集合論においては、部分的あるいは全面的に循環を含んだ仕方で集合を定義すること（極限には、集合Mを、集合Mを要素として含むような集合をもちいて定義すること）が、じつにしばしば行われているのだ。

集合論における循環的な定義の代表的な事例は、「順序数」を一つずつ定義していく場面である。順序数は、集合の間に仮定される、唯一のそして最も原理的な関係であるということができる。よく知られているように集合の基本的な属性は濃度（要素の数）である。しかし、濃度だけでは、集合の間に秩序＝順序――つまり「数」――を打ち立てることができない。カントールは、もともとそのように考えていたらしい。濃度だけを仮定した場合には、複数の集合の要素の間に一対一の対応をつけることによって、濃度が同じである、ということを定義することができるが、しかしこれだけでは、濃度の間に大小の関係をつけることができない。ところで、大小の関係は、秩序のミニマムな形態――最小限の秩序――だから、集合の間には、まったくの混沌以外のいかなる関係も認められない、ということになってしまう。そこで、カントールは、それ自体としては秩序をもたない集合を、秩序＝順序だった仕方で表象し、整列するために、「順序数」と呼ばれる集合を定義した。[7] カントールは、任意の集合を順序数のいずれかと対応させようとしたのである。たとえば集合aの要素と順序数αの要素との間に一対一の対応がつけられれば、集合aは、順序数αをもっていることになる。こうして、カントールは、濃度の系列と順序数の系列とを対応させ、集合の間に秩序＝順序を導入する。このように「順序数」は、「濃度」とともに、集合論の中で、枢要な位置を占めている。

順序数は、いわば無から始まる。無においては、何も存在しないのか？ そうではない。そこでは「無」というものが存在するのだ。これが、集合論でいう空集合ϕである。この空集合を、0に対応させる。ϕが定義されれば、そのϕの集合、つまりϕを要素とする集合$\{\phi\}$を導入することができる。これが、1である。ついで、0と1を要素とする集合$\{0, 1\}$によって、2を定義する。以下同様な仕方で、$\{0, 1, 2\}$を3と、$\{0, 1, 2, 3\}$を4といった具合に定義していく。要するに、ある順序数とは、それより前に作られていた順序数すべての集合である。一般的には、

$$n+1=\{1, 2, 3, \cdots, n\}$$

のように表示することができる。[8]

つまり、順序数は、空集合のみを前提にして再帰的に同じ方法を適用することによって、次々と作られるわけだ。n＋1は、それに直前するnを含む集合によって定義されるのだが、そのnも、n＋1と本質的に類似した方法によって定義されている。このように、集合論においては、定義の

循環性は非常に重要な意義を担っている。しかし、このような循環的な定義は、集合論の中に奇妙な破綻を導くことになる。

【2】構成的集合

ラッセルの論理主義は、もともと、集合の定義の中から（悪）循環を除去しようという意図のもとで発想された。たとえば、自然数のある集合Aを定義する論理式の中には、∀Xとか∃Yといった、量化された変数が登場する（X、Yも自然数の集合）。しかし、このような変数は、自然数のすべての集合が明確でなくては意味をもたない。しかるに、この自然数のすべての集合の中には、当然、これから定義しようとする集合Aも含まれる。つまり、AはA自身が既知であることを前提にして定義されていることになる。これでは厳密さを欠く。こうして論理主義が提唱された。

論理主義においては、次のように集合が定義されていく。まず自然数のみを前提にして、その範囲内で集合を定義する。たとえば∀xとか∃yは、自然数の範囲で理解される。こうしてできた集合を前提にして、次の段階の集合が定義される。変数は、最初の段階で生成されている集合を代表するものとして理解される。さらに、こうしてできた集合を前提にして第三段階の集合が定義される。このようなやり方を採用すれば、循環は生じない。

論理主義は、ある意味で、サーカムスクリプションとよく似た発想に立脚している。あるいは、論理主義は、「無視」に相当する操作を積極的な論理の操作として体系の内部に書き込もうとした非単調論理の一般と、類比させることができる。サーカムスクリプションをはじめとする非単調論理は、循環性を排し、確実に定義されているものだけによって、後続の対象や性質を定義しようとする試みである、と考えることができるからだ。たとえば、(Uという概念について)P→Uのみが知られているとき、U(の一部)が、Pという性質をもっていることだけが確実なので、Uの定義としてはPを利用しよう、という考えは、まさに論理主義的である。

論理主義は、確実に定義されるもののみを順次集合として認定していく方法なので、たいへん望ましい方法であるようにみえる。こうしておけば、わけのわからない集合によって、理論が撹乱されることもない。しかし残念なことに、論理主義は挫折した。論理主義的に定義された集合の範囲内では、通常の解析学を展開することができないことが知られている。論理主義的な制限は、集合論の守備範囲をあまりにも縮めてしまう。

ゲーデルが展開した集合論は、ラッセルの企図の延長上にある。しかし、一つの決定的な差が、両者を分けている。ゲーデルは、順序数の構成をはじめから前提にしてしまい、順序数にそうような形で、次々と集合を定義していったのである。そのような集合のことを構成的集合という。それは、次のようにして作られる。——順序数0の段階においては、0(空集合)のみが作られる。つまり0は構成的集合である。順序数αの段階では、それ以前につくられた構成的集合の全体の集合をdと呼び、そのdの上で定義される集合をすべて構成的集合と定義する。——つまり、ゲーデルは、順序数を生成する定義の循環・再帰を前提にし、これに依存するような形で、集合論の領域をつくったのである。ゲーデルは、一方では、ラッセル的な意図をもって（悪）循環原理の除去をもくろみながら、他方では、順序数を無前提に導入することで、完全な循環的定義ではないが少なくともそれに類似した再帰約な定義の方法を、ひそかに、もちこんでいるわけだ。構成的集合は、さまざまな興味深い数学的帰結をもたらすことが、知られている。

中でも興味深い結果の一つは、構成的集合の全体からなるクラス——これをLと表示する——の上で、いわゆる「一般連続体仮説」が成立するということである。Lは、ZF集合論（様々なパラドックスを回避するために作られた、現代的な最も標準的な集合論）のモデルになっているから、このことは、ZF集合論が無矛盾ならば、ZF集合論に一般連続体仮説を付加した体系も無矛盾である、ということを意味する。これは、きわめて重要な意義をもつ帰結だが、その点については後に簡単にふれることにしよう。

しかし、順序数という関係そのものに限界がある。そのことを最も痛烈に自覚していたのが、まさに順序数というアイディアを集合論にもちこんだカントールその人である。先に述べたように、カントールの考えでは、順序数は、集合の間の最も基本的な秩序である。濃度しか定義されていないとすれば、そこには混沌しかない。順序数が所期の意義を担うためには、だから、どうしても、すべての濃度が、順序数の系列のどこかに対応しているのでなくてはならない。さもないと、濃度が定義されている領域に、完全な秩序をもたらすことができないからだ。だから、カントールは、任意の濃度がある順序数に対応するということを証明しようとするが、成功しなかった。結局、濃度と順序数の対応関係を保証するのは、（ZF集合論の中では）「整列可能定理」である。それは、任意の集合aに対して、一対一の関数 f：a → α によって対応づけられるようなある順序数αをみつけることができる、という内容をもった定理である。しかし、この定理は、ZF集合論の眼目となるような公理——選択公理または置換公理——から導かれる。言い換えれば、濃度と順序数の対応可能性は望ましい方法で証明されたわけではなく、ただ公理として、無根拠に前提されることによってしか保証できなかったのである。[9] これは、順序数という概念がもつ——したがってまたこれが前提にする循環的・再帰的な定義がもつ——自己破綻約な関係を暗示している。

類似の問題は、順序数の構成に依拠して作られたゲーデルの構成的集合に関しても生ずる。構成的集合のクラスLとすべての集合のクラスVは一致するだろうか？　Lは、順序数そのものを前提にしたことを別にすれば、ラッセル的な企図にもとづいて確実に定義できる集合のみを徐々に積み重ねていくこと、によってつくられている。だから、LとVが一致するならば、このきわめて着実な方法だけによって集合論の全領域を踏破できることを意味している。しかし、残念ながら、今日、（ZF）集合論からは、仮にそこに連続体仮説を公理として付け加えたとしても、LとVとの一致が証明できないことが、わかっている。集合論の領域（V）が、集合についての唯一の着実な定義によって構成された領域（L）に対して、ある偏差を生み出してしまうわけだ。

【3】連続体仮説

カントールの有名な対角線論法は、実数連続体の濃度が自然数の濃度よりも大きいことを証明している。[10] それは、いかなる集合aの濃度も、その集合の部分集合の集合P(a)の濃度よりも小さい、という一般的な結論の系である。実数の濃度は、自然数の集合の部分集合の集合の濃度と同じであると解釈できるので、同じ無限集合でも、実数の方が自然数よりも、いわばより大きい無限である、という結論が出てくる。それは、次のようにして証明される帰謬法である。いま0から1までのすべての実数が、自然数と一対一の対応をもっていると仮定する。つまり、実数と自然数が同一の濃度であると仮定する。それは、0から1までのすべての実数に自然数の番号を付けたに等しい。実数は、すべて(可算)無限桁の少数で表しておく。これらを、次のように縦に並べておく。

1　0.174350……
2　0.186437……
3　0.746805……
4　0.419247……
⋮　……………………
⋮　……………………
⋮　……………………
⋮　……………………

もし実数と自然数の対応が完全ならば、この系列に現れない（0と1の間の）小数は存在しないはずだ。ところが、ここで、各小数の対角線要素の数字――1、8、6、2…――を取ってきて、これらの数字をすべて異なる（一桁の）数字に置き換え、小数第一位から順に並べることによって作られる小数――たとえば0.2973…――は、この系列のどこにも位置づけられない。こうして、最初の仮定――自然数と実数が対応づけられる――は棄却される。

対角線論法は、次のことを意味していることになろう。最初に、小数の系列の一つずつに自然数が対応づけられている、と仮定している。それは、自然数と同じだけの量――可算無限――の要素からなる系列である。無限個の自然数と一対一で対応しているということは、「単一の同一性」（一個のまとまったなにものか、として把握されているもの・こと）の最高度の無際限な可能性が、許容されている、ということにほかなるまい。一個一個分離させうる単一の同一性は、もっとも制限を緩めても、せいぜい自然数と同じ数にしかならないだろうから。ところが、対角線論法は、このように、可能な同一性が、もっとも緩く、まったく無制限に許容されていたとしても、なおこの無制限な同一性の系列のどこにも位置をもたないような「もう一つの同一性」が、この系列の中から、いわば自然に生み出されてしまう、ということを示している。つまり、「同一性」を決定する操作（ある対象が「何か」である、あるいは「何か」と同じである、として規定する操作）が、いかに無際限に反復されようとも（たとえばその操作が有限の営みの中で終わらなくてもよいということにしても）、なお、その反復の中に回収されないもう一つの同一性が、しかもその反復の操作との関係で

――つまり対角線要素の置き換えによって――、生み出されてしまうのだ。すなわち、同一性は、自然にそれ以外の同一性――つまり差異――の方へと開かれてしまうのである。

ここで再び順序数のことを考えてみよう。順序数とは、――整列可能定理が前提とされている場合には――おのおのの集合が、集合の全クラスの中で、どのような位置づけをもつかを確定し、その同一性を決定する操作であると考えられる。順序数は、一つの同じ方法の再帰的反復によって定義＝同定されていく。しかし、対角線論法は、この種の反復には回収されない要素の存在が、しかもその同じ反復によって暗示されるような仕方で、告知されるということを含意しているだろう。

実際、順序数の生成をいかに反復したとしても、実数連続体の濃度には到達できない。順序数をいかに反復してつくっても、自然数の濃度をこえることはできないのである。しかし、他方で、対角線論法によって、自然数の濃度を越える集合の存在は証明されている。であるとすれば、順序数がここに到達できない、ということは、集合論においてきわめて甚大な破壊的意味をもつと言わざるをえない。順序数は、集合に定義された最も重要で原初的な秩序であった。だから実数は、集合のクラスに定義されている秩序の中で、きちんとした位置づけをも与えられない、ということになってしまう。それは、順序数との関係を、否定的《ネガティヴ》＝消極的にしか定位できず（そこには「到達できない」ものとして）、肯定的《ポジティヴ》＝積極的に確定できないからだ。

だからカントールは、晩年、順序数との関係で実数連続体の濃度に正確な場所を与えようと努力した。それが、いわゆる「連続体仮説」である。連続体仮説とは、自然数の集合ωより濃度が大きい集合の中で、実数の濃度が最も小さい濃度である、という命題である（すなわち、aをωより濃度が大きい無限集合であるとすると、その濃度はP(ω)――実数と同じ濃度の集合――と同じか、それより大きい、という命題である)。さらに、これを一般の無限集合と無限集合の関係に拡張したのが、「一般連続体仮説」である。[11] カントールは、連続体仮説を証明しようとしたのだが、結局、成功しなかった。[12] そして、今日、さまざまな不都合を除去した通常の集合論――ZF集合論――からは、一般連続体仮説が証明できないことが知られている。

しかし他方で、世界を構成的集合のクラスLに限った場合には、すでに述べたように、その中で一般連続体仮説が成立することが知られている。（一般）連続体仮説への要請は、順序数を構成していく反復的な営みが、自らの内部に回収できない自身との差異を、暗示してしまうことから出てくる。連続体の困難は、それが「何でないか」（差異）のみが規定され、それが「何であるか」（同一性）を明示できない点にあるからだ。しかし、このような、順序数に回収できない「差異」は、構成的集合の中では、直接には現れない。もともと、構成的集合が、順序数の反復的な生成を前提にし、それに依存してつくりだされているからだ。つまり、順序数の生成に並行して集合が次々と作り出されるということを先取りし、あらかじめ前提にしてしまうことによって、機成的集合の世界は、順序数と連続体との間の架橋不可能な差異を、自らの内部に還元してしまうのである。

しかし、連続体仮説は、構成的集合の問題よりもさらに一般的な問題である。このことは、ZF集合論に連続体仮説を付加したとしても、ここから、構成的集合のクラスLとすべての集合のクラ

ＳＶとが合致するという命題が導けないということ（これは証明されている）から、明らかである。言い換えれば、構成的集合の世界の中では、順序数と実数連続体との絶対的な差異を還元できたとしても（要するに連続体仮説が構成的集合の世界Ｌで成り立つことが確認できたとしても）、それは、集合論の一般的な領域から見れば部分的な問題にすぎないということになる。実数の存在が暗示してしまう、それと順序数との絶対の差異は、決して、還元されはしないのである。

7. 他者の潜在性

【1】同じであることと異なること

さて、われわれの本来の課題であるフレーム問題にたちかえろう。人間がフレーム問題を非問題化できるのは、無視するという驚異的な能力のおかげである。しかし、無視とは何か？　それを論理の中に組み込もうとして、いくつもの洗練された論理の体系が提案されてきたが、それらは、すべて失敗した。われわれは、だから、無視するということの本態を、あらためて問わないわけにはいかなかったのだ。無視する、ということは、行為の対象の性質・関係を、再帰的・循環的に定義する方途に、よく似ているということ、このことをわれわれは確認した。つまり、無視するということは、後続する出来事に対して、それらがこれまでの経験と「同じ」である、ということを先取りする態度である。しかし、その「同じ」ということ自体が、奇妙な構造をもっている。

再帰的・循環的に概念を定義するやり方は、実際、集合論においては本質的な役割を果たしている。しかし、集合論は、再帰性が、非常に奇妙な結果を導くということを教える。再帰性は、引き続いて現れるものが、本質的には、これまでと同じである、ということにもとづいている。しかるに、再帰的な定義は、かえって、そのような定義から逃れてしまうもの、つまりこれまでとは決して同じではありえないもの、の存在を示唆してしまうのである。対角線論法が、このような奇妙な示唆の端的な兆候である。

しかし、このような異和的なるものへの示唆は、「以下同様な仕方で」式の再帰的な定義の可能性が十分に徹底して汲みつくされていなくては、現れない。たとえば、対角線論法は、あらゆる単一的な同一性の可能性を網羅する、ということの反作用として、もう一つの同一性を導き出す。「もう一つの同一性」は、再帰約な定義が不完全なときに登場するのではなく、それが可能なかぎり十分に完全であるような場合にこそ、見出されてしまう。だから、次のように言うべきである。再帰的な同定の作業とともに示唆されている「同じならざるもの」は、「同じもの」への指示と対立しているというよりは、むしろそれと共存しているのであり、「同じなるもの」の内に含意されているのだ、と。つまり、「これまでと同様な」という態度は、「同様では決してありえないもの」への参照を、随伴しているのである。

重要なことは、「同じなるもの」への関係と「同じではない異和的なもの」への関係とが、決して分離できない、ということだ。このことは先に指摘した、「以下同様な仕方で」という言い方と

「無視する操作」の表裏一体の関係の内に、すでに見て取ることができる。「以下同様な仕方で」と言うときには、同一性への指示に力点がある。しかし、これから起こること、これから行うことを、「以下同様」で片づけるということは、同時に「それ以外のこと」を無視することでもある。このときには、だから「他なるもの」との差異の方に表現の力点が置かれている。以下同様である、という指示と、「他なるもの」を参照しこれを無視する操作は、別のことではない。それどころか、「以下同様な仕方で」と言ったときに、「他なるもの」と「同じなるもの」の両者を主題化したり、比較する作業が行われているわけではない。がにもかかわらず、以下同様な仕方で、と言ったとたんに、「他」を排除したことになってしまうのである。それは、両者――つまり同一性への指示と「それ以外」を排除する操作――とが、別のものではないからだ。[13]

このような事情は、同一性そのもの（「なにものか」であること）が、同時に、差異性（「なにものか」に還元できないこと）でもあるような、奇妙な関係の存在を含意している。論理の「非単調性」は、このような捩じれた関係から帰結する、とも考えられる。

通常の論理は、単調である。単調とは、――あらためて確認しておけば――、公理を増やせばそこから証明できる定理がより包括的なものになることを意味する。しかし、フレーム問題に対処できるような論理は、どうしても非単調でなくてはならない。つまり、公理が追加されない場合の方が、より多くの定理を導くことができるのでなくてはならない。このような不思議な結果が生ずるのは、もともとの公理にある種の自己否定の構図が仕組まれているからだ。

たとえば、いま「Aが証明されないならば、Bである」と解釈できるような公理がある場合には、論理は非単調的になる。なぜならば、このような体系に公理として命題Aを追加すれば、Aが証明されたことになるので、それ以前には真なる定理として導くことができたBが、証明不可能になるからだ。このときAが体系内に登場していない、という否定的な状況が、かえって、体系に対して肯定的・生産的な結果をもたらしている、ということを意味する。Bにとって、Aの証明不能性が十分条件になっているからだ。このような論理の体系においては、体系は、その体系の限界——いわば体系の無能性（なにものかを証明できない、という事実）——を利用して、体系の範囲——証明可能な真なる定理の量——を拡張していることになる。体系にとって肯定的な成果が、体系の部分的な無能を利用して獲得されているという意味においては、ここには、ある種の自己否定の関係が、しかも生産的な自己否定の関係が孕まれている。ここで、自己否定というのは、なにものかであること（体系においてBが真であること）が、その同じものの否定（体系の証明能力の限界）に依存しているということである。

この関係の極限的な純粋型は、ここでいうAとBが完全に一致するような場合である。すなわち、「Aが証明不能であるとき、そしてそのときに限り、Aである（Aが証明可能である）」という形式をもった命題である。実際にこのような命題が存在する。ゲーデルは、ある種の形式体系（自然数論を含む程度に複雑な数学システム）においては、このようなタイプの命題が不可避であることを示している。それは、「決定不能命題」と呼ばれている。この命題においては、命題の自己同一性（Aであること）が、それ自身との差異、それ自身への否定（Aではないこと）と、完全に同値なのである。われわれの考えでは、同一性がそこには解消できない差異性と等値されてしまうこのような関係は、集合論が頻用する再帰的な定義の形式のうちに、はじめから含まれていたものなのである。それは、対角線論法をもちいて明るみに出される。実際、ゲーデルの証明においても、決定不能命題は、対角線論法によって導出されている。

しかも、留意すべきは、自己否定的な形式をもつゲーデルの決定不能命題は、最も強い意味において体系に対して生産的な帰結をもたらしている、ということだ。なぜならば、この命題は、ゲーデルの証明によれば、体系の無矛盾性を言明していると解釈できるような命題と、完全に同値なのだから。ここには、非単調論理における、やはり（部分的に）自己否定的な形態の命題が、体系にとって生産的な帰結をもつのと、よく似た事情——その極限的なケース——が認められるだろう。

無視という機制を支えているのは、同一性において差異性を含意し、また差異性を通じて同一性を指示するようなこの奇妙な連関である。しかし、この連関は、なぜ単純に破壊的な結果にいたらないのか？　そして、同一性でもあるような差異性、差異性でもあるような同一性とは何であり、それがいかなる意味において可能なのか？　また、なぜそれは、不可避なのか？

【2】無視という操作の二つの条件

ここで、無視のような消極的操作についてのわれわれの考察（第4節）にたちかえってみよう。

消極的操作は、二つの条件、すなわち否定性と未来性によって、定義されるのであった。消極的操作は、必ず否定的な形で発見される。「そのようには想定していなかった（したがって、そのようにではなく想定していた）」といった形で。しかも、消極的操作は、それが存在していたことの現実性を、つねに事後的に確立する。すなわち、消極的な操作は、その操作が帰属しているはずのその時点——操作にとっての「現在」——には、さしあたっていかなる痕跡も残さず、それよりあと——操作にとっての「未来」——になってから、回顧的に見出されるのである。

ところで、否定性と未来性とは、ともに「他者」という存在者を規定するような条件である。他者が、最も強い意味での否定性によって特徴づけられる、ということを理解するのはたやすいだろう。他者とは、私が提起するいかなる判断に対しても、それを否定し反駁するかもしれない可能性として、出会われるからである。他者とは、すべてに対する否定の生成可能性にほかなるまい。はじめから、私に対して反駁したり、否定したりする可能性が一切奪われているような者は、もはや私にとって他者ではない。

否定だけではなく、未来もまた、他者を特徴づけるような条件である、というといくぶん意外に思われるかもしれない。だが、未来とは、その本来の形態においては、本源的な不確定性、原理的な不意打ちの可能性にほかなるまい。これは、他者という存在者の存在性格でもある。レヴィナスは、次のように述べている。

どうやっても捉えられることのないもの、それは、未来である。未来の外在性は、未来がまったく不意打ち的に訪れるものであるという事実によって、まさしく空間的外在性とは全面的に異なったものである。ベルクソンからサルトルに到るまであらゆる理論によって、時間の本質として広く認められできた、未来の先取り〔予測〕、未来の投映は、未来というかたちをとった現在にすぎず、真正の未来ではないのだ。未来とは、捉えられないもの、われわれに不意に襲いかかり、われわれを捕えるものなのである。未来とは他者なのだ。未来との関係、それは他者との関係そのものである。単独の主体における時間について語ること、純粋に個人的な持続について語ることは、われわれには不可能であるように思われる。

(Lévinas[1948=1986:67])

だから、消極的な操作を特徴づけている二つの条件は、いずれも、他者という場所を指示している。実際、われわれが何かを無視していた、ということに気づかされるのは、他者による反駁を通じてであり、それ意外にはありえない。たとえば、何度も言及した「宣教師と土人」の問題を前にして、われわれが、実に多くのことを無視していた、ということを確認するのは、例の「愚か者」が、執拗に反論し続けるからである。そのとき、われわれは、そのようには想定していなかった、だからそれを無視していた、と認めざるをえなくなる。だが、「そのようには想定していなかった」ということと、「そのようにではないように想定していた」ということとは、別のことである。しかし、われわれはどうしても、前者の発見を、後者の判断に、結び付けてしまい、両者の間にある飛躍を消去してしまう。そのとき、無視という操作が、何かを積極的《ポジティヴ》に行う操作として錯認されてしまうのである。

「以下同様に」という言い方にも、やはり、他者に対する参照が含まれている。「以下同様」という言い方は、他者に何かを説明したり、他者に何かを教えるような場面において、典型的には用いられる。ウィトゲンシュタインは、述べている。

……一体われわれは、ゲームとは何であるかを、人にどうやって説明するのだろうか。それは、私の思うに、その人に〔もろもろの〕ゲームを記述してみせ、そしてその記述に付け加えて、「これおよびこれに類似したものを〈ゲーム〉と呼ぶのだ」と言うことによってである、といえよう。

（Wittgenstein［1936-49=1976:69］）

ここで、ウィトゲンシュタインは、なにかを教える――ここではゲームとはなにかを教える――というとき、若干の事例を提示し、あとは、「以下同様」ということをなんらかの意味において示唆する、ということ意外の他のやり方がありえない、ということを論じている。「以下同様である」という言い方や態度は、基本的に他者の存在を前提にしているのである。

「以下同様」によって典型的には表示されるような再帰的・循環的な定義には、「同じであること」と「異なること」との間の交錯のようなものがともなっている。それは、当然、まだ提示されていない後続の異なるものへの参照を要求している。だが、それは、異なるものを「同じもの（同様なもの）」として、指定する。しかし、この「同じ」ということの具体的な内容は、決して明示されない（されえない）から、「〜と同じである」という述語が適用される外延を、きちんと指定せず、開かれたままにしておかなくてはならない。つまり、異なるものへと開かれている、ということによって、「同じ」として一括して同定される範囲を閉じなくてはならないのである。このような基本的な開放性のゆえに、再帰的な定義においては、常に、積極的な同定から根本的に逃れてしまうような差異性への逸脱的な移行を、原理的に抑止できないことになる。たとえば、「宣教師と土人」の問題を提示し、言及されていないことについては、「いつもと同じであると考えよ」と言ったとしても、その「同じ」ということのなかに、上流の橋の可能性やヘリコプターの可能性を含めるものが出てきたとき、それを責めるわけにはいかないのだ。このような、われわれだったら「驚き」というほかないような極端な想定をあらかじめ禁じておく方法はない。再帰的な定義にともなう、このような異和性への逸脱を、数学の水準において表示するのが、たとえば対角線論法なのである。

このように「以下同様」の内には、異なるものと同じものとの間のめまぐるしい反転がある。その「異なるもの」について、われわれは、いまや次のように主張することが許されるだろう。それは、原基的には、他者の視点に対して「そうである」かもしれないような可能性なのだ、と。「以下同様」において含意されている、異なる後続のもの（未来のもの）への移行とは、私の視点から他者の視点への移行に比定させることができるのだ。

問題は再帰的な定義の操作がどうしても呼び寄せてしまうような、同一性＝差異性であった。しかし、他者という存在のことを念頭におけば、それは、決して神秘的なことではない。他者とは、まさに、差異であることがその同一性の条件であるような存在なのだから。他者、その本源的な姿においては、それについて私がどのように想定し、期待していたとしても、その想定や期待を裏切るかもしれない可能性として現れる。つまり、他者は、何者であるか、誰であるか、何であるかということを、あらかじめ積極的に規定しておくことが不可能であるような存在である。要するに、他者の同一性とは、誰・何でもないこと、つまり純粋な差異であること以外にはどこにもない。

【3】他者の潜在性

フレーム問題についてのわれわれの考察をさしあたってしめくくるにふさわしい地点までやってきた。

知的な運動体が行為を実現するさいに、その運動体は、どうしてもフレーム問題に直面していると考えられてきた。しかし、知的に行為するもの——たとえばわれわれ人間——は、そもそもフレーム問題に直面してはいないのだ（だから、それをまともに解決する、必要もない）。人間のような知的な物体は、それがもっている世界についてのほとんど無限の知識から関与約な部分を切り取った上で、行為しているわけではない。そのような知識の切り取り、選択は、実質的には、ただの一度も行われていないのである。そのような選択をなんらかの積極的な操作として行おうとすると、原理的に解決不能なアポリア、つまりフレーム問題に直面してしまう。しかし実際には、行為は、盲目の決断として、ただ行われているだけなのである。

とはいうものの、積極的には存在しないこのような選択の操作も、消極的な意味においては、存在しているということができる。それはどういうことか？

無視のようない消極的操作は、他者の存在を二重の水準で働かせることによって構成される。第一に、われわれは、行為において、その行為とは異なるいかなる操作も積極的には行っていないのだが、ただ自分自身とは異なる他者が存在している、ということだけを想定する。それは、行為が他者との具体的な相互作用であるかどうか、ということとは別である。行為がいかに外見上孤立していたとしても、他者の存在の想定は、不可欠である。

他者の存在を想定するとは、次のことである。それは、一方では、私の決断を根本から否定したり、それに反駁したりするかもしれないような、原理的な不確定性の生成因を認めることであるが、他方では、まさにそうであるがゆえに、私の行為を承認するかもしれないような、あるいは私も採用したり参入できるかもしれないもう一つの可能性を提示するような存在者の存在を認めることでもある。このような仕方で他者があらかじめ想定されていなければ、私に対する他者の否定的な反応を鏡にして、私はそれを無視していた、と言うことはできない。この場合には、他者は、私にとっては「驚き」としか言いようがないような反応を産み出す母胎だが、同時に、私もその驚くべき可能性をその気になれば考慮しておくことができたはずだとの前提があるがために、その驚きが、私についての問題として跳ね返ってくるのである。たとえば、「宣教師と土人」の問題に対したときのあの「愚か者」の反応は、私にとって純粋な驚きだが、他方で、私もそのように考えることもできたはずだ、ということを認めないわけにはいかない。

この想定された他者の視点を、言わば利用して、消極的操作における再帰性が構成される。すなわち、異なるものへの反復的な参照の可能性がつくり出される。この場合、異なるものとは、他者に対して現れるかもしれない対象や世界の状態のことである。ここから、他者という存在が省略されれば、それは、自己充足した定義の再帰的循環として現れることになる。

さて、他者を想定するだけでは、消極的操作は成立しない。第二に、いったん想定された他者を、なんらかの魔術的な方法によって、今度は潜在化しなくてはならないのである。他者は、述べたように、私にとっては原理的な不確定性であり、私を全面的に否定する可能性である。しかし、私はそれを無視していた、と言うとき、他者のこのような根本的な差異性は問題になっていなかったということを意味する。消極的な操作においては、他者の差異性が隠蔽され、他者が私と同じかもしれない、という可能性のみが肥大して仮定されている。そうであるがゆえに、私は、安心して（他なる可能性を）無視していられるのである。あるいは、私は、「以下同様な仕方でやりたまえ」といった具合に、他者に委ねることができるのである。このように、他者の他者たる本質（差異性）が去勢され、他者との可能的な同一性が先取りされているとき、「無視」に代表されるような消極的な操作が成立するわけだ。

しかし、まちがってはならないことは、このことが、単純に他者が存在することの可能性を除去してしまうこと、とは違うということである。他者は潜在化されなくてはならない。そのためには、他者の存在が想定されていなくてはならない。繰り返し強調すれば、私を否定する可能性を無際限に産み出す存在なくして、積極的には行っていない操作を、なんらかの意味で行っていた、とは決していうことができないのだから。操作の実在性は、ただ、他者の存在の特殊な反照でしかない。

他者の存在の想定に対する、このような他者の潜在性の次元は、実数連続体の存在に対する、連続体仮説の位置に対応させて理解することができる。実数連続体は、自然数の濃度にとどまる順序数の水準にとって、その内部に回収できない根本約な差異として登場する。連続体仮説は、しかし、何の根拠もなく（つまり証明もされていないのに）、実数が順序数的な操作の自然な延長上に登場すると仮定し、実数と順序数の次元との差異を、潜在化してしまうのである。

ゲーデルの構成的集合の発想も同様である。順序数の構成に並行してつくり出される構成的集合のクラスが、あらゆる集合のクラスを覆いつくすことを、勝手に根拠もなく前提にするものである。順序数の再帰的な構成手順が、どこまでも同様に妥当すると前提にしてしまうことによって、たとえば対角線論法が暴き出したような危険な——つまり秩序＝順序の中に位置づけをもたない——差異性への直面が、あらかじめ回避されるようになっている。構成的集合のクラスに対して連続体仮説が妥当するのは、両者が基本的には同じ仕組みの上に立脚しているからである。

ともあれ、次のように結論しよう。フレーム問題に頭を悩ます、機械設計者やプログラマー、論理学者が根本的に理解していないのは、この他者という次元である。それは、通常は潜在化されているが、まさにその限りにおいて特殊な効果を及ぼしている。そして、その潜在化の働きは、原理的には常に破綻しうるのであり、そのとき、他者の実在に直面することをわれわれは避けることができないだろう。

注

1 フレーム問題の様々な定義については、松原・山本［1987］参照。

2 Janlert［1987 : 21］が、この点をていねいに論じている。

3 宮台真司［1985］は、予期のタイプを積極的な予期と消極的な予期とに二分している。この予期の分類は非常に啓発的である。宮台の直観的な分類は、ここでのわれわれの議論ともよく整合するように思う。

4 認識と行為が分離していないとすれば、ある意味で、フレーム問題はそもそも存在しない。しかし、それは、あくまで「ある意味で」と言わなくてはならない。というのも、厳密には、フレーム問題は、解除したのではなく、別の場所に移されただけだからである。別の場所とは、言うまでもなく（認識化された）行為の場面である。

5 Pが単一の述語であるとは限らない。一般的には、Pはm個の述語の組P_1, P_2, ……P_mであると考えるべきである。

6 分離可能な論理式は、これを一般化して拡張すれば得られる。分離可能な理論式は、次のような形をしている。

$$\bigvee_{i} \{N_i(P) \wedge (U_i \leq P)\}$$

7 大澤・岡本・山内［1988:137-8］における岡本の発言を参照。カントールの議論における順序数の意義に関してわれわれがここで行った議論の多くは、岡本の指摘に負っている。岡本によれば、カントールにとって、濃度は実在的対象のカオス的な原理を代表するものであり、他方、順序数は、実在を秩序だったものとしてとらえる精神の原理に対応している。

8 もちろん自然数全体の集合ωを要素とするような集合 $\omega+1$ も考えられる。それは、$\{1, 2, 3, \dots, \omega\}$ によって定義される。そして、さらに、これに後続する集合を、次々と再帰的に定義できる。

9 大澤・岡本・山内［1988:138］において、岡本がこの問題を指摘している。

10 岡本［1987:197-8］が、カントールの対角線論法に関して秀抜な解釈を示している。われわれのここでの展開は、これを引き継ぐものである。

11 一般連続体仮説とは、だから、無限集合aよりも濃度が大きい集合bの濃度は、P(a)と等しいか、それより大きい、という内容をもっている。

12 大澤・岡本・山内［1988:138］における岡本の発言を参照。

13 さらに、「他の事情が同じならば」という表現の内に、この二つの傾向が統合されている。

文献

Brooks, R. A. 1987 "Planning is just a way of abiding figuring out what to do next".

——— 1988 "Intelligence Without Representation" in MIT Teche Report.

Dennett, D. 1984→1987 "Cognitive Wheels: The Frame Problem of AI", Z. W. Pylyshyn ed. *The Robot's Dilemma: The Frame Problem In Artificial Intelligence.* ABLEX. =1987 信原幸弘訳「コグニティヴ・ホイール——人工知能におけるフレーム問題」、『現代思想』15-5.

Fikes. R. E. & Nilson, . N. J. 1971 "STRIPS: A new approach to the application of theorem proving to problem solvfug." *Arlificial Intelligence.* 2.

Jenlert, L. E.　1987　“Modeling Change: The Frame Problem”, Z. W. Pylyshyn ed *The Robot's Dilemma: The Frame Problem In Artificial Intelligence*. ABLEX.

Held, R. & Hein, A. 1963 “Movement-produced stimulation in the development of visually guided behavior” *Journal of Comparative & Physiological Psychology*. 56.

柄谷行人・大澤真幸　1988　「表象・差異・他者」、『哲学』2-5.

黒崎政男　1987　『哲学者はアンドロイドの夢を見たか——人工知能の哲学』、哲学書房.

———　1988a　「アンドロイドの行為論序説——フレーム問題の形而上学のために」、『現代思想』16-1.

———　1988b　「行為と知能——アントロポス・アンドロポイド・アンドロイドのフレーム問題」、『現代思想』16-12.

Lévinas, E.　1948　*Le temps et l'autre*.=1985　原田佳彦訳『時間と他者』、法政大学出版局.

Lifschitz, V.　1985　“Closed-world databases and circumscription”, *Artificial Intelligence*, Vol. 27.

———　1986　“On the satisfiability of circumscription”, *Artificial Intelligence*, Vol. 28.

松原仁　1989　「AI研究者は今日も夢を見る」、『現代思想』17-3.

松原仁・山本和彦　1987　「フレーム問題について」、『人工知能学会誌』2-3.

McCarthy, J.　1980　“Circumscription : a form of non monotonic reasoning” *Artificial Intelligence*. 13.

Minsky, M.　1981　“A Framework for Representing Knowledge”, Haugland ed. Mind Design. Cambridge, Mass.

———　1986　“Applications of circumscription to formalizing commonsense knowledge”, *Artificial Intelligence*, Vol. 28.

宮台真司　1985　「性差別範疇と性別規範」(未発表).

中川裕志　1987　「理論+サーカムスクリプション=常識推論」、『人工知能学会誌』2-2.

岡本賢吾　1987　「《他なるもの》への写像——ヘーゲル・カントール・ゲーデルの記号論的思考を横断するもの——」、『現代思想』15-6.

大澤真幸　1988　『行為の代数学』、青土社.

———　1990　「意味の抵会的次元」、『理論と方法』5-1.

大澤真幸・岡本賢吾・山内志朗　1988　「表象・差異・他者」、『現代思想』16-13.

Osawa, M.　1990　"Algebra of Action and Phenomenology of Sociality", *Biological Information and Complexity.*

Sandwell, E.　1972a　PCF-2. *a first-order calculus for experessing conceptual information.* Uppsala University.

———　1972b　"An Approach to the frame problem and its implementation," Meltzer, B. & Michie, D. eds. *Machine Intelligence* 7. Edinburgh University Press.

佐々木正人　1987　『からだ——認識の原点』、東京大学出版会.

Schank, R. & Abelson, R.　1977　*Scripts. Plans. Goals and Understanding: An Inquiry into Human Knowledge,* Hillsdale, N. J.

山内志朗　1988　「普遍記号学とＡＩ——記号過程と直観」、『理論』640.

Wittgenstein, L.　1936-49　*Philosophische Untersuchungen* =1976　藤本隆志訳『哲学探究』、大修館書店.

深層学習（ディープラーニング）はフレーム問題を克服できるか？

1. 第三次ＡＩブーム

【1】三回のAIブーム

第2章のもとになった論文は、第二次ＡＩブームの中で書かれた。

第一次ＡＩブームは、一九四〇年代にコンピュータが誕生したすぐ後に生じた。一九五〇年～六〇年代にかけてが、第一次ブームである。「Artificial Intelligence」という言葉が初めて用いられたのは、一九五六年のことだ。この最初のブームにおいて、ＡＩに向けられていた関心は、まずは純粋に理論的なものであった。コンピュータは、記号論理学によって表すことができる命題を、与えられたルール（公理と推論規則）を用いて、正確かつ高速に導き出すことができるのではないか。これが、第一次ブームの中で思い描かれていたＡＩである。つまり、それは「真なる命題の自動導出」のための機械として、まずは構想された。しかし、このようなＡＩには、実践的な効用はほとんどない。そのためブームはやがて下火になった。付け加えておけば、この最初のブームにおいては、日本にいた学者や技術者はほとんど蚊帳の外であった。まだ貧しかった日本には、使用可能なコンピュータはごくわずかしかなかったからである。

第二次AIブームは、一九八〇年代に訪れた。第一次ブームは、「絶対的真理の追究」に目的を定めていたとするならば、第二次ブームは、実践的な目的を、つまり生活での有用性を目指した。この第二の流行の中では、日本の研究者や技術者も中心的なプレーヤーになった。第二次ブームのAIとは、正しいと認められている多様な知識――そして論理命題の形式に書き換えられている知識――を組み合わせることで、目的に応じた有用な知識命題を導き出す機械である。このようなAIが可能ではないかという夢をもつことができたのは、「メインフレーム」と呼ばれる汎用大型コンピュータが普及したからである。さまざまな分野に応じたエキスパートシステムが実現されるのではないか、という期待がふくらんだ。

が、結局、第二次ブームも、人々の期待に応えることはできなかった。あらゆる実践的な知識にともなっている意味の曖昧性――しばしばきわめて有意義な曖昧性――に、AIは対処できなかったからである。実践的な現場では、用語はしばしば比喩的に広がりがあったり、一見矛盾している命題によって何かが伝えられたりする。このような用語を扱ったり、そうした命題を生み出したりは、AIにはできなかったのだ。フレーム問題も、第二次ブームの中で構想されたAIの挫折の中で見出された。コンピュータがどうしても解決できない問題として、である。

さて、二〇一〇年頃から、第三次AIブームが到来した。この第三のブームの特徴は、応用範囲の圧倒的な拡大である。そのため、近い将来、特定の分野に限定されない汎用AIや、人間の知性を超えたスーパーAIが実現されるのではないか、ということまで言われている。現在までのところ、実現されているＡＩは、特定の目的をもった専用のＡＩだ。しかし、現在この技術の延長上で、人間と同じように任意の目的に対して知的な作業をこなしうる汎用性のＡＩが誕生するだろう、という楽観的な見通しを語る専門家もいる。[1]

【2】人間よりも強い将棋ソフト

もしそのような汎用ＡＩが実現可能だとすれば、そのＡＩは、フレーム問題を――少なくとも人間と同等の水準で――解決できているはずだ。われわれは、第２章で、人工知能が前提にしている論理によってはフレーム問題は解決しえないということを論じたわけだが、この主張は、第三次ＡＩブームが依拠している論理にはあてはまらない、ということになるのだろうか。第三次ＡＩブームをもたらした技術と理論の革新は、フレーム問題の解決へと向けた基本的な方針を含んでいるのだろうか。

実際、第三次ＡＩブームのブレークスルーには、フレーム問題の解決へと向かう飛躍であるかのような印象を与える。たとえば、第二次ＡＩブームの時代には、ＡＩによってフレーム問題が（今のところ）克服されていないということを例示するためにしばしば、将棋や囲碁が活用されていた。将棋や囲碁は、可能な「次の手」が非常に多い。その多くの手の中から最善手を選ぶためには、何手も先まで読まなくてはならず、そのための計算量は膨大だ。計算には異様に長い時間を必要とするだろう。プロの棋士は、しかし、すべての可能な手に関して、その帰趨を検討したうえで、次の手を選んでいるわけではない。彼らは、そんなことをせずとも適切な手を選ぶことができる。このとき、棋士たちは、フレーム問題を解決している（ように見える）。彼らは、可能な手筋のほとんどを非本質的なものとして無視し、短時間で適切な「次の一手」を選ぶのだ。第二次ＡＩブームの時代、コンピュータには、人間の棋士のように良い手を短時間に決定することはできなかった。将棋や囲碁は、人間にはフレーム問題が解決できるのに、機械には不可能であることを示す、格好の例であった。

しかし、第三次ＡＩブームの中で開発された将棋ソフトや囲碁ソフトは、人間の棋士よりも強い。そうだとすれば、これらのソフトは、人間の棋士よりも巧みにフレーム問題を解決していることになるのではないか。そうだとすれば、ＡＩによって、フレーム問題を一般に解決される日もそう遠くないのではあるまいか。

だが、そのような判断はまちがっている。第三次ＡＩブームを導いている論理によっては、フレーム問題は解決できない。フレーム問題を克服するために、どのような論理を構築すればよいのか、その基本的な方針すらもわからない、という点では、第三次ブームも、第二次ブームのときといささかも変わらない。いや、それどころか、第三次ＡＩブームは、「フレーム問題をいかにして克服するのか」という課題との関係ではむしろ後退している。この後記では、この点を簡単に説明しておこう。第三次ＡＩブームを考慮に入れても、第２章で論じたことは基本的には妥当する、ということを明らかにしておきたい。

2. 深層学習

【1】誤差逆伝播

第三次AIブームのブレークスルーの中心にある技術革新は、「深層学習deep learning」である。深層学習に、フレーム問題を解決しうる可能性が含まれているかどうか、そのことを正確に見極めることがポイントだ。十分に洗練された深層学習が、フレーム問題を何らかの意味において解決しているとみなしうるのであれば、現在進行中の第三次AIブームは、フレーム問題の克服への過程であると解釈することができる。つまり、深層学習がやがてフレーム問題を克服するのであれば、われわれは実際に、人間並みの、あるいは人間のような知性を機械によって実現しうる見通しをもったことになる。実際はどうなのか。

深層学習とは、多段階の階層をもったニューラルネットワークである。各階層が、それ自体、三層のニューラルネットワークになっており、その「三層」をさらに多段階に繰り返していく機械学習の方法が深層学習である。

人間の脳もまた、直接の知覚（入力）の層から最終的な判断を出力するまでに、何層にもまたがる学習を行っているに違いないので、コンピュータにもそれを模倣させているわけだが、多層階の学習機械には大きな弱点があることが知られていた。誤差逆伝播がうまく機能しないのだ。誤差逆伝播とは、上位層の誤差の修正を下位層へと伝えることである。

喩えれば、次のようになる。今、何層ものレベルをもつ、ヒエラルキー状の組織があったとする。組織のトップ、たとえば役員会が、これまでの組織のやり方がよかったのか悪かったのかを評価し、何らかの修正が必要だと決定したとする。その修正は、直属の部下との関係の変更というかたちで現れることになる——ある部下との関係は強め、別の部下との関係は弱める、といったかたちで、である。その部下は、さらに自分の直属の部下たちとの関係を変更する。同じような変更は、下の層へと向けて多段階に進行する。だが、組織の階層が多く、ヒエラルキーの全体があまりにも深いと、トップでの変更の効果が、末端に到達する頃にはほとんど消えてしまうのだ。トップでは大きな修正が決まったとしても、現場のメンバーがやっていることはこれまでとほとんど変わらない、ということになってしまう。これが、誤差逆伝播がうまく働いていない状況である。

【2】教師なし学習

深層学習は、多層モデルでは誤差逆伝播による学習がうまくいかないという問題を克服している。多層の各層が、それ自体、つねに三つの層をもっているのは、この点に関連している。工夫はふたつある。第一に、三層一組になっている各階層ごとに学習を進めていくこと。第二に、自己符号化auto-encodingという独特の処理を実行する情報圧縮器を用いること。この自己符号化器こそが、三層からなる基本の学習単位になっているのだ。

三層は、入力層／中間層／出力層から成り、それぞれの層は多数の人工ニューロンから成っている。自己符号化というアイデアのポイントは、入力層と出力層が同一だということにある。あいだの中間層だけ、人工ニューロンの数を、入力層・出力層よりも少なくしておく。入力層を下に出力層を上にして図示すると、真ん中（中間層）の部分だけくびれた鼓のような形になる。入力層から入ってきた情報を中間層で（少ないニューロンで）圧縮する。次に、中間層の圧縮された情報をもとにして、出力層で情報を復元する。何をやっていることになるのか。

たとえば、パターン認識を機械に学習させるとする。「川」という文字を認識するとしよう。入力層の多様なパターンが、中間層での圧縮を経て、出力層で再現される。出力層で正しく「川」が復元できるかを確かめているのだ。もし「川」が復元できたとすると、中間層の圧縮された情報（入力層より絞り込まれた情報）が、ある図形が「川」であるために必要な特徴表現feature representationを含んでおり、かつ「川」であるために不要な特徴についての情報は捨てられているいることになる。自己符号化とは、このように、機械が自ら行った情報圧縮が適切であったかどうかを自分で確かめるプロセスを含んでいるということだ。

このやり方が、従来の機械学習と大きく異なっているのは、「教師なし学習」になっていることである。普通の「教師あり学習」では、教師である人間が、コンピュータに対して、外部から正解を教える。たとえば、「川」として分類されるパターンの図形では、「三本の縦の線がある」とか「真ん中の線が短い」とかといった条件を識別できるように、プログラムを設計しておくのだ。しかし、今紹介した自己符号化を含む学習は、人間が教師のようにふるまう必要はない。機械が自分で、「川」として識別されるパターンであるための条件（特徴表現）を見出し、学習するのである。
ここで気づくだろう。この学習は、フレーム問題に関係していそうだということに、である。フレーム問題とは、本質的で重要な特徴だけを選択し、他を捨て去るのはいかにして可能か、ということであった。自己符号化による「教師なし学習」で、ＡＩは、自分で、本質的な特徴を発見し、習得しているように見えるではないか。フレーム問題は、これによって克服されるのだろうか。

【3】深層学習の基本構成

回答を急がないことにしよう。深層学習の解説はまだ終わってはいない。今説明した三層で一組の学習の過程を何層も繰り返すと深層学習になる。もう少していねいに言い直そう。自己複合化は、次のような処理であった。

入力層　→　中間層①　→　出力層

述べてきたように、出力層で入力層のパターンが正しく復元できれば、中間層①は、適切な情報圧縮に基づく特徴表現を獲得したことになる。そこで、今度は、中間層①を入力層にして、同じ過程を反復する。つまり、

入力層（＝中間層①）　→　中間層②　→　出力層

とする。ここで出力層がまた入力層のパターンを適切に復元できたとすると、中間層①において得られている関与的《レリバント》な特徴が、中間層②において、さらにより一層重要なものに絞られることにな

る。中間層①より中間層②の方が、より小さな情報の中に、より重要で本質的な情報が詰め込まれているることになる。

同じ過程は、さらに反復される。すなわち、中間層②を入力層として、自己符号化を含む学習を経て、中間層③を得る。こうした反復によって、より本質的な情報への圧縮が生ずる。何段階も層を重ねるので、全体として、「深層」になる。

この教師なし学習は、最後のところで、教師＝人間が介入する。ＡＩが最終的に導き出した特徴量featureの束に関して、それが何であるのか、その「名前」を、機械に教えてやるのだ。お前が導出したその特徴量の束は、「川」という文字であるとか、「猫の顔」であるとか、と教える。こうしてＡＩは、結局、自分が「何」の概念を抽出したのかを知ることになるのである。

従来からあった理論との関係では、自己符号化は、統計学における主成分分析に考え方が近い。主成分分析とは、ある対象を記述するための変数がたくさんあったとき、互いに相関があるよく似た変数をまとめてしまい、最終的には、互いに（おおむね）独立した少数の変数を得ることだ。この少数の独立の変数によって、対象が記述できることになる。自己符号化は、考え方だけをとれば、主成分分析に似ている。

3. それはまったく解決されていない

【1】問題は残っている

さて、問うべきは、深層学習によってフレーム問題は克服されているのか、ということであった。先ほど、自己符号化をともなう学習はフレーム問題の解決に向かっているようにも見える、ということを暗示した。だが、事態を目をこらしてよく見るとよい。深層学習は、フレーム問題をいささかも解消してはいないことがわかる。

第2章の本文で述べたように、人間がフレーム問題を克服できるのは、可能なあらゆるケース、無数ともいえる膨大なシナリオを検討しているからではない。関与的ではない特徴に関しては端的に無視することを通じて、重要な特徴だけを抽出しているからだ。「無視する」とは、積極的には何もしないこと、一種の「無為」である。

深層学習ができるAIがやっていることとは、これとは正反対のことである。深層学習によって一定の成果があげられるのは、たとえばAIが将棋を指したり、自動運転ができたりするようになるのは、膨大な量のデータを――いわゆるビッグデータを――入力することができるからである。二〇世紀の段階の機械ではとうてい望めないほどに、今日の機械のパワーは高まっている。扱いうる情報量、情報の処理速度も飛躍的に向上した。人間の脳よりも、今日の機械の方が、この点ではすでに圧倒的に高い能力をもっている。深層学習は、どうでもよいケースやシナリオを無視しているのではなく、膨大なケースやシナリオをも検討しているのだ。

　深層学習において、ＡＩが行っていることは、確率的予測である。大量のデータを統計的に処理することで、どの特徴量が出現する蓋然性が高いのか、どの特徴と特徴とが共起する蓋然性が高いのかを計算し、回答を導き出しているのだ。蓋然性の低いことが無視されたり、考慮の外に排除されているわけではない。それらも、一定の確率で生起しうるものとして考慮に入れられている。これは、人間がフレーム問題を回避しているときに示す柔軟性とは、まったく性質の異なる振る舞いである。人間の知性において驚異的なのは、不関与な特徴や情報に関して、これらを「無視する」ための積極的な操作を経ることなく、一挙に、重要で本質的な特徴を選び出していることにある。

【2】ノイズを入力する

　実は、先ほど深層学習の骨子を解説したとき、ひとつだけ、この機械学習が成功するために必要な、きわめて興味深い条件を、あえて説明しなかった。この条件を考慮に入れたとき、深層学習がいかに「フレーム問題の解決」ということとは異なったことをなしているのか、がさらに明瞭に見えてくる。

　深層学習が初めて注目されたのは、二〇一二年に行われた、世界的な画像認識コンペティションにおいてである。このコンペティションには、東京大学をはじめとする有名な研究機関の人工知能が出場した。これは、画像認識の正解率を競い合う競技だが、トロント大学が開発した機械Super

Visionが、これまでの常識をはるかに上回る高い正解率（言い換えれば低いエラー率）を叩き出したのである。この勝利をもたらしたのが、ジェフリー・ヒントンが中心になって考案された深層学習の方法であった。

深層学習の基本は、しかし、先に解説したように、従来から統計学の理論にある主成分分析を非線形の関係にまで拡張し、さらにそれを多段階にしただけなので、それほど驚くほどの発想ではない。このことに、それまで誰も気づかなかったのだろうか。実はそんなことはない。ずっと前から——古くは一九八〇年代から——、似たようなアイデアに基づく試みはあったのだが、たいした成果はあがっていなかった。ではヒントンたちの深層学習は何が違ったのか。

彼らが発見したこと——そして他の誰も気づいていなかったこと——は、最終的に人工知能を通じて得られる特徴量や概念に頑強性《ロバスト》をもたせるためには、入力信号に「ノイズ」を加えておいた方がよい、ということである。頑強性がある／ないということがどういうことなのかは、第2章の本文の冒頭で紹介したロボットたちのことを思うとわかる。ロボットたちは、あらかじめ想定していなかった事態に直面すると、とてつもなく不適切に行動し、いわば暴走してしまっている。これが頑強性がない状態である。こんな状態に陥らないためには、学習において入力する信号の中にノイズを入れておかないとならない。これが、ヒントンたちによって見出された条件だ。

ノイズまでも入力すること、つまり学習の対象にノイズまで含めておいた方がよいということは、まことに意外なことである。人間の学習ではそんなことはしない方がよい。言い換えれば、この事実は、機械学習（深層学習）と人間の学習が何か根本的に違っている、ということをよく示している。たとえば、人間の場合、「川」という字を学習するときには、典型的な「川」の字だけを手本とするのがよい。それに対して、入力信号にノイズを加えるということは、典型から不規則に外れた字、厳密には誤字であると見なされるようなものまでも、入力のデータに加えておく、ということである。たとえば、真ん中の棒が両側よりも長かったり、不要なところに点が入っているようなデータも入れておくということだ。

あるいは、天気を予想する人工知能を作るにあたって――人間であれば、実際にあった天気図や少なくともいかにも出現しそうな天気図を使って研究したり、学習したりするはずだが――、実際にはありそうもないランダムな変異を加えられた天気図（たとえば両隣の町は晴れているのに、その町だけは降雨であるような天気図）をも、入力データに入れておくということだ。あるいは、将棋を指す人工知能を作るとき、これまでの定石や過去の名局の棋譜だけではなく、そこからランダムに外れた――当然たいていは悪手と言えるようなものを含む――棋譜を学習の対象とすることだ。

どうしてノイズを加える必要があるのか。なぜノイズを入力信号に入れておかなければ、人工知能が学習した概念に頑強性が付かないのか。次のように考えるとよい。もう一度、第2章の冒頭に紹介したロボットたちのことを思い起こしてほしい。ロボットがフレーム問題に直面し、失敗するのは、彼らが、不測の状況に、想定していなかった状況に置かれたときである。ロボットに備えられたプログラムにおいては、時限爆弾が、予備バッテリーが乗っているのと同じワゴンの上にあるとは予測されていなかったのだ。そこで、誰もが思いつく対処策は、あらかじめ想定しておくシナリオを増やすということ、つまりロボットが適応できる「典型的シナリオ」を増やすということだ。しかし、どんなに想定を増やしても、「想定外」のことは起こりうる（想定できないからこそ想定外なのだから）。そこで、何が典型であるかということにこだわらず、ランダムにノイズを入れるのだ。ノイズは、実際には起きたことはないが、起きたかもしれない――起きるかもしれない――不測の事態の代わりである。

こうして、AIは頑強性を獲得し、フレーム問題に直面する確率は低下する。しかし、それは、AIがフレーム問題を解決したからではない。逆である。人間がフレーム問題を多くの局面で克服していると見なされているとき、重要なポイントは、人間が、きわめて多くのケース、例外を含む多様なケースをあらかじめ想定していた、ということにあるわけではない。人間の知能は、そのような想定が事前にはまったくなかったにもかかわらず、初めての状況、例外的な状況に柔軟に適切に対応できるということ、このことこそが驚異であり、まさにフレーム問題を克服している、ということの意味である。漢字を学習した人間は、真ん中の縦棒が両側の棒よりも長くても、あるいは、変なところに点が入っていても、それを「川」と読むことができるだろう。「下手な字だな」とか「インクのシミが付いたのかな」とか思いつつ。このとき、その人は、過去に、そんな変則的な字や誤字のケースまで学習したことがあるから、読むことができるわけではない。ノイズの入力信号まで含めて学習し、頑強性を備えたAIが行っていることは、それゆえ、人間による「フレーム問題の克服」とは正反対のことである。

【3】フレーム問題の隠蔽

深層学習の技術が考案されたことによって、第三次ＡＩブームが起きた。深層学習が可能にしたことは、次のことである。ＡＩが果たすべき役割を特定の目的に限定しておけば、その範囲においては、ＡＩは、フレーム問題を克服しなくても、克服したときと同じ——ときにはそれ以上の——結果を出すことができる。たとえば天気を予想するとか、将棋や囲碁を指すとか、人間の顔を認識するとか、といった特定の目的に限定しておけば、ＡＩは、人間と同じように、あるいは人間よりも正確に課題をこなすだろう。

しかし、それは、ここまで述べてきたように、フレーム問題を克服した、ということではない。フレーム問題とは別のルートを通って、結果だけ同じものを導いているのである。そのようなことが可能なためには、深層学習ができなくてはならない。深層学習が実現できるための条件は、最初の最も深い層への入力が、無限に多様であってはならない、ということだ。機械の能力が向上したため、入力するデータは膨大なものになりうるし、その中には、ノイズまで含まれている。しかし、それでも、入力すべきデータの領域を限定できなくては、深層学習は不可能だ。

ということは、完全に汎用的な知能は、深層学習の技術に基づく今日のＡＩには原理的に不可能だということを意味している。人間には、あらかじめ決まっている目的はない。仮にあるとしても、それは「善く生きる」とか「幸せに生きる」とかといった漠然としたものであって、明確に定義することは不可能だ。人間は実際には、常にそのたびに、状況に応じて任意の目的を設定し、そのたびに、その目的との相関で、適切な情報を選択し、フレーム問題を克服している（ように見える）。

このような汎用性は、今のところＡＩには期待できない。少なくとも、どんなに深層学習が洗練されたとしても、汎用性をもち、任意の目的に対してフレーム問題を克服するようなＡＩは、実現されないだろう。深層学習が目指していることは、フレーム問題を克服することではなく、それを克服しないで済ますことである。しかし、克服せずに済ますことができるのは、繰り返せば、ＡＩの目的が汎用的ではないときに限られる。

深層学習という技術を獲得したＡＩは、フレーム問題の重要性――それを解決しているように見える人間の知性の驚異的な性質――を忘れさせてしまう。一定の目的の範囲で、まるでフレーム問題が解決できているように見えてしまうからだ。つまり、深層学習に基づくＡＩはフレーム問題を解決することなく、それを隠蔽する。

念のために述べておこう。私は、機械には、原理的にフレーム問題が解決できない、と述べているのではない。人間もまた、脳という装置を備えた物質である。このことを思えば、物質がその精妙な仕組みによって、フレーム問題を克服できることは明らかである。しかし、それがいかにして可能になっているのか、その究明のための方針を、目下のところ、人工知能研究もまた認知科学もまったくもってはいない。おおよその見当すらもついていないのだ。ただわかっていることは、今日の研究が目指している先には解決はない、ということだけだ。

私は、第2章の本文で、その方針についてひとつの提案をした。解決の鍵は人間の社会性にあるのではないか、と。われわれはまだ、人間の社会性ということ、われわれが他者とともにいるということの意味を十分に解明し尽くせてはいない。このことの意味を究めたとき、フレーム問題がどのように克服されているのかという謎も同時に解かれることになるだろう。言い換えれば、フレーム問題（が克服されうるということ）のふしぎは、人間の社会性そのもののふしぎである。実は、コミュニケーションの構造について主題的に論じた第1章においても、いわゆる「関連性理論」を批判的に検討しつつ、私としては、フレーム問題に関連する提案を示唆しておいたつもりである。

4. 記号接地問題

フレーム問題と並んでもうひとつ、人工知能研究には、まったく解決のための方針すらたっていない問題、「解決」が何を意味しているのかすらよくわらかない問題がある。最後に、その点について一言付け加えておこう。

もうひとつの問題とは、記号接地問題《シンボル・グラウディング》である。記号接地問題とは、記号がどのように外部の実在と結びつくのか、という問題だ。ＡＩは、コンピュータの内部に書き込まれた記号を操作しているだけである。ところで、われわれは、言語が外部の実在を指していることを知っている。経験的な世界のどこにもない想像物について語るときでさえも、それが、言語記号以上のものであることをわれわれは知っている。その言語記号の指示対象は、想像の世界の中にまさに実在しているのだ。ＡＩに、記号と実在との関係をどのように理解させればよいのか。そもそも、われわれが記号の世界を超えた実在を知っているということは、どのような意味なのか。どうして、われわれは記号の外の実在について確信をもっているのか。

記号接地問題についても、今のところ、解決への方針はまったく立ってはいない。実は、この問題は、人工知能研究とはまったく異なる方向から、今日の哲学では最先端の主題となっている。その主題に取り組んでいるのが、「思弁的実在論speculative realism」と呼ばれる潮流に属する哲学だ。この潮流の哲学者は、自分たちの探究と人工知能研究との関連をまったく自覚してはいない。もちろん、人工知能の研究者は、哲学の議論には何の興味ももってはいない（多分、無駄話のひとつと思っている）。しかし、思弁的実在論は、記号接地問題への解決の糸口をもたらすかもしれない。思弁的実在論については、次の第3章で考察することになる。そこでも私が付け加えるべき論点は、〈社会性〉という現象のふしぎである。

注

1　三つのＡＩブームについては、以下を参照。西垣通『ＡＩ原論』講談社メチエ、二〇一八年、一二-二〇頁。

第3章

根源的構成主義から思弁的実在論へ……そしてまた戻る

1. 社会学理論の到達点――根源的構成主義

【1】社会学理論の閉塞

社会学の研究者が全員、はっきりと気づいていることがある。基礎理論の領域においては、ニクラス・ルーマン以降、本質的な発展がまったくない、と。ルーマンが没したのは一九九八年(享年七〇)である。そして、生涯の研究の集大成と見なされている彼の主著『社会の社会』*Die Gesellschaft der Gesellschaft*が出版されたのはその前年の九七年。[1]ということは、二一世紀に入ってから、社会学理論の領域では、これといった出来事、これといった革新はひとつも生じていない、ということになる。これはまことに異常な閉塞状況である。もちろん、これは、個々の社会学者の能力や研鑽の不足には帰しえない現象だ。言い換えれば、これ自体、知識社会学的に説明されてしかるべき社会現象である。

どうしてこんなことになったのか。私自身の直感から来る、荒削りの仮説を述べておけば、次のようになる。これは、資本主義の展開と連動して生じている社会現象である、と。

もともと社会学は、近代社会の自己意識の最も先鋭な表現である。いやむしろ、自己意識をもつ社会であることが近代の本質的な条件であり、その条件に規定されて生まれた知の体系が、社会学だったと言うべきであろう。その近代の近代たる所以が、やがて、資本主義ということへと収斂していった。その資本主義は、これまで何度となく、終わりが近づきつつあると宣告されてきたが、結局、今日まで生きながらえてきた。そして、気づいてみれば、資本主義は、われわれの、人間の想像力を超える柔軟性と包括性をもつまでに至った。このことは、フレドリック・ジェイムソンが述べていること――彼自身も誰か別の人が言っていたこととして語っていること――を思うと理解できるだろう。[2] 今日、資本主義の終わりを思い描くことは、人類や世界の終わりを描くよりも難しい、と。このことは、資本主義を全体として対象化し、そこから距離をとることの著しい困難(いや不可能性)を示唆している。社会学理論の貧困は、そうした困難のひとつの現れではないか。

見られるように、これは十分に練られた仮説ではない。いずれにせよ、ここで私は、この仮説をさらに彫琢したり、検証したりしたいとは思わない。それは別の機会に譲っておこう。繰り返し確認すれば、社会学の理論上の頂点は、目下のところニクラス・ルーマンである。そこから出発して、そこに残されている課題を乗り越えるためのヒントがどこにあるのか。ごく簡単に見通しを示してみたい。

【2】根源的構成主義

ルーマンが到達した地点、ルーマンが徐々に完成させていった理論的な立場は、根源的構成主義Radikaler Konstruktivismusである。これは、認識論上の理論だ。現実（実在）はただ、観察に相関してのみ――観察において構成されて――出現する。この命題の含意を徹底して追究すれば、認識論と存在論の立場が逆転する。認識論の領域に属する構成の作用（観察）が、存在論上の対象が成立するための可能性の条件を与えていることになるからだ。

ただし、ルーマンが言うところの「観察」は、意識の認識作用よりももっと広いものを指している。観察とは、区別の操作、空間に区別を設定する操作の一般である。[4] 有機体にも、それ固有の観察の操作が属している。もちろん、意識のシステムも、対象を識別することを通じて、事態を観察している。そして、コミュニケーションの集合としての社会システムもまた、観察するシステムである。何が区別されているのか、区別においてレリヴァントなものとされている主題は何かに応じて、システムを分類することができる。

ルーマンの到達点は、システムに固有の観察の操作との相関においてのみ実在を捉える、根源的構成主義である。彼は、それを、オートポイエーシス・システムの理論の応用と拡張を通じて実現し（ようとし）た。たとえば、冒頭で言及した主著のタイトルには、誰もが奇異な印象を受けるだろう。なぜ端的に『社会』ではなく、『社会の社会』なのか。実は、ルーマンは晩年（死後も）——一九九〇年以降——、『社会のX』*X der Gesellschaft* というタイトルの本を立て続けに出版した。このXの部分に、機能的に分化した社会システムの一部門が入る（経済、法、政治、宗教、科学……）。このタイトルが含意しているのは、それぞれの機能システムが自らにとって意味ある現実としている対象は、そのシステムに固有の区別の操作に相関して立ち現れているということである。そして、このXの部分に最後に入るのが、コミュニケーションの一般を包括する社会そのものだ。社会的現実そのものが、社会による構成の産物である。だから『社会の社会』ということになる。

　さて、そうだとすると、根源的構成主義は、カンタン・メイヤスーが、二〇〇六年の著書『有限性の後で』で「相関主義correlationism」と呼んだ理論の徹底したヴァージョンであることがわかる。相関主義とは、思考と世界は相互的な相関の関係にあるとする理説である。思考と世界は相互に相手に依存しあう循環を構成しており、われわれはその外に出ることはできない。「思考」にあたる部分を一般化し、ここで述べたような「観察」として把握するならば、根源的構成主義は、最も強いヴァージョンの相関主義だということになる。少なくともカント以降の哲学は、素朴な実在論を打ち捨て、相関主義を基本的な前提としている。ルーマンの社会学が採用した根源的構成主義は、近代哲学のこうした方向を極限にまで推し進めた結果だと言ってもよいかもしれない。

2. 相関主義を超えて

【1】思弁的実在論

ところで、メイヤスーは、相関主義を積極的に継承しようとして、近代哲学の認識‐存在論のこの潮流に名前を与えたわけではない。逆である。メイヤスーは、相関主義を乗り越えの対象としている。メイヤスーの目的は、思考と世界の相関関係の外に、それ自体として、絶対的に存在しているると見なしうる事物を確保することにある。カントの「物自体」の実在をどのようにしたら救出できるのか、これがメイヤスーの挑戦である。

常識的には、また自然科学においても、相関主義的な循環の外に何かが実在していることは、自明の前提である。たとえば、物理学の領域では、思考する者が誰もいない過去の宇宙のことなども、議論されている。しかし、哲学的には――カント以降――相関主義の方が優勢だ。その近代哲学のトレンドに抗して、非相関的な実在を――哲学的に――擁護することができるのか。このような相関主義批判によって実在を確保しようとする哲学者たちが、二一世紀になって次々と現れてきた。彼らの主張は、思弁的実在論 speculative realism と呼ばれている。そして、メイヤスーは、思弁的実在論として分類されている哲学者たちの実質的なリーダーである[6]。

さて、すると次のような見通しを立てることはできないか。根源的構成主義は相関主義の強いヴァージョンと見なすことができる。ところで、メイヤスーら思弁的実在論者は、相関主義を乗り越え、絶対的な実在を確保することができる、と豪語している。そうだとすれば、思弁的実在論を媒介にして、つまりその理論を取り入れることで、社会学における根源的構成主義を乗り越えることができるのではないか。根源的構成主義の先へと出るための手がかりが、思弁的実在論から得られるのではないか。

【2】相関主義を超える？

それでは、メイヤスーは、どのようにして相関主義の外へと出ているのか。どのような議論によって、相関から独立した絶対的実在が確保されているのか。それは、相関主義そのものを、とりわけその原型とも見なすべき超越論的批判（カント）を逆手にとるような論法によって果たされるのだ。メイヤスーは、相関主義者の基本的な着眼点、つまりわれわれの認識の有限性を、そのまま、絶対的な実在のための積極的な条件へと反転させているのである。どういう意味なのか、メイヤスーの議論にそって解説しよう。[7]

相関主義（あるいは超越論的批判）は、「事実性 factuality」には、われわれの有限性が刻印されている、とする。つまり、相関主義によれば、われわれは世界について、与えられたままに事実そうである、と記述することができるだけで、その事実が必然的であるかどうかを知ることはできない。それは、有限なわれわれの能力外のことである。われわれは、絶対的な物自体に到達することができない。それゆえ、われわれは、この事実が必然的であるかどうかを知ることができない。

ということは、われわれの有限な理性にとっては、実在が、偶有的なcontingent（他でもありうる）ものと見えているということである。実在は、「（まさにそのようであるべき）理由なし」と見えている。したがって、別の角度から捉えれば、実在はもしかすると、それ自体としては非‐偶有的なのかもしれない――何らかの精神的・自然的な必然性（有限な理性はそれに到達できない）によって統制されているのかもしれない。相関主義の観点からは、われわれには、根源的な「無知の可能性」がある。われわれは、実在が、実際には（それ自体としては）どうなのか、ということについて無知である。

メイヤスーは、この認識期論的な有限性を起点として、ここから「絶対的なもの」への通路を開いてみせる。どのようにして？（無知の）可能性possibilityを（実在の）現実性actualityに重ねることによって、である。説明しよう。いかにして、われわれは「無知の可能性」について考えることができるのか、と問うとよい。「無知の可能性」を考えうるのは、われわれが実際にactually、この「可能性」の絶対性（＝非相関性）について考えてきたからである。この「可能性」とは、われわれには、世界は「（こうである必然性がなく）理由なし」に見えるということ、世界が別様でもありうると見えているということであった。つまり、「偶有性」（この世界がまったく別様になりうるということ）こそが、相関性から独立の絶対的実在である。

【3】「神の存在証明」のように

以上が、メイヤスーの論証の大筋である。このようにして、彼は、相関主義の循環に穴を開け、絶対的なものの実在を確保しようとした。論証がこのようなものだとすると、それは、――メイヤスー自身も暗に示唆しているが――西洋では中世以来知られていた伝統的な論理の応用である。伝統的な論理とは、神の存在についての存在論的証明である。存在論的証明とは、至高の存在としての神という概念は、「存在する」を含んでいるがゆえに、神は存在する、とする証明である。完全なものである神という概念には、さまざまな性質――ポジティヴなことを含意するさまざまな述語――が含まれている。「全知である」とか「全能である」とか「最高善である」とか「最も大きい」とか、である。当然、「存在する」も神概念に含まれる。それゆえ、神は存在する、というわけだ。

神の存在論的証明は、われわれが至高の存在の可能性について考えることができるという事実を前提にして、ここから、その至高の存在の現実存在を結論として導き出している。メイヤスーの論証は、これと似ている。まず、われわれが、実在の絶対的偶有性の可能性について考えることができる、ということが前提である。実在の絶対的偶有性とは、実在が「他様 being-other でありうる」可能性であり、言い換えれば、われわれに対して実在が現れているそのあり方とそれ自体としての実在のあり方の間に埋められないギャップがあるということだ。われわれは、そのような意味での実在の絶対的偶有性の可能性を考えることができる。ここから、偶有性そのものの現実存在が――実在がそれ自体として本源的に偶有的であるという結論が――導き出されているのである。

伝統的な神の存在論的証明もそしてメイヤスーの証明も、どちらも（現実存在ということを含む）概念から、その概念の一部であるところの現実存在を取り出している。ただ、存在論的証明では、必然的存在者（神）の存在が導かれるが、メイヤスーでは逆に、偶有性の存在が導かれる。結論が正反対になるのは、概念と現実存在とをつなぐ媒介項の性質が異なっているからである。「神」の方では、それは「完全性」である。メイヤスーの証明では、それは「不完全性」（実在がまさにこれであると指定する理由が不足しているということ）である。

3．二重の偶有性

【1】存在論的証明への批判

だが、メイヤスーの証明は、成功しているだろうか。述べてきたように、この証明は、神の存在論的証明のフォーマットに従っている。だが、存在論的証明に対しては、カントによる説得的な批判がある。カントによれば、「存在する」は述語ではないので、概念から存在を分析的に演繹することはできない。たとえば、「神はロバである」は矛盾している。「ロバである」は述語であり、主語概念（神）において含意されていることと両立しないからだ。だが、「神は存在する」も「神は存在しない」もどちらも、主語概念と矛盾することはない。「存在する」は述語ではないからだ。

同じ批判はメイヤスーの証明にもあてはまるはずだ。「存在」が述語ではないとすれば、われわれが、実在の偶有性について考えることができる、ということから、その偶有性の絶対的実在を導くことができない。われわれが神の概念をもつことができる、ということから、神の存在を結論してはならなかったように、である。

それならば、どうすればよいのか。メイヤスーは、われわれが実在の偶有性の可能性について考えることができる、ということを端緒の事実として、そこから論証を始めた。しかし、なお問わなくてはならなかったのだ。どうして、実在が偶有的である、とわれわれは知っているのか？ その理由を追究しなくてはならない。その理由のうちに、偶有性の実在を直接に含意することが含まれているだろうか？ そのように、さらに問いを深める必要があったのだ。

【2】現れの偏り

私に対して、世界はこのように現れている。そのような事実があるとき、私はどうして、この世界が偶有的である、と知るのだろうか？ 私に対しては、世界は、このようにしか現れていないのに、世界は他様でもありうる、と私は知っている。どうしてなのか？ 私は、自分に対しての、世界のこの現れ方がすべてではない、ということを知っている。つまり、私に対しての世界のこの現れ方は部分的で、特異に偏っていることを知っているのだ。しかし、どうして、私はそのことについて確信をもてるのか？

それは、私が他者の絶対的な実在を知っているからである。他者とは、それに対して世界が（私とは）別様に現れるようなトポス（場所）のことである。他者が存在しうるということは、私にとってのこの世界のこのような現れが偶有的である、ということを必然的に含意する。他者こそは、思考と世界の相関主義的な循環から独立した、絶対的な実在である。私は、他者の存在に関して、私の存在と同等の確信をもっている。この他者の存在への確信こそが、私が世界の偶有性の可能性を思考できることの根拠になっているのだ。

他者は概念として思い描かれているのではない。私にとって、他者はまさしく存在しているのだ。それゆえ、存在論的証明に向けられた批判は、もはや成り立たない。

【3】二重の偶有性

このように議論を進めてきたところで、われわれは、社会学に回帰することができる。相関主義を批判するメイヤスーの思弁的実在論を通じて、われわれは、「偶有性」という概念に出会った。偶有性こそが必然的に実在する、というのがメイヤスーの結論だ（もっとも、われわれはこの結論を導き出したメイヤスーの証明の不十分さを指摘したわけだが）。

ところで、「偶有性」は、社会学にとってもキー概念のひとつだ。社会システム論においては、この概念は、一般に「二重の偶有性double contingency」という術語の中に現れる。偶有性の前に「二重の」が付くのだ。ルーマンは、この概念をタルコット・パーソンズから継承し[8]、洗練させた。二重の偶有性とは、次のような意味である。コミュニケーションの状況において、まず私の選択には偶有性がある（私には、さまざまな選択の可能性がある）。他者の選択に関しても偶有性がある（他者が何を選択するのか不確定である)。両者の偶有性を合して、二重の偶有性になる。偶有性は、コミュニケーションの状況の中で考えられているのである。

だが、ここまでのわれわれの考察を、この「二重の偶有性」という概念に接ぎ木してみたらどうだろうか。われわれは次のように論じてきた。他者の存在こそが偶有性を――厳密にいえば偶有性についての知を――基礎づけているのだ、と。

そうだとすると、われわれはこう言うべきであろう。偶有性は、本源的に二重なのだ、と。私と他者が存在しているというコンテクストにおいてのみ、つまり私と他者の存在を抹消することができないようなコンテクストにおいてのみ、偶有性ということが意味をもつ。一方の偶有性と他方の偶有性が足し算されて、二重になるわけではない。偶有性そのものが、自/他の二重性を前提にしているのだ。

4. 理論と哲学

結局、どうなったのか。われわれは、ルーマンの根源的構成主義からスタートした。根源的構成主義が含意している閉鎖的な循環を破ることができないか、と。結論。それは可能である。何が突破のための鍵になるのか。鍵は、今述べたようなかたちで改訂された「二重の偶有性」の概念である。ある意味で、「二重の」は、必要のない形容詞である。偶有性は、本来的に二重性を前提にしているからだ。しかし、まさにそのような前提があるということを明示するためにも、あえて「二重のdouble」が付けられることにも意味があろう。

われわれは最初、(メイヤスーの)思弁的実在論に助けを求めた。だが、思弁的実在論は直接には役に立たなかった。「絶対的なもの」の実在を導出する、存在論的証明に、あやしげな飛躍があったからである。

ならば、思弁的実在論への迂回は無意味だったのか。そうではない。思弁的実在論を経由したからこそ、われわれは、二重の偶有性の概念の意義を発見することができたのだ。社会学理論の目下のところの到達点は、根源的構成主義に準拠した社会システム論である。その社会システム論を乗り越えるために必要な契機は、社会システム論そのものの中にすでにあった。思弁的実在論は、その契機を浮かび上がらせるための試薬のようなものとして機能したのである。

今度は、社会学理論が、哲学を、思弁的実在論を助ける番である。思弁的実在論の証明において根拠をもたなかった飛躍は、社会学に由来する「二重の偶有性」の概念によって確たる基礎を与えることができるからだ。思弁的実在論が依拠した証明に残っていたミッシングリンクは、社会学の理論によって埋められる。

注

1 ニクラス・ルーマン『社会の社会』馬場靖雄ほか訳、法政大学出版局、二〇〇九年。
2 Frederic Jameson, *An American Utopia: Dual Power and the Universal Army*, Verso, 2016.
3 たとえば、*Blade Runner 2049*（ドゥニ・ヴィルヌーヴ監督、二〇一七年）を観ればよい。この映画の主題は、「人間のアイデンティティ」である。今や、レプリカント（人造人間）の普及によって、人間とレプリカントの区別は危うくなっている。少なくとも、個々の人間、個々のレプリカントは、自分がほんとうのところどちらなのか、自己確信をもつことができない。私は自分を人間だと思い込んでいるレプリカントなのかもしれないし、逆に、ずっとレプリカントだと信じてきたが実は人間なのかもしれない。この映画の世界では、両者の間の境界線は、人間の男（本作が前提にしているリドリー・スコット監督の*Blade Runner*（一九八二年）からハリソン・フォードが演じてきたデッカード）とレプリカントの女（前作でデッカードとともに逃亡したレイチェル）の間に子が生まれたことによって、決定的に侵されている。このように、映画は、ポスト・ヒューマンの時代を描こうとしている。だが、ここで注目しておきたいことは、彼らは、しっかりと資本主義を営んでいる、ということである（前作でレプリカントを製造していたタイレル社はすでに倒産し、本作では、ウォレス社がレプリカントを大量生産して、大儲けしようとしている）。資本主義の方が人間より長く生きるのだ。普通、資本主義は人間の歴史の中の一つのフェーズであると見なされている。しかし、どうやら、人間の歴史の方が資本主義のうちに包摂されてしまうらしい。
4 「観察」の概念については、以下を参照。大澤真幸『増補　行為の代数学』青土社、一九九九年。
5 カンタン・メイヤスー『有限性の後で——偶然性の必然性についての試論』千葉雅也・大橋完太郎・星野太訳、人文書院、二〇一六年。
6 本書の読者はよく知っているように、レイ・ブラシエ、イアン・ハミルトン・グラント、グレアム・ハーマン、そしてカンタン・メイヤスーの四人が、この哲学運動の初発のメンバーである。「思弁的実在論」という名前は、この四人が登壇した、二〇〇七年のワークショップ（ロンドン大学ゴールドスミス・カレッジ）に由来する。
7 メイヤスー、前傾書、第2章〜第3章。
8 タルコット・パーソンズ『社会体系論』佐藤勉訳、青木書店、一九七四年。

第 II 部

応 用

第4章
交換に伴う権力・交換を支える権力

「交換理論」の内に「権力」を首尾よく表現する方法を検討してみよう。ここで、我々は、他者の自己に対する権力を、他者の・自己の所有する資源に対する・動員能力として、捉える。これは、パーソンズ的な権力の定義を、交換理論に適合するような形式に改変したものである。このように権力の基本性格を理解した上で、従来の交換理論的権力論を批判的に検討し、代わって権力の二つの表現方法——それらは権力の顕在的様態と潜在的様態に対応する——を提案する。また、議論の展開の中で、交換理論的着想の問題点や、所有現象の有意義な定義についても、簡単に考察が加えられる。

1. 交換理論の基本着想

交換理論は、その発生の当初から、権力に関わると見られる現象に特別な関心を示してきた。

我々はここで交換理論を基礎とする権力論のさらなる可能性について若干のことを述べるだろう。

しかし最初に、我々としては交換理論の前提的な構えそのものに大きな疑念をいだいているということ、をことわっておかなくてはならない。交換理論は、社会の実質をなす任意の行為者間相互作用を、一律に等価的な交換として抽象する。この抽象は、交換理論が立脚する前提そのものである。しかし、このような構えはいくつかの知的な懐疑を免れない。

交換が等価的なものとして成立するためには、交換の対象となる異なる選択肢の等価性／不等価性がそこにおいて評定されるような、一般化された評価のための空間が、社会の実効的な作用素として確立していなくてはならない。異なる選択肢は、その評価空間内で、その相違性を抽象され、両者に適用できるような一般化された価値に翻訳された上で、等価（不等価）なものとして評価される。たとえば、経済的な市場においては、このような一般的な評価空間の存立を、「一般的等価物（貨幣）」の存在を許容するような制度化された認知がおそらく支持している。市場にもたらされる異なる商品は、一般的等価物の同一量として、抽象化された量的規定性を与えられた上で、等価（不等価）の刻印を得るのである。商品同士は、決して貨幣を飛び越えて直接に交換されるのではない。貨幣の抽象量への翻訳可能性を含意できないものは、決して商品として市場に参入できない。

しかし、対象領域を全ての相互作用に拡張したとき、このような評価の一般性の審級は、いかなる実質をもって存在しているのだろうか。直感的には、等価交換をなさない相互作用はいくらでもある。「贈与」のような相互作用はその一例である。「贈与」は、相互作用が等価交換に解消されないからそう呼ばれるのである。無論、交換理論は、この程度の事例の存在によっては、怯まない。「ひとは、贈与によって、名誉や威信や相手の好意などの資源を得るではないか。その種の資源が、彼が与えた物的資源と等価なのだ」と。だがしかし、彼が与えた「ダイヤの指輪」と彼が得た「名誉」との等価性は、いかなる意味において確立されうるのかは、依然として疑問である。

選択肢の交換は、等価であるとともに、各行為者の視点からすれば、それぞれ自らの満足度・効用の増大をもたらしていると見なされる。このような理解も、似たような懐疑にみまわれる。交換理論の理解によれば、交換に付される一方の選択肢（他者に帰属する選択肢）が、他方の選択肢（自己に帰属する選択肢）よりも好ましいとの判断が、双方の行為者において（交換に先立って）成立しているときに、交換が実行される。この場合、異なる二つの選択肢は、各行為者にとっては、選好の度合について比較しうる程度には、抽象的な同一性を分有していなくてはならない。またしても経済的な市場の例を用いれば、そこでは異なる商品は、抽象的な貨幣の量に翻訳しうる程度には同一的であるが故に、交換的な対象として比較され得たのである。[1] それに対して、贈与の場合、「ダイヤの指輪」と「名誉」とが、抽象化された同一性の水準において、その選好の程度・優劣に関して判断がなされた、となんらかの意味で言いうるだろうか。もし我々が交換理論を社会の基礎論として採用するならば、この種の問題は、充分に反省されていなければなるまい。

確かに、交換理論のような「論法」にある程度の説得力はある。しかし、この説得力は、交換理論が置かれている「制度的な文脈」から調達されているように思えてならない。（ある種の）経済学の場合は、その説得力を近代的な「市場」に存在すると信憑されている「事実」から得ている。しかし、このような「市場」における「事実」（たとえば先に言及した一般的等価物の存在など）は、それ自身制度の産物であるということを、想起すべきである。経済学の社会学的拡張とも言える交換理論に、これと似たような事情が存在しないだろうか。だとすれば交換理論は、ある制度と共振する高々一個の内的視点[2]の域を越えないだろう。交換理論のようなタイプの発想に「説得力」を与えるこの「制度的な文脈」とは何か、という問題は、交換理論内在的な諸問題よりも、ある意味では、もっと興味深い社会学的課題である。

しかし、これ以上交換理論の前提に対する疑念を表明するのはやめておこう。我々のここでの主要な目的は、交換理論の前提に内在したうえで、いくつかのことを述べることにある。

2. 権力とは何か

さて、我々は、本格的な議論に先立って、権力なる社会現象に暫定的な定義を与えておこう。ここで暫定的に定義された権力を、交換理論の中でいかに表現するか、が論考の主要な課題となる。

定義は任意に与えうるが、我々の権力についての常識的理解をいささかも反映しないような定義は有意義な定義とは言えない。社会学は、権力を様々に定義してきたが、幸いなことに、それらの定義の多くは、権力に関する常識的な定義を洗練させたものであった。そこで、我々は権力に対して社会学の伝統がなしてきた考察に学ぶことにしよう。見るところ最も多く採用されてきた定義は、二つある。マックス・ヴェーバーとタルコット・パーソンズの定義である。

ヴェーバー［1921=1968：90］は、権力を「他者の抵抗に逆らっても自己の意志を貫徹する可能性」と定義した。この定義は、権力についての直感的な理解ともよく合致しており、また権力に関する定義の中でも最も広く知られているものである。しかし、志田［1987］が明快に示しているように、このような権力を「個別決定的な個人主義的理論である交換理論の内に書き込むことはできない[3]。

パーソンズ［1956=1958：I 72-80］は、権力を社会の政治的下位体系との関係で定義している。即ち、彼は、権力を「社会的資源を、体系の集合的目標を達成するために、動員しうる能力」として定義した。パーソンズの定義は、ヴェーバーの定義とは全く異なる側面から権力を捉えている。

我々は、このパーソンズの定義を手直しすることによって、権力の定義とすることにしよう。即ち、他者Aが自己Eに対して行使する権力とは、他者Aが、他者Aの目的の実現のために（他者Aの効用の増大のために）、自己Eの所有する資源を動員しうる能力である、と定義しよう。この定義は、資源の動員能力に権力の基本性格を見ようとする点で、パーソンズの権力の定義と、了解を共有する。とはいうものの、交換理論は、社会を、行為者間の交換的相互作用の集積と捉えるのだから、それが捉えうる権力も、そのような相互作用との連関で定義されるしかないはずだ。我々が、パーソンズの定義を、他者と自己とのダイアド的な関係に関するものに改変したのはそのためである。[4]

3. 所有とは何か

ここで、我々は、権力の理論に一挙に踏み込む前に、資源の所有ということの、内実について、簡単に考察を加えておこう。資源の交換とは、資源の所有の帰属の、行為者間での相互的な移転である。所有についての反省は、交換をめぐって展開される後の議論を理解する助けとなるはずだ。

我々としては、所有という現象を、次のように定義しておこう。即ち、主体·jによる資源·iの所有とは、資源·iへの関係行為がもたらす結果的な事象·i_0を主体·jが、特定の（社会）規範によって保障されることによって、その意思の下に制御しうる可能性（資源·iに対する主体·jの・規範的に保障された・制御可能性）のことである、と。この定義が捉える所有は、日常語の「所有」よりも広い。この我々の定義は、所有を、資源に対する社会的制御能（社会的制御可能性）の一環として捉える吉田民人［1981］の理解を踏襲するものである。[5] この定義に関してなおいくつか留意すべきことを述べておこう。

第一に、このように所有を定義しておけば、資源の所有量は、確率的に表現することができる。即ち、行為者·jの資源·iの所有量は、行為者·jが事象·i_0をもたらすべく意思をもって資源·iに関係したときにi_0をもたらす確率から、・jが・i_0をもたらさないように意思をもって資源・iに関係した（あるいは全く関係しない）にもかかわらず・i_0がもたらされる確率を差し引いた値によって、表すことができるのである。[67] たとえば、行為者・jが事象・i_0をもたらす意思をもっているときには常に（確率1で）・i_0が生起し、行為者・jが事象・i_0をもたらす意思をもって行為していないときにi_0が絶対に生起しない（確率0）とすれば、・jによるこの資源・iの所有量は1になる。これは、資源・iの所有が、完全に排他的に行為者・jに帰属している状態である。逆に、行為者・jの意思・行為と無関係にi_0が生起するとすれば、所有量は0となる。また、たとえば、i_0をもたらすか否かに関して、n人の行為者が一人一票ずつ投ずる権利をもっており、それぞれの行為者が賛成票を投ずる確率がすべて0.5であるような場合、この方法で所有量を計算すると、各行為者の所有量は、丁度$1/n$となる。

第二に、「同一の客体」への制御でも、それがもたらす事象が社会的に有意義な分解可能性をもっているときには、異なる資源の所有と見なされなくてはならない。たとえば、ある客体の使用権と処分権がそれぞれ独立に扱われ、独立に譲渡されうるような場合、使用権、処分権が、それぞれ異なった資源への「所有」を構成する。

第三に、単純化のために、交換にともなう資源の所有の移転は、その資源に対して関係行為を営みうる可能性（吉田民人［1981：219］はこれを「支配能」と呼んでいる）の移転だけではなく、「資源への関係行為の可能性を特定の主体に帰属させる可能性」（吉田民人［1981：219］の「支配能－帰属能」）と「資源への関係行為の可能性を特定の主体に帰属させる可能性・を特定の主体に帰属させる可能性」（吉田民人［1981：220］の「帰属－帰属能」）をも同時に移転させるものと仮定しておこう。[8]

4．富＝権力説

交換理論が従来展開してきた権力に関する議論を永田えり子［1986］が簡潔に整理している。永田によれば、交換理論が権力を二つの方法で表現してきた。一つは、「権力実体説」、他の一つは「富＝権力説」と呼ばれる。

「権力実体説」は、ピーター・ブラウによる権力の定義に代表される。ブラウによれば、権力は、行為者Aが行為者Bに一方的に依存しているときに生ずる。比較的わかり易いこの権力理解は、しかし、永田が手際よく論じているように、権力を、特定の資源（実体）によって定義しているに等しい。その資源を「服従」と呼ぶならば、権力は、一方の行為者から他方の行為者に「服従」が譲渡されるような交換において、「服従」の移転と逆方向に作用することになる。この定義は、あまりにも無内容である。今、我々は、権力の何たるかを、つまり一方の行為者が他方の行為者に服従する状態とは何かを問うているのである。権力を服従によって定義するのは、循環的な定義である。

ここで問題にするに値するのは、「富＝権力説」の方だけである。富＝権力説とは、権力を、各行為者が所有する資源の総価値（言わば各主体が所有する資産、富）によって定義するものである。各行為者の報酬提供能力によって権力を定義したジョージ・ホマンズや、後に少し詳しくその理説を検討するジェイムズ・コールマンが、権力のこの種の定義を採用している。この理説は、資源の交換比率から各資源の相対価値を定義し、それをもとに各行為者が所有する資源の総価値を算定し（それは実数値によって表現されているはずだ）、その総価値をもって各個人の権力の大きさとみなす。今、行為者Aの権力の大きさをr_Aとし、iによって資源を表現し（社会内に存在する資源の総数はm個であるとしよう）、またV_iによって資源iの（均衡点における）価値を、c_{iA}によってAの資源iの所有量をそれぞれ表せば、次のような等式が成立する。

$$r_A = \sum_{i=1}^{m} c_{iA} V_i$$

そして、富＝権力説は、こうして算定された各行為者が所有する資源の総価値（権力の大きさ）の大小によって、権力関係を定義する。即ち、順序対（A,B）が、権力構造Kの要素であるとは、行為者Aの所有する資源の総価値が行為者Bの所有する資源の総価値よりも大きいことを言う。即ち、

$$r_A > r_B \leftrightarrow (A, B) \in K \quad (K：権力構造)$$

である。こうして、権力構造を、線形順序をもつ構造として描き出すことができる。

富＝権力説は、永田［1986］によれば、権力構造を一種のヒエラルキーとして構成する点において、我々の権力についての直感的な理解とよく一致する[9,10]。

しかし、また富＝権力説の見出す権力は、いくつかの点で我々の直感的な権力把握を裏切っても

いる。特に重要なのは、富＝権力説に従えば、全く相互作用をもたない行為者の間にさえも、権力が存在することになってしまうということである。ビル・ゲイツは私よりも圧倒的に多くの富を所有するかもしれないが、そのことから直ちに、ビル・ゲイツが私にとって権力者であるとは通常言わない。つまり、我々にとって、権力的な関係とは、一方の行為者が他方の行為者よりも高価な資源を所有しているということではない。

我々は、以下で、このような難点は、「権力関係」を首尾よく定義すれば、交換理論の内部で回避しうることを示すだろう。

5. 交換に伴う権力

我々は、以下のような流儀で権力を交換理論の内に書き込もう。

各行為者が所有する資源の総価値（富）は、前節で述べたような方法で既に算定されているとしよう。我々の着想は単純である。各行為者の富の総量をそのまま権力の大きさとするのではなく、具体的な交換場面に定位して、以下のようにして権力を定義する。いま行為者AとBが相互に交換関係の内にあり、両者の間で交換に付された資源の価値をr_{AB}とする（この値は容易に計算できる。AからBに移動した各資源の量に、その資源の価値をそれぞれ乗じて、それらの和を計算すればよい。交換は、定義上等価交換なので、逆にBからAに移動した資源によって計算しても同じ結果を得る）。このと

き、行為者Aの行為者Bに対する顕在的権力（または交換に伴う権力）[11]の大きさを、

$$p'_{BA} = r_{AB} / r_B$$

と定義しよう。p'_{AB}は、Aが、Bとの交換において、Bの全資源の内のどれだけをBから引き出すことができたか、を表示するものである。これが、2節で論じた他者の資源の動員能力としての権力の一つの表現であることは、見易いところであろう。さらに、「行為者Aが行為者Bに対して顕在的権力を持つ」（顕在的権力関係）ということに、次のような定義を与えることにする。

$$(A, B) \in K_1 \Longleftrightarrow p'_{BA} > p'_{AB} \quad (K_1：顕在的権力構造)$$

無論この定義から明らかなように、実際に交換が行われたときには、より高価な資源＝富を持つものが、必ず権力者の側になる。[12] しかし、これは、具体的な相互作用（交換）に即して権力を定義するものだから、相互作用がないにもかかわらず権力のみが作用する、という類の不合理を避けることができる。

具体例によって、確認しよう。5人の行為者A、B、C、D、Eが構成する社会において、次のような交換がなされているとしよう（これは、永田［1986：図6］から借用した例である。ただし、各資源の社会的総量がすべて1になるように手直ししてある）（図1）。

図1

各行為者の初期手持ち量

A
$c_{aA} = 1$

B
$c_{bB} = 1$

E
$c_{dE} = 2/7$
$c_{eE} = 1/5$

C
$c_{cC} = 1$
$c_{eC} = 4/5$

D
$c_{dD} = 5/7$
$c_{fD} = 1$

交換状況

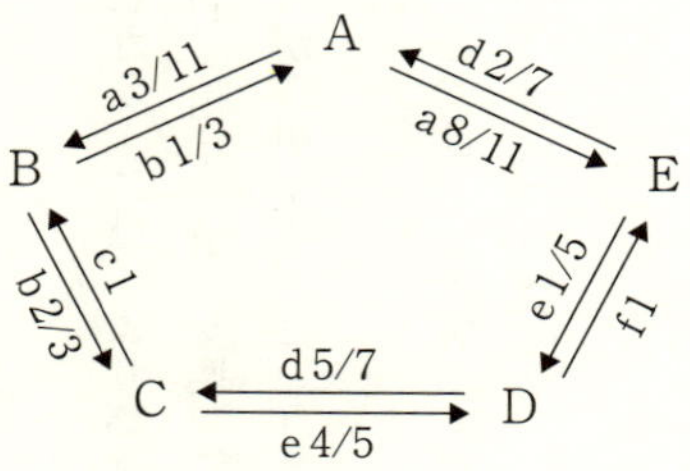

各資源の交換比率から資源a、b、c、d、e、fの価値をそれぞれ求めると、以下のようになる（但し$\sum v_i = 1$なるように正規化してある）。

$v_a = 11/84$　$v_d = 28/84$

$v_b = 9/84$　$v_e = 25/84$

$v_c = 6/84$　$v_f = 5/84$

以上から容易に各行為者が所有する資源の総価値を求めることができる。

$r_A = 11/84$　$r_D = 25/84$

$r_B = 9/84 \qquad r_E = 13/84$

$r_C = 26/84$

さて、上の手法によると、

$p'_{CB} = 3/13$

$p'_{BC} = 2/3$

となり、$p'_{BC} > p'_{CB}$ であるから

$(C, B) \in K_1$

である。このことは、BはCとの交換において自己の資源の何と$2/3$を投入するわけだが、CはBとの交換において自己の資源のたった$3/13$を注ぎ込めば、Bから欲するものを得られるということを、示している。つまりBはほとんど全身全霊を尽くしてCとの関係を維持しているのに（つまり、BはCの資源を得るのに自己の資源のほとんどを費やすことも辞さないという態度をとっているという意味で、非常に大きくCに依存しているのに）、Cの方はほんの僅かしか二人の関係に関与していない（CはBにあまり依存していない）。このような「不平等」は、CがBより富を多く持っていることの帰結である（Cの持つ資源は、Bの資源より高価であるため、Bはそれを得るのに、自己の富の多くを投入せざるをえないのである）。同様にしてこの社会の権力構造K_1を調べあげると

$$K_1 = \{(C, B), (C, D), (D, E), (E, A), (A, B)\}$$

となることがわかる。これは、単に「富」によってのみ定義される権力構造とは、明らかに様相を異にしている（永田［1986：203］に示された権力構造と比較してみよ）。この権力構造は、推移的ではない（図1のような交換関係を持つ社会では、権力構造が非推移的であるほうが、我々の直感とも一致する）。しかし、相互作用を持たない対を、権力構造の要素とすることもない[13]。

6. 交換を支える権力

【1】「片思い」現象

しかし、顕在化した相互作用（交換）からのみ権力を定義したのでは、ある意味では、各行為者の他者の資源に対する動員能力を完全に登録したことにはならない。

まず先の図1の事例を改めて観察してみよう。ここで、交換の結果をみるとCは、資源bと資源dを欲していたことがわかる。Cは、資源bをBから得、資源dをDから得ている。従って、Cは、Bに対しても、Dに対しても、ある程度依存している（もっとも、Cは、Bに対しても、Dに対しても、権力者であるが）。ところで、よくみると資源dは、Dだけではなく、Eも所有していることがわかる。Eもまた自らにとって必要な資源を所有していることを、Cは事前に知っているから、C

としては、Ｅに対しても、ある程度依存する準備があった（Ｅのｄを得るために、自らの資源の幾分かをＥに提供する準備があった）と考えてさしつかえないだろう。このようなＣの準備にも関わらず、ＣとＥの間で交換が起こらなかったのは、Ｅの方が、Ｃの所有する資源に全然関心を示さなかったからである（その結果Ｅと同じ資源を所有するＤに対するＣの依存度が高まり、ＤのＣへの権力は大きくなったのである。つまりはからずもＤが得をしたのだ[14]）。これは、ＣのＥに対する「片思い」とでも解すべき状況である。この場合ＣとＥの間に実際の交換こそ生じなかったが、Ｅは、ＣのＥに対する思い（「惚れた弱み」）につけこんでＣからその資源を引き出しうるような潜在的な権力を持っているとみなすこともできるのではないだろうか（その権力は、現実には、行使されないのだが）。しかし、先のように権力概念を定義したときには、ＣとＥに顕在的な相互作用（交換）がない以上、このような権力は、検出されないだろう。しかしながら、ＣとＥの関係は、明らかにＢとＤの関係とは異なっている。二つの関係においてはともに交換が存在しないから、先の定義のもとでは、両関係ともに権力関係をなさない。だがＢ－Ｄ関係が権力関係でないのは、関係者がともに相手の資源に端的に無関心だからであるが、Ｃ－Ｅ関係では、そうではない。ＣとＥの間には顕在的な相互作用こそ存在しなかったが、ある種の心的・潜在的な相互作用（少なくともＣのＥに対するある種の潜在的・心的関与）が存在していると考えることができるのである。このような「片思い」からくるような「権力」をも理論に反映させるには、権力をどう定義すれば良いだろうか。

【2】コールマンの理論

ここで、ジェイムズ・コールマンの理論が役に立つ。コールマンの理論は、権力を各行為者の資源の総価値によって表現するものであって、さしあたっては、富＝権力説のひとつである。しかし、我々にとってここで重要な意味を持つと思われるのは、コールマンが使用したいくつかの変数、とりわけ資源に対する関心度interestなる概念である。コールマンの理論を簡単に紹介しておこう。

コールマンの理論の中で与件として与えられているのは、行為者·jの資源·iの所有量（制御量）c_{ij}と、行為者·jの資源·iに対する関心度s_{ij}である。c_{ij}は、3節で論じたような方法で確率的に定義できる。従って、$0 \leqq c_{ij} \leqq 1$、で、$\sum_{j=1}^{n} c_{ij} = 1$となる。社会の全成員の全ての資源のそれぞれに対する所有量は、行列$C = (c_{ij})$に記録しておくことができる（Coleman [1966：1118-1122他]、白倉［1980：143-144]）。

問題は、関心度をどう定義するかである。関心度は、様々に定義しうるだろうが、ここでは、以下のような定義を採用しよう（Colcman［1966：1118-1122］参照、ただしここでは$\sum_{i=1}^{m} s_{ji} = 1$となるように正規化してある）。

$$s_{ji} = \frac{u_{ij}{}^{a} - E(u_{ij}{}^{h})}{\sum_{i=1}^{m}(u_{ij}{}^{a} - E(u_{ij}{}^{h}))}$$

ここで、$u_{ij}{}^{h}$とは、資源·iに対する関係行為の結果が選択肢hになったときの·jの効用であり、

$E(u_{ij}^b)$によって、jが交換をしなかったときの（つまり初期状態のままのときの）資源iによって得られるjの効用の主観的期待値を表す。$E(u_{ij}^b)$として別の値を使用することができるが、これが最もわかり易いだろう。資源iが結果しうる選択肢の中で、jにとって最も望ましい（大きな効用をもたらす）選択肢をaとし、そのaによって得られる効用がu_{ij}^aである。

この式の意味を簡単に説明しよう。もしjが資源iを完全に排他的に所有していれば（つまり資源iの完全な制御可能性を有していれば）、彼は、その資源iを彼にとって最も望ましい仕方で利用するに違いない。つまり彼は、資源iによって選択肢aを実現するだろう。しかし、資源iの所有が他者にも帰属しているとき（つまり資源iの制御可能性が完全ではないとき、つまり資源iを他者達と共有しているようなとき）、資源iへの関係行為が、彼にとって最も望ましい選択肢を実現するようなものになるとは限らない。他者の意向もあるからである。資源iに対するjの取り分（所有量）が現状においてごくわずかであるとすれば、彼の意思がiの利用において反映される可能性はそう高くはあるまい。jにとって関心の高い資源とは、彼が完全なる制御を獲得したときに得られるだろう効用と、現状のままの効用との差が大きいような資源である。たとえば、jが他者とともにある土地を共有しており、その土地にマンションを建てたいと非常に強く望んでいたとする。しかし土地を共有している仲間達がそれに賛同してくれる保証はない（実際、他者達はこの土地を公園にしようとしているかもしれない）。このとき、彼はこの土地に対する他者の所有量を買い取りたいと強く思うことだろう。それに対して、この土地の共有に参加しており、この土地を公園にするのが望ましいと考えているとしても、この希望がそれほど強くない者——公園にでもすれば子供が喜ぶかもしれないが、自分には子供もいないしどちらでもよい、などと考えている者——は、大きな関心を土地に対して示すとは言えない。

特に、全ての資源ｉによってもたらされる選択肢が二項的に構成されているような場合、つまり資源ｉによってある行為を為すか為さないかの二つの選択肢しか存在しないような場合には、関心度は次のように、より単純に表すこともできるだろう（Coleman［1973：71-72］）。それぞれの結果を1、2とし結果1のときのｊの効用をu_{1ij}、結果2のときのｊの効用をu_{2ij}としておく。

$$s_{ji} = \frac{|u_{1ij} - u_{2ij}|}{\sum_{i=1}^{m} |u_{1ij} - u_{2ij}|}$$

このようにして関心度を算出すれば、結果1と結果2では効用が全く異なるような者——結果1になると大いに満足するとか、莫大な損失を被ることになると判断する者——の、資源ｉに対する関心度は高く現れるはずである。

初期所有量c_{ij}と資源の価値v_iから、行為者ｊが所有する資源の総価値（富）r_jを次のようにして、算定することができる。

$$r_j = \sum_{i=1}^{m} v_i c_{ij} \quad \cdots\cdots ①$$

コールマンの理論の内では、このr_jこそ権力の大きさである。これは富＝権力説的権力把握だが、我々の採るところではない。なお、資源・iの価値v_iは、各行為者のiへの関心度と富の積を、社会の全成員について足し合わせたものであるとされる。つまり、

$$v_i = \sum_{j=1}^{n} s_{ij} r_j = \sum_{j=1}^{n} \sum_{h=1}^{m} s_{ij} v_h c_{hj} \cdots\cdots\cdots\cdots②$$

である（この式は、以下に示す均衡方程式の両辺を社会の全成員に関して足し合わせても求められる）。全資源の価値の総和（$\sum_{i=1}^{m} v_i$）さえ定めておけば（資源の価値の相対的大きさのみが有意味なので、その総和はどう定めてもかまわないが、1としておくのがわかり易いだろう）、②から、価値の大きさを決定することができる。従って、①からr_jを求めることは難しくない[15]。

コールマン［1972他］は、行為者が、比例配分行動をとると仮定している。即ち、行為者は、自らの所有する資源（富）を、自らが欲する資源を（交換を通じて）獲得するために充当するのだが、その際各資源の獲得のために充当される自身の資源（富）の量を、獲得したい資源に対する関心度の大きさに比例するように配分すると仮定するのである。つまり、次のような均衡方程式が仮定される[16]。

$$v_i c_{ij}^* = s_{ij} r_j$$

ここでc_{ij}^*は、均衡点における資源・iの行為者・jによる所有量である。

【3】交換を支える権力

コールマンの着眼、とりわけ彼の関心度の概念を借用して、他者の資源の動員能力としての権力を、交換理論の内部で定義することができる。この定義を使用すれば、「片思い」的な現象において働く権力をも記述することができる。[17]

ここで注目したいのは、各行為者の諸資源の初期所有量の行例 $C=(c_{ij})$ と各行為者のそれぞれの資源への関心度の行列 $S=(s_{ji})$ の積 SC である（j：行為者、i：資源）。この行列の $j-k$ 成分 p_{jk} は、

$$p_{jk} = \sum_{i=1}^{m} s_{ji} c_{ik} \quad (m：社会的資源の種数)$$

となる。これは、行為者 j が行為者 k の持つ資源を得るために k に提供しても良いものとして準備している資源の価値・の行為者 j の全富における比率、であると解釈することができる。言い換えれば、これは、行為者 k が自らの有する資源によって行為者 j から（潜在的に）引き出し得る資源の価値・の行為者 j の全富における比率、である。要するに、これは、行為者 k による、行為者 j の資源の潜在的な動員能力である。だから、これをもって「行為者 k の行為者 j に対する権力の大きさ」と定義することもまた、十分に合理的である。重要なことは、p_{jk} は、j の k に対する依存度の潜在的な可能性を示すものであって、現実にこの程度の依存が生ずることになるとは限らないということである。[18] だから、我々は、この場合の権力を「潜在的権力」と呼ぼう。現実の顕在的な

交換は、諸行為者が、p_{jk}に示されるような他者に対する資源提供の準備、を持っていることから生ずる。それ故、潜在的権力はまた、「交換を支える権力」と呼んでも良いだろう。また以上のSCによって定義される行列P＝(p_{jk})を「権力行列」と名付けることにしよう。この場合には、「行為者kが行為者jの潜在的権力者である」という権力関係を、

$$p_{jk} > p_{kj} \longleftrightarrow (k, j) \in K_2 \quad (K_2\text{：潜在的権力構造})$$

と定義するのが分かりやすい。jのkに対する「片思い」とは、無論$p_{jk} \neq 0$且つ$p_{kj}=0$となることである。

このように権力を定義したときには、権力行列の対角成分p_{jj}の解釈が興味深い問題として残る。これは「自己の自己自身に対する権力」であるということになる。その意味するところは、「自己自身が最初に持っていた資源に対する関心に応じて、その行為者が、自己のもとに（交換に付さずに）保蔵しておこうとしている資源の価値の（その行為者の全富における）割合」である。だから、この値が大きい行為者は、自らの関心の多くを、自己自身の資源に向けている者であり、交換関係の網の目によって成る交換理論的社会では、言わば「自律性」の程度の高い行為者であると言えよう。

特に、完全に自律的な行為者jにおいては、$p_{jj}=1$である。ところで、$\sum_{k=1}^{m} p_{jk}=1$だから、$j \neq k$であるようなk（jにとっての他者）について$p_{jk}=0$であることになる。このとき、$p_{jk} \leqq p_{kj}$となるから、jは他の多くの行為者に対して「潜在的権力」を有することになる。これは、交換理論で言

う「利害関心最小の法則」に対応する。[19]

具体例によって解説しよう。今、行為者三人、資源五個のごく単純な社会で、関心度の行列Sと初期所有量の行列Cが、それぞれ次のようになっているとしよう（この例は、永田［1985：4］から借用した）。

$$
\begin{array}{cc}
 & \text{資源}\quad 1 \qquad 2 \qquad 3 \qquad 4 \qquad 5 \\
S = & \begin{pmatrix} 0 & 0 & 0.5 & 0.5 & 0 \\ 0 & 0 & 0.4 & 0.4 & 0.2 \\ 0.2 & 0.2 & 0 & 0.4 & 0.2 \end{pmatrix} \begin{array}{c} 1 \\ 2 \\ 3 \end{array} \\
 & \text{行為者}
\end{array}
$$

$$
\begin{array}{cc}
 & \text{行為者}\quad 1 \qquad 2 \qquad 3 \\
C = & \begin{pmatrix} 1 & 0 & 0 \\ 0 & 1 & 0 \\ 0 & 0 & 1 \\ 0.1 & 0.6 & 0.3 \\ 1 & 0 & 0 \end{pmatrix} \begin{array}{c} 1 \\ 2 \\ 3 \\ 4 \\ 5 \end{array} \\
 & \text{資源}
\end{array}
$$

ここから権力行列Pを計算すると

$$P = SC = \begin{pmatrix} 0.05 & 0.30 & 0.65 \\ 0.24 & 0.24 & 0.52 \\ 0.44 & 0.44 & 0.12 \end{pmatrix}$$

となる。ここから、例えば、行為者3の行為者1に対する潜在的権力の大きさが0.65で、行為者1の行為者3に対する潜在的権力の大きさが0.44であることがわかり、行為者3を行為者1の権力者であると結論づけることができる。また、Pの対角成分から、行為者1は著しく自律性が低く、行為者2が比較的自律性が高いこともわかる。権力構造は、

$$\{(3,\ 1),\ (3,\ 2),\ (2,\ 1)\}$$

となる。

さらにいくつかの論点を付加しておこう。

我々は、行列CS(＝Q)を用いて、ある資源の他の資源に対する「権力」とでも解すべきものを定義することができる。この行列の i－j 成分 q_{ij} は、

$$q_{ij} = \sum_{k=1}^{n} c_{ik} s_{kj} \quad (n：社会成員の数)$$

である。これは、資源jを得るために動員されるべく準備されている資源iの量(価値)・の資源iの全量(全価値)における比率、である。言い換えれば、これは、全jによって(潜在的に)動

員しうる·iの量（価値）·の·iの全量（全価値）における比率、である。つまり、これは、資源·jが資源·iをどの程度支配できるかを示す数値であるから、これをもって、「資源·jの資源·iに対する資源権力」を定義しておこう。そして行列Qを「資源権力行列」と名付けよう。資源·jの資源·iに対する資源権力は、資源·iを所有する行為者の資源·jに対する関心度が大きいときに、大きくなる。この資源権力の大きさは、ある特定の資源を得たいときに、どの資源を有するのが有利か、を教えてくれる（これは、単なる高価な資源とは異なる。もし自分が高価な資源xを持っていたとしても、自らが欲する資源yを所有する行為者が、その資源xに関心を示さなければ、資源yを得ることはできないのだから。もっとも、高価な資源とは、多くの成員によってその関心（欲求）の対象となるような資源のことであるから、高価な資源を持っていることが利益につながる率は極めて高いのだが）。直前で使用した事例を取ってみると資源権力行列は、

$$Q = CS = \begin{pmatrix} 0 & 0 & 0.5 & 0.5 & 0 \\ 0 & 0 & 0.4 & 0.4 & 0.2 \\ 0.2 & 0.2 & 0 & 0.4 & 0.2 \\ 0.06 & 0.06 & 0.29 & 0.41 & 0.18 \\ 0 & 0 & 0.5 & 0.5 & 0 \end{pmatrix}$$

となる。[20]

7. 二つの権力

我々は、交換理論の内部で、権力を有意味に定義する方法を二つ提案してきた。それらは、単純に富の大きさを権力の大きさと等置するやり方よりも繊細に、我々が「権力現象」と捉える事態を記述する。二つの方法は、権力を異なる概念を使用して定義するものだが、その解釈が一種の「他者が所有する資源の動員能力」であるという点において共通している。

ここで二つの権力の関係を見るために5節で使用した事例をもう一度検討してみよう。いま、すべての行為者が自己の欲する資源の所有者を首尾よく発見し、最終状態においては、コールマンが仮定したような比例配分行動を完遂したものと仮定しよう。即ち、6節2項で示したような均衡方程式が成立するものとしよう。そこから、我々は関心度の行列Sを逆算することができる。

$$S = \begin{array}{c} \\ \\ \\ \\ \\ \\ \end{array}\begin{array}{cccccc} a & b & c & d & e & f \end{array}$$

$$S = \left(\begin{array}{cccccc} 0 & 3/11 & 0 & 8/11 & 0 & 0 \\ 1/3 & 0 & 2/3 & 0 & 0 & 0 \\ 0 & 3/13 & 0 & 10/13 & 0 & 0 \\ 0 & 0 & 0 & 0 & 1 & 0 \\ 8/13 & 0 & 0 & 0 & 0 & 5/13 \end{array}\right)\begin{array}{c} A \\ B \\ C \\ D \\ E \end{array}$$

（列：a b c d e f）

これと初期所有量とから、権力行列Pを計算する。

$$
P = SC = \begin{pmatrix} 0 & 3/11 & 0 & 40/77 & 16/77 \\ 1/3 & 0 & 2/3 & 0 & 0 \\ 0 & 3/13 & 0 & 50/91 & 20/91 \\ 0 & 0 & 4/5 & 0 & 1/5 \\ 8/13 & 0 & 0 & 5/13 & 0 \end{pmatrix}
$$

（列：A B C D E……権力者、行：A B C D E ⋮ 服従者）

（全ての行為者の「自律性」が0になるのは、この社会では、全ての行為者が、自己の初期の手持ちの資源を交換に費やしてしまい自己のために保蔵しない――つまり必要な資源を全て他者から得ている――からである。あるいは、少なくとも、交換に付される資源しか記録されていないからである。）この権力行列をもとに、この社会の潜在的権力構造K_2を抽出すると、次のようになる。

$$K_2 = \{(E,C),(C,B),(C,D),(D,E),(D,A),(A,E),(A,B)\}$$

これを5節で求めた顕在的権力構造と比べてみるとおもしろい。K_2には、K_1と異なり、「片思い」より生ずる権力関係〔(E, C)、(D, A)〕が含まれている。K_1の下では、最も多くの富を持つCは他の行為者への「服従者」として現れることはないが、K_2の下では、このようなCの「絶対性」は失われている〔(E, C)〕。こういうことは、よくあることである――専制的な君主が、特定の女性にだけは頭が上がらないときなど。（但し、Cに対する権力者たるEの権力とて絶対的ではない（A, E)、

(D, E)。)

我々は、「潜在的権力」の概念が記述力を特に発揮する状況は、「片思い」関係であると述べた。「片思い」は、最も極端な例だが、通常の交換関係は、殆どの場合、多かれ少なかれ「片思い」的要素を持つといえるだろう。交換に関与する双方の当事者の欲求（関心の内容）が完全に「噛み合う」――相手Bが、自己Aの欲する（関心の対象となっている）資源bを有し、且つ（相手Bが資源bを手放すにあたって）その資源bを得るために自己Aが支払ってもよいとして準備している資源（自己Aにとっての関心度の低い資源）aを自己Aが準備している量より多くはない量だけ・相手Bが資源bの対価として欲している（Bの関心の対象になっている）、という条件が双方の当事者にとって成立している――ことは、むしろ稀であると考えるべきである。特に行為者の数が多く、資源の種類も多様であり、しかも個々の行為者が所有する資源が特殊な資源に特化しているような場合には、このような都合のよい条件が成立することは、殆ど望めない。片思いとは、相手が自己の欲する資源を持つのだが、相手がその資源の対価として無限大の量の自己の資源を要求しているときであると、と見倣すことができる。大抵の交換は、自己にとってこの「片思い」程絶望的ではないにせよ、相手は、自己の欲する相手の資源の対価として自己が準備しているよりも多くの量を要求するから（つまり相手は、自己の資源をそう高価なものとして評価してくれないから）、自己は、自己の準備している資源の量に見合う分だけ相手の資源を獲得することで、満足せざるをえない（つまり自己は欲求不満である）。このように、交換は、多くの場合片思い的要素を含むが、そのような契機から生ずる「権力」は、「顕在的権力」の内には勘案されていないことになる。欲求不満であるということは、本当は相手の資源をもっと欲しい（もっと「値下げ」して欲しい、つまりもっと自己の資源の価値を高く評価して欲しい）、ということである。このような相手に対する依存心からくる（相手の自己への）権力をも算入したのが「潜在的権力」である。「潜在的権力」の概念は、完全な片思い状況でなくても、交換に片思い的側面がある限り力を発揮するだろう。

厳密に言えば条件、

$$r_k p_{kj} = r_j p_{jk} \quad \cdots\cdots③$$

が、全ての行為者の対に関して満たされているときに限って、顕在的権力と潜在的権力は（全ての行為者の対に関して）一致する。左辺は、行為者kがjから欲する資源の価値（従ってkがjに支払う準備のある資源の価値）を表現している。つまり、この条件は、一方の交換当事者が、他方の当事者から欲する資源の価値が、他方の交換当事者が支払うべく準備している資源の価値に一致するような状況を表現している。このような状況がすべての行為者の対に関して成立しているとき、両者の間に、まさに$r_k p_{kj}$（または$r_j p_{jk}$）に一致する交換が成立するから、顕在的権力の大きさは、

$$p'_{kj} = r_k p_{kj} / r_k = p_{kj}$$
$$p'_{jk} = r_j p_{jk} / r_j = p_{jk}$$

となる。

行為者が二人しかいないような最も単純な社会では、この条件は、必ず満たされている。このことを、簡単に証明してみよう。

証明）

$$r_1 p_{12} = r_2 p_{21}$$

を示せば良い。ここで$R=(r_1, r_2)$とすると、次の関係が成り立つ。

$$R = RP$$

$$r_1 + r_2 = 1$$

これを、$1 - p_{11} = p_{12}$であることに注意して解けば、

$$r_1 = p_{21} / (p_{12} + p_{21})$$

$$r_2 = p_{12} / (p_{12} + p_{21})$$

である。故に、

$$r_1 p_{12} = p_{12} p_{21} / (p_{12} + p_{21}) = r_2 p_{21}$$

（証明終わり）

これは、意外な結論だと言える。というのも、二人関係においては、「片思い」は生じないという

ことを意味しているのだから。「片思い」的な要素は、三人以上の参加者があるような関係において初めて生ずるのである。

③を満足しないような交換は、全て幾分かは「片思い」的であり、このような交換の全てにおいて、潜在的権力は顕在的権力から独立した固有の意味を持つはずだ[21]。

しかし、いかなる場合も「潜在的権力」の概念の方が、「顕在的権力」の概念よりも優れている、と考えるべきではない。第一に、潜在的権力は、関心度のような、そして結局「効用」のような、正体のはっきりしない、いかがわしい概念に依存しないと定義できない。我々はコールマンに倣って関心度を定義するとき、ある選択肢と別の選択肢の効用の差をとったり、その相対的な大きさ（無論一人の個人の内部でのものだが）を求めたりしたが、このような計算が有意味かどうかさえも疑わしい。効用については、せいぜい序数的な性質のみを仮定すべきだとも言いうるのだから。それに対して顕在的権力は、このようないかがわしい概念に依存せずに決定できる。第二に、「片思い」は、結局、現実化しない（潜在的である）。言い換えれば、「片思い」的な相手への依存心（思慕）に応じた権力は、（行使可能ではあっても）実際には、行使されないのである。してみれば、「顕在的権力」の方が、現に行使されている権力をよく反映していると、見なすことができる。5節と本節で使用した事例を想起してほしい。「潜在的権力」に即するならば、AはEに対する権力者であるが、「顕在的権力」からすれば、Eの方がAに対する権力者になる。Eが権力者になったのは、AのDへの「片思い」の結果であるにせよ、現実には、EがAの富の多くの部分を差し向けさせていることは間違いない。「潜在的権力」は、この現に生じている事実を取り逃がすことになる。

注

1 マルクスは、貨幣のことを「最も急進的な平等主義者」と表現した。貨幣との関連で、諸々の商品が、「平等」に扱われうるからである。

2 橋爪［1985：137-143］参照。

3 我々は、ある種の条件を付加することによって、「個人主義的・個別決定的な理論」に、ヴェーバー的な権力を整合的に組み込むことが可能であると考えている。そのポイントは、行為者間の相互的な予期の概念を理論の中に組み込むことである。このようにして構築された権力論は、ヴェーバーの権力概念とルーマンの権力概念の意外な繋がりを剔出することになる。それは、本章で展開される権力論とは全く別のものである。

4 権力をダイアド関係に関するものとして定義するのは、直前で見たようにヴェーバーの権力の理解の特徴である。この意味で、我々の権力の定義は、ヴェーバー的な定義とパーソンズ的な定義の折衷であるとも言える。

5 吉田［1981］は、多くの検討に値する興味深い見解を提供している。なお、そこで吉田は、所有を社会的制御能一般と等置せず、いくつかの条件によって特定される社会的制御能の部分集合と見なしている。ここでは、本文で述べるような条件を別にすれば、議論の単純化のためにこのような特定化は無視する。

6 実は、これは、コールマンが事象に対する制御と呼んだものと同じである（Coleman［1973：61-70］）。我々は、後にコールマンの理論に論及することになるだろう。今、行為者jの資源iの所有量をc_{ij}で表し、社会成員の数をnとすれば$\sum_{j=1}^{n} c_{ij}=1$となる。

7 但し、二つの確率（意思を持っているときのi_0の出現確率と意思を持っていないときのi_0の出現確率）の差異が、技術的な要因によってではなく、社会的な要因、即ち制度や（社会）規範によってもたらされる場合のみが所有である。資源iによってある結果をもたらすこと——たとえば資源iを売却すること——が、特定の行為者（達）にのみ許容されているような場合、ここで問題にしたような二つの確率に差異が生ずる。

8　無論、現実には、所有（制御能）の内容が、支配能に限定されている場合、支配能に支配－帰属能を伴う場合、支配能に支配－帰属能と帰属－帰属能を伴う場合、の三つの場合がある。吉田民人はそれぞれ制御能領域の一階性、二階性、三階性と名付けているが、ここでは議論の単純化のために制御能領域が三階性のもののみを扱おうというわけである。

9　我々のみるところ、権力構造は、必ずしもヒエラルキーを成しているとは言えない。なるほど、組織などの地位関係に支持された権力構造は、ヒエラルキー構造を形成しているだろう。しかし、A（子供）に対して権力者として振る舞うB（母親）・に対して権力者であるC（父親）が、A（子供）の言うことだけはきくといった現象は、決してめずらしくない。

10　永田［1986］は、社会の中に複数の「市場」が存在している場合には、富＝権力説が描き出す権力構造が必ずしもヒエラルキーをなさないという事実を指摘することによって、富＝権力説に否定的な評価を与えているが、これは富＝権力説に対する公正な評価とは言えない。社会を交換的な相互作用の集合とみなす交換理論にとって、異なる「市場」は、——たとえ構成メンバーの一部または全体が合致していたとしても——そもそも異なる「社会」なのである。異なる社会には、異なる権力構造が割り当てられて然るべきである。たとえば、会社における上司が、近隣関係の組織の中では、従属的な位置にあるかもしれない。

11　これを「顕在的」と形容するのは後に論ずるもう一つの権力と区別するためである。

12　ならば各行為者の有する富の大きさだけを算出し、実際の交換が生じた対に関してのみ当事者間の富の大小を比較して、権力構造の要素として登録すれば良い、と考える者もいるだろう。確かにこの単純な方法によっても、同一の権力構造を得ることができる。しかしこの単純化した方法は、明らかに我々の提案した方法よりも劣っている。単純化した方法では、各行為者に割り振られる実数値（富の大きさ）が、まさに権力が行使されている現場たるこの交換そのものにとって何を意味するかの解釈を欠いている。我々の方法では、各行為者に割り振られた実数値が、有意味な解釈を持つ。

13 p'_{BC}がBの交換への依存度を表しているということに、疑問を持つ者もあるだろう。p'_{BC}が小さくとも、その限界効用が高いということもありうるからだ。この疑問は、もっともな疑問だが、ここではこれ以上この問題をつきつめることはやめておこう。

14 A、D、Eの三者の関係は、もっと劇的である。C、D、E三者の関係では、CのEへの「思い」の挫折が、Dに有利に作用するとは言え、CがDの権力者であることには変わりはない（CのDへの依存度は、かなり高くなるのだが）。A、D、Eの三者関係では、AがDに対して「片思い」的関係にあり、Aの挫折は、Eに有利に作用して、もしAのDへの思慕が成就していればAに対する「服従者」になっていたところのEは、「実際には」Aに対する権力者になっている。これらのことは7節で明らかになる。

15 このように各資源の価値や各行為者の富の大きさを定義しておくと、いくつかの興味深い定理を証明することができる。その内のいくつかを、示しておこう。

i. n人の行為者・n種類の資源が存在する社会で、n人の行為者がn個の異なる種類の資源をそれぞれ一種類ずつ独占的に所有しており、各行為者が自らが所有する資源に対してのみ関心を示すような状況においては、各資源の価値は決定不能である。

証明）仮定の条件が満たされているとき、行為者と資源の順番を適当に配列すれば、初期所有量の行列Cおよび関心度の行列Sを次のように表すことができる。

$$C = \begin{pmatrix} 1 & 0 & 0 & \dots & 0 \\ 0 & 1 & 0 & \dots & 0 \\ 0 & 0 & 1 & \dots & 0 \\ \cdots & \cdots & \cdots & \cdots & \cdots \\ 0 & 0 & 0 & \dots & 1 \end{pmatrix} \qquad S = \begin{pmatrix} 1 & 0 & 0 & \dots & 0 \\ 0 & 1 & 0 & \dots & 0 \\ 0 & 0 & 1 & \dots & 0 \\ \cdots & \cdots & \cdots & \cdots & \cdots \\ 0 & 0 & 0 & \dots & 1 \end{pmatrix}$$

各資源の価値を成分するベクトルを$V=(v_1, v_2, v_3, \dots\ v_n)$とすれば、次のような関係が成立する。

$V = VCS$ （本文の②より）

$\quad = V$ （上記のCとSを代入する）

これは恒等式である。即ち、Vの各成分であるv_iが1以下のいかなる値を取るかを決定することができない。

（証明終わり）

この定理の含意は、自己自身の関心のみによって、自己が所有する資源の価値を決定できないということである。即ち、自己の所有物の価値を、ただ自己だけの判断によって社会的に有意味なものとしてもたらしえない（他者が自己の資源に対して関心を示しているときには、その資源の社会的価値を決定することができるにも関わらず）。この定理を一般化したものが、次の定理である。

ii．すべての資源がいずれかの行為者に独占的に所有されており、且つ資源を独占的に所有している行為者は自らが所有する資源に対してのみ関心を持っているとする。このとき、同一の行為者に所有されている資源が、その行為者の関心度に比例した価値を持つということを別にすれば、各資源の相対的な大きさを決定することはできない。即ち、異なる行為者の所有する資源の間で価値を比較することができない。従って、資源を所有する行為者の富の大きさを決定することができない（資源を持たない者の富の大きさは0である）。

この定理の証明は省略するが、非常に容易である。さらに次のような定理を証明することができる。

iii．n人で構成される社会で、n－1人の行為者がそれぞれ少なくとも一種類の資源を独占的に所有しており、そのn－1人はそれぞれが独占的に所有する資源に対してのみ関心を持っているとする。さらに残りの一人は、自らが独占的に所有している資源以外の資源に対しても関心を持っているとする（この一人は特別の資源を必ずしも独占的に所有していなくてもよい、いずれにせよ、他者が所有する資源に対しても関心を持っている）。このとき、この特別な一人が所有する資源の価値は0であり、他のn－1人のそれぞれが独占的に所有している資源の価値は、決定不能である（但し、社会構成員が全部で二人であるような場合には、資源の価値の総和を1に定めてあるので、独占された資源の価値は1になる）。

略証）n－1人の行為者の各々が独占的に所有する資源の種類が、それぞれ一種類の場合のみを証明しよう。このとき、所有量の行列Cと関心度の行列Sとは、次のようになる（ここでは、他者の資源に対しても関心を示す特別な行為者をnにしてある、このことは証明の一般性を損なわない）。

$$C = \begin{pmatrix} 1 & 0 & 0 & \dots & 0 \\ 0 & 1 & 0 & \dots & 0 \\ 0 & 0 & 1 & \dots & 0 \\ \dots & \dots & \dots & \dots & \dots \\ c_{n1} & c_{n2} & c_{n3} & \dots & c_{nn} \end{pmatrix} \qquad S = \begin{pmatrix} 1 & 0 & 0 & \dots & 0 \\ 0 & 1 & 0 & \dots & 0 \\ 0 & 0 & 1 & \dots & 0 \\ \dots & \dots & \dots & \dots & \dots \\ s_{n1} & s_{n2} & s_{n3} & \dots & s_{nn} \end{pmatrix}$$

$$(s_{n1}{}^2 + s_{n2}{}^2 + \dots + s_{n \bullet n-1}{}^2 \neq 0)$$

これより資源の価値を求める。

$$V = VCS = V(v_1 + v_n (c_{n1} + s_{n1} c_{nn}),\ v_2 + v_n (c_{n2} + s_{n2} c_{nn}),\ \dots\dots\dots\dots,\ v_n c_{nn} s_{nn})$$

以上より、$v_n = 0$となる。nが所有する資源は資源nのみだから、nの富の大きさは0である。また資源n以外の資源に関してはその価値を決定できない。従って、n以外の行為者の富の大きさを決定できない。

（証明終わり）

この定理は、他の全ての構成員が自らの資源にしか関心を示さないときには、他者の資源に関心を示す行為者は、最も損をするということを意味している。

16　比例配分行動は、効用の極大化行動とは異なることに注意せよ（白倉［1980：151-154］）。

17　コールマン自身は、ここで述べるような仕方で権力を定義していない。前項で見たように、彼が定義する権力は、各行為者の富の総量のことにほかならない。

18　p_{jk}の値は、jの・kが所有する資源に対する関心度から算出されたものであり、kの方がjの所有する資源に関心を持っているということは、保証されていないからである。だから、kがjの資源に全く関心を示さず両者の間の交換が成立しないかもしれない。また仮にkがjの資源に関心を示したとしても、その関心の強度はさほど大きくなく、実際に交換された資源の価値が$r_j p_{jk}$よりも低い水準に留まることもありうる。さらにまた、jがk以外の行為者lから得ようとしていた資源を得ることができず（jのlへの片思い）、しかもjが欲するlの資源と同一の資源をkが所有していたことから、jのkへの依存の度合がより一層高まり、その結果$r_j p_{jk}$よりも多くの資源がjとkの間で交わされることもあるはずだ（7節参照）。

19　この部分は、志田基与師、永田えり子両氏の指摘による。

20　以上のような着想を得てからコールマンの論文を読み直してみて、彼自身も、行列SCやCSを特定の文脈で利用していることを知った。但し、彼は、これを本稿のように「権力」と解釈しているわけではない。彼は、行為者間の相互依存関係の強度、資源間の関係の強度を示すものとして、これらの行列を使用している。詳しくはColeman [1973 : 72-77] 参照。

21　各行為者は、自らが所有する富の大きさを上回るような大きさの富を要求するわけではない。各行為者が他者に対して要求する資源の価値総額は、彼の全富の中から彼自らのために保蔵する分を引いた差額に等しい。各行為者nが所有する資源i（の総価値）から、n以外の者がnから欲する資源i（の価値額）を差し引くと次のようになる。

$$v_i c_{in} - \sum_{k=1}^{n-1} r_k s_{ki} c_{in} = c_{in}\left(\sum_{k=1}^{n} r_k s_{ki} - \sum_{k=1}^{n-1} r_k s_{ki}\right) \quad (v_i\text{の定義より})$$
$$= c_{in} r_n s_{ni}$$
$$= r_n p_{nn}$$

このことは、他者が欲する分だけ差し引いた資源iの残高は、丁度nが自身のために保蔵しておきたいと見做していた資源iの価値額に等しいことを意味する。このような関係は、全ての資源に関して成り立つ。だから、彼の全富から、他者が彼から欲している価値額を引いたものは、彼が自分用に保蔵しておきたいと見做していた彼の富の部分に等しいことになる。ところで、彼の全富から彼自身が自分用に取っておこうとしている資源の価値額を差し引いた値とは、彼が交換用に予定している資源の価値額であり、結局、彼が他者から得たいと考えている資源の価値額である。

そこで、いま全ての行為者に、自らが他者から欲しているだけの資源を取ることを許容したとしよう（無論、それは彼自身の富の大きさと関心度と他者のその資源の所有量に応じたものでなくてはならない）。そうしたとしても、全ての行為者は、自分用の資源の取り分を侵されることは決してなく、また他者に取られた資源に等しい額の資源を他者から取得できることになる。また、各個別の関係をとれば、一方の取り分が他方の取り分を上回ることもあるだろうが、各行為者の収支は、黒字が赤字を相殺し、常に均等することになるはずである。だから、超越的な第三者の如きものが、全ての交換を全体として眺め、個々の行為者が個別の交換における赤字・黒字にこだわらずに交換できるように調整すれば、全ての行為者は得たいだけの資源を得ることができる。このときには、顕在的権力と潜在的権力は完全に一致する。

このような調整者が存在しなくとも、同じような効果を、債券による取引、例えば信用取引のようなものを許容した場合にも得られる。他者に与えすぎた分（つまり他者の赤字）を、他者が別の交換における黒字によって、必ず返済してくれるだろう、と信ずることができれば、人は個々の黒字・赤字にこだわらずに交換するだろうから。しかし、このようなことは、物々交換経済に近いこのような交換理論的な社会では、あまり望めない。というのも、このような社会では、個々の行為者の欲求は、特定の具体的な資源に差し向けられているからである。つまり他者に与えすぎた分がやがて他者の黒字によって相殺されるだろう、と考えても、その「他者の黒字分」が、自らにとって欲求対象であるような資源でなくては彼にとって意味がないが、このことは必ずしも保証されないのである。

このような困難は、「貨幣」のようなものが存在すれば、克服される。貨幣とは、次のような奇妙な諸性質を有している特別な「資源」でなくてはならない。第一に、全ての資源は、その価値の大きさに応じて、貨幣に変換できなくてはならず、あらゆる資源への欲求は、貨幣への欲求に代替できなくてはならない（貨幣の一般性）。第二に、貨幣は、個々の資源と同列の水準で欲求されているわけではない（もしそうであれば、貨幣という特別な資源を導入した意味が失われてしまう）。つまり、貨幣は、個々の資源への具体的な欲求を代替＝代表するのだが、それ自身は、個々の資源が具体的な欲求の最縮的な充足対象であるのとは対照的に、最終的な欲求対象ではない（貨幣の抽象性）。

このような貨幣が存在すれば、人は資源の具体的形態を恐れずに、債券への給付を常に貨幣の形態で要請すればよいのである。

しかし、おそらく貨幣の導入は、この平和的な交換的社会に新たな問題を導入する端緒でもあろう。というのも、人は、貨幣を最終的な欲求対象として扱うこともできるからである。貨幣への欲求とは、欲求の一般性への欲求、欲求することの欲求である。これがもたらす奇妙な帰結の分析は、別の機会に譲らざるをえない。

　最後に、永田えり子の議論に対する私の見解を述べておこう。永田［1987］は、交換理論の中に生産の概念を導入することによって権力を定義しようとする。そこでは、権力関係は、一方が他方よりも多くの利潤を得るような関係であるとされる。この議論に対する私の基本的な疑問は二つである。

第一に、なぜ利潤を得るような関係が「権力」と呼ばれるのか。無論、定義は理論の中でいかようにも与え得る。その意味でこの権力の定義が「誤っている」わけではない。がしかし、権力の定義が有意義であるためには、それが我々の直感的な権力に関する把握をなんらかの意味で反映していなくてはなるまい。では「利潤の取得」が、なんらかの意味で権力的であるといえるだろうか。

ここでマルクスの理論を想起する者も多いだろう。マルクスの理論によれば、ある種の「利潤」（剰余価値）の取得が、一種の「権力の行使」（搾取）である。剰余価値の取得が搾取でもあるのは、そこになんらかの不等価交換や「盗み」があったからではない。それは、労働力という特殊な商品の存在に起因する。マルクス理論の教科書的な理解に従えば、労働力は唯一の価値を生む商品であり、生産過程において、自らの再生産費（この分だけ資本家は労働者に支払えば良い）以上の価値を産み出してしまう。この再生産費に対する超過分が、剰余価値である。剰余価値の取得が同時に搾取でもあるのは、それが、このように労働力の購買・使用に依存している（と見做されている）からである。この労働力商品に対応するような特殊な要素は、永田の理論の中にはない。いずれにせよ、利潤の取得が権力行使の一種だと言いうるかどうかは、利潤が創造される機制についての理解に依存する。

だから、第二の疑問は、利潤はいかにして生まれるかである。通常、交換理論的な世界の中では利潤は生まれない。定義上、交換は全て等価交換だからである。10円の物を得るためには10円の物を失わなければならないのである。にも関わらず利潤が生ずるとしたらそれはいかにしてか。永田はその論文の中で、利潤創出の機制については何も語っていないように思われる。提供されている例を検討してみよう。この例の中で、私が非常に奇妙に思うのは、Aが「秘密」という知識の（他の）使用を放棄したことの犠牲が、コストの計算に入っていないことである。この例では「秘密」による「ゆすり」という想定がいかにも権力的な関係を暗示しているように見えるので、敢えて別の例に変えてみよう――別に「秘密」である必然性は何もないのだから。今Aが、たまたま道端で「林檎」を拾ったとしよう。「林檎」はBの大好物である。「林檎」を与えることの対価として、Bは喜んで労働奉仕をするだろう。この交換状況におけるAのコストを永田流の計算で出してみると、Aは、ただ林檎を入れる箱やBへの連絡の費用のみを失ったことになる。しかし、Aは林檎をBに与えてしまったのだが、その分は計算に入れなくてもよいのだろうか。確かに、Aは林檎をただで拾ったのだから、それで良いとも言える。がしかし、よく考えてみよう。すべての交換当事者は、初期所有量だけは、「ただで」手に入れるのである。そして、ことになろう。そして、交換においてひとはこの初期所有量に相当する分までは、他者から何かを獲得しうる。だが、このとき交換当事者は交換において何も失わなかったとは通常言わない。だが、永田の計算に従えば、初期所有の　量を誰かと交換したすべての者は、何も失わずに他者から得ていることになってしまう。結局、すべて者は、初期の手持ち分だけは、「ただで」手に入れているということとの比較からすれば、交換から得られた分だけの「利潤」を得たとも言えなくはない（先の永田の例における「秘密」や私の例における「林檎」は偶然的にある当事者の所有の下に投入されるのだから、その与えられ方は、初期所有分と同様である）。しかし、いずれにせよ、通常、この種の交換で「利潤」を得たとは言わない。つまり、先の「秘密」の例では、通常の言い方からすればAは何も利潤を得ていない。もし、ここで利潤が生じているならば、「林檎」の例でも利潤が生じていると言わなくてはならないし、そして何よりも初期所有量を交換する任意の交換が利潤を産み出している初期所有分同士の交換は、無論等価交換なので、ここから得られる「利潤」は常に均等してしまう（つまり永田が期待するような「権力」は生じない）。

文献

Blau, P. M.　1964　*Exchange and Power in Social Life*, Wiley. = 1974　間場・居安・塩原訳『交換と権力』新曜社.

Coleman, J. S.　1966　"The Possibility of a Socil Welfare Function", *American Economic Review*, vol.57, pp.1105–1122.

――――　1972　"System of Social Exchange", *Journal of Mathematical Sociology*, No.6, pp.15–163.

——— 1973 *The Mathematics of Collective Oction*, Chicago, Aldine.
橋爪大三郎1985 『言語ゲームと社会理論』 勁草書房。
Homans, G. C. 1974 *Social Behavior*, Harcourt Brace Jovanovich. = 1978 橋本訳『社会行動』 誠信書房。
永田えり子1985 「『交換と権力』再考」(未発表)。
——— 1986 「交換と権力のヒエラルキー」『ソシオロゴス』10号、一九六－二〇八頁。
——— 1987 「交換の論理・権力の論理」『ソシオロゴス』11号。
Parsons, T. (with Smelser, N. J.) 1956 *Economy and Society : a Study in the Integration of Economic and Social Theory*, London, Routledge and Kagel Paul Ltd. = 1958, 1959 富永健一訳『経済と社会Ⅰ・Ⅱ』岩波書店。
志田基与師1987 「個人主義的権力理論の可能性―社会的選択理論を用いて」『ソシオロゴス』11号。
白倉幸男 1979 「集合的決定の社会学的分析 (上)」『現代社会学』6巻2号、一四五－一八二頁。
——— 1980 「集合的決定の社会学的分析 (下)」『現代社会学』7巻1号、一四〇－一八三頁。
Weber, M. 1921 “Sogiologische Grundbegiffe”, *Wirtschaft und Gesellschalt*, J. C. B. Mohr, Tubingen : 1, 1-30 = 1968 阿閉吉男・内藤莞爾訳『社会学の基礎概念』 角川書店。
吉田民人 1981 「所有構造の理論」安田三郎・塩原勉・富永健一・吉田民人編『基礎社会学Ⅳ、社会構』 東洋経済新報社。

交換理論について

社会学の理論的な立場のひとつに、交換理論と呼ばれる考え方がある。交換理論は、行為者間の相互作用の一般を、広い意味での財（価値あるもの）——本文ではこれを「資源」と呼んでいる——の交換として捉える理論だ。

第4章は、この理論の前提をすべて引き受けたとき、権力がどのように記述できるのかについて論じている。交換理論は、当初から権力現象に深い関心を寄せてきた。しかし、交換は定義上、互酬的であるため、権力のような非対称的な関係に応用することは困難である。いや、それは不可能であるようにさえ見える。

だが、各行為者が所有する財＝資源の価値を与件とはせず、交換を求める他者のその資源への関心によって規定されていると考えたとき、要するに、価値もまた交換（への欲求）から発生すると見なしたとき、交換理論の枠内で、権力を記述することができることを示したのが、第4章である。この場合、個人Aが他者Bに対してもっている権力は、Bに所属する資源に対するAの動員能力として定義されている。

第4章のもとになった論文を発表したとき、交換理論の専門家から多くの好意的なコメントをもらった。このことが、本書にこの論文を収録した理由のひとつでもある。数学が使われているが、それほど難しくはない（高校二年生程度）。

この論文を書いたとき、自分でも意外な発見があった。いわゆる「片思い」の関係は、二人しか存在しない世界では生じない、というのがその発見である。片思いは、三人以上が存在する世界の中でしかありえないのだ。片思い、つまりAがBを強く求めているが、BがAをそれほど求めてはいないような関係は、純粋に二人だけの問題であると、普通は考えられている。しかし、少なくとも交換理論の枠組みを採用したときには、二人だけの関係には、片思い的な非対称性は宿らない。片思いは、それに直接関与している二人だけのことであるように見えるが、これら二人の外部に第三者がいることを前提にしてのみ生ずることである。要するに片思いは潜在的な三者関係である。

第5章 脳科学の社会的含意

1. 内部と外部の界面

【1】内部観測と外部観測の乖離

システム理論に、内部観測／外部観測という区別がある。[1] 外部観測とは、システムの外部に視点を据えたシステムの観測であり、内部観測とは、システムの内側、システムの要素の観点からシステム自身を捉えたときの観測の様態である。

振り返ってみれば、内部観測と外部観測の乖離と関係の問題は、今日、すべての科学に浸透した主題となっている。たとえば、物理学の最も基礎をなしている理論を考えてみよう。そこには、相対性理論と量子力学がある。それらは、どちらも内部観測と外部観測の絡まり（の不可能性）の問題だと解することができる。たとえば、アインシュタインは、まだ十代の頃、光の観点から光を観測したときに光がどのように現れるだろうか――つまり光と一緒に移動している者にとって光がどのように見えるだろうか――という思考実験を行い、やがて成人してから相対性理論についての着想を得た。光は波動だから、もし光とともに移動することができれば、そのときには、光は単振動（前には進まない垂直の振動）に見えるはずだ。それは、光の観点からの内部観測の像を思い描くものだった。しかし、後年、光速は速度の絶対的な上限を画していて、どのような物体も原理的にそこに追い着くことができないと仮定することから、相対性理論が導出された。したがって、相対性理論の含意は、内部観測の不可能性にある。

量子力学は逆である。詳論はできないが、量子力学の不思議なところは、光子や電子が、まるで自分たち自身が外部から観測されているかどうかを、現象の内側から観測し、知っているかのように振る舞う点にある。量子力学の含意は、真理は内部観測に（のみ）ある、ということである。

現代物理学の基礎には、相対性理論と量子力学がある。しかし、二つの理論は互いに矛盾していて、統一的な像を得ることができない。現代の基礎物理学の中心は、両者をどのように架橋するかにある。たとえば、超ひも理論は、素粒子を振動するひもや輪のようなものとして捉えることで、両理論を統一しようとする試みのひとつである（それはほんとうに成功するかまだわからない）。相対性理論と量子力学との間の矛盾は、「観測」という平面では、次のように言い換えることができるのではないか。前者は、内部観測を排除しており（外部観測だけが可能）、後者は、外部観測を排除している（内部観測だけ残る）、と。二つの理論の間の不整合は、二種類の観測の間の乖離に帰着する。

内部と外部のギャップという主題は、数学にもある。たとえば、二〇世紀前半にゲーデルによって証明された不完全性定理が、そうした主題のひとつの表現である。無矛盾な論理のシステムが、その内部においてその無矛盾性を証明することができない（システムの無矛盾性を含意する命題を入れておいたとしても、それを証明することはできない）、つまり内部観測したときにはそのシステムの一貫性を捉えることができない、というのがこの定理の含意である。逆に言えば、外部から観測すれば、そのシステムは整合的なものに見えるということでもある。ゲーデルの定理は、内部観測と外部観測の消去不可能な差異の最も一般的な表現である。「内部観測／外部観測」の区別を適用すれば、現代の物理学の基礎理論と数学の基礎理論とは、同じことを別の角度から指し示していると解することもできるのだ。

【2】内部観測から外部観測へ

このように、内部観測と外部観測との乖離は、今日、科学に通底する主題である。しかし、対象が主観的経験そのものである場合には、もう一段階の複雑さが、その主題に付け加わることになる。主観的経験そのものが対象となっている科学とは、たとえば心理学であり、さらに社会学をはじめとする社会科学である。これらの学問において対象となっている主観的経験は、それ自体、すでに内部観測そのものである。言い換えれば、ある意味で、ここでは、内部観測自体が外部にさらされていると言うことができる。内部観測が、直接に外部観測されるような表面となっているのである。主観的経験を扱う諸学における、内部観測と外部観測との間のこうした関係は、「ルビンの杯」のような図／地反転を連想させる。内部観測として見えていた同じものが、外部観測の産物として捉え直されるのである。ここでは、内部→外部、内部観測→外部観測というベクトルが基本である。というのも、それらの学問は、個人または個人の集合の主観的経験を、心理的、社会的、あるいはときに物理的な因果関係の中で説明するものだからである。すなわち、それらは、内部観測の経験それ自体を、外部観測によって捉えられる諸事象の関係の中で説明することを志向しているのである。

【3】外部観測から内部観測へ

同じ経路を逆方向に移動する学問が、ひとつだけある。外部→内部というベクトルを辿る学問もあるのだ。脳科学がそれである。

そこでは、まず、外部観測によって得られる諸結果がある。最初に、ニューロン等の諸事物の間の物理・化学的な因果関係の連鎖がある。その因果連鎖が、脳を宿す身体＝有機体の、何らかの主観的な経験と対応づけられる。このことによって、客観的に外部から観測された物質的な因果関係が、その有機体の主観的な経験であると解釈し直されるのである。たとえば、前頭葉内側部の脳波を示す電位に変化が現われたときには、常に、身体の「所有者」が、自分の行為の結果を成功または失敗と評価していることがわかる。つまり、前頭葉内側部の脳波の変化として看取される脳内の物質的な因果関係が、行為の自己評価の経験（「うまくいった」とか「うまくいかなかった」といった判断）を意味するものとして解釈し直されるのだ。こうした解釈の転換がなければ、脳科学には、他の経験科学と比して、何の特権性もない。

ここで少しばかり興味を惹かずにおかない事実は、内部と外部の間のこうした移動は、決して対照的ではない、ということである。すなわち、脳科学に見られる「外部→内部」（②）は、前項で見た――心理学や社会科学における――「内部→外部」（①）を単純に逆方向から辿ったということではない。

この点は、次のようなことを考えると、直感的に理解することができる。①の方向を有する説明が成功した場合には、われわれは、身体の内部には、決して、自己とか自我とか、あるいはコギトといったような実体などはなく、それは、因果律に従う生理的あるいは心理的な事実に過ぎないということを確認させられる。たとえば、ある政治的な意見は、当事者には自らの主体的な判断の産物として経験されているが、実際には、特定の階級関係や歴史的状況に規定されていることが実証されたりする。このように、①の説明は、身体に内在する主体性の核が解消されたとき、真に成功したものと見なされる。

それに対して、②、すなわち脳科学が採用している説明はそうではない。こちらでは、内的な主体性・主観性の核は、決して消え去ることはない。それが無化されてしまえば、今しがた述べたように、脳科学の特権性、脳科学が脳科学であることによって得ている特殊性は、完全に失われてしまうだろう。脳科学が前提にしていること、それは、SFやホラー映画の中で頻繁に描かれてきた、ある恐ろしい場面で登場人物たちが――同時に視聴者が――発見することと同じである、ある恐ろしい場面とは、ただの事物、ただの死んだ物質と見えていたものが、突然、動いたり、喋ったりして、実は生きているということを知るという、戦慄の瞬間である。「見ろ、あいつは生きているぞ！」というわけである。脳科学は、毎日、この場面と同じことを繰り返しているのである。

それにしても、どうして、SFのこの場面が、それほどまでに恐ろしいのであろうか。それは、対象を捉え、記述する視点が、外部から内部へと移されても、つまり、物質として記述されていた対象が、実は「感じたり考えたりしていた」と解釈しなおされても、その対象はなお、われわれにとって別の意味での外部性を失わないからである。死せる――と見えていた――物質が動き出し、喋り出しても、われわれは、それにどうしても共感したり、感情移入したりすることができない。われわれと同じ「内面」や「意識」をもつことを知ることで、その対象は、われわれにとって、ますます疎遠で、感情移入しがたい事物として現れるのである。

【4】内部と外部の界面

この問題にさらに深入りすることはやめておこう。ここでは、フランシスコ・ヴァレラがかつて述べたことを、あらためて想起しておくだけにとどめておきたい。ヴァレラは、「意識」は、外部の問題ではないのは当然だとして、単純に内部の問題でもないとし、それは、結局、内部と外部のインターフェイスの問題であると結論した。この界面を横断する方法は、ここまで述べてきたように、二つある。①内部から外部へと越境する方法と、逆に②外部から内部へと越境する方法の二つである。

この論文では、①〈内部→外部〉の学のひとつである社会学が、とりわけ理論的な社会学が、逆方向②〈外部→内部〉の学である脳科学に、どのような提案をなしうるかを論じてみよう。脳科学にとって、社会学がどのような理論的なインプリケーションを有するかを、論じてみよう。

2.〈社会〉としての脳

【1】資本主義と脳科学

言うまでもなく、脳の研究もまた社会現象である。このことをきわめて直截的に実感させてくれるのは、脳科学や認知科学の中心的なパラダイムの移行が、資本主義の近代的な段階からポスト近代的な段階への移行と厳密に並行しているという事実である。二〇世紀前半までの古典的な資本主義の精神を代表しているのは、ヒエラルキーの構造である。たとえば、企業は、ヒエラルキーの形態をとった管理の構造をもっていた。そうした構造を維持するための方法として案出されたのが、いわゆるテイラー・システムである。だが、二〇世紀の最後の四半世紀以降のポスト近代の資本主義の精神は、ネットワークの構造に親和性をもつ。たとえば、生産現場は、もはや軍隊のようなヒエラルキーによってではなく、かなりの程度の自律性やイニシアティヴをもった被雇用者や労働現場の間の緩やかなネットワーク的な繋がりによって組織されている。

ところで、この移行は、脳科学や認知科学における基本的なパラダイムの変化と対応している。たとえば、ダニエル・デネットは、これらの学問において、次のような基本的な変化があったと主張している。[2] すなわち、デカルトのコギトに象徴されるような、精神活動を統御する中心的なエージェンシーがあると見なすパラダイムから、多様でときには競合的でさえあるようなエージェントの間の、オートポイエティックなインターラクションとして精神的な活動を描きだすパラダイムへの移行がある、というわけである。この移行は、資本主義の変化と、まったく同型的ではないか。つまるところ、認知科学や脳科学も、時代精神を直接に反映しているのである。

むろん、このことは、脳科学や認知科学の真理性や妥当性をいささかも傷つけるものではない。たとえば、ダーウィンの進化論の説得力は、おそらく、一九世紀における資本主義的な市場の全面化と無縁ではない。「自然淘汰」というアイデアと、市場における競争とは、並行性があり、後者の現実が前者を説得力あるものにしたと推測することができる。しかし、だからといって、進化論の妥当性に影響が出るわけではない。同様に、脳科学や認知科学の現在のパラダイムが、資本主義の現代的な段階の精神と対応していたとしても、そのことが認知科学や脳科学の知的な説得力を減殺するものではない。

【2】脳という〈社会〉

脳科学や認知科学の中心的なパラダイムの変化と資本主義とのこうした連動性を最初に指摘したのは、ここに、今日の脳科学の衝撃や意義を考えるための手掛かりが隠れているからである。

脳科学は、今日、最も注目されている学問、専門家の範囲を超えた知的な公衆に深く広範な影響力を有するという点で圧倒的なディシプリンである。脳科学のこうした衝撃は、どこから来るのだろうか。人間がまさにその人間たる所以の根拠となる精神に興味をもつのは当然のことである。精神を研究する学問は、はるかな古代からあった。哲学がそうであり、そして心理学や精神医学もそうである。あるいは、ときに呪術や宗教も、そのような学問と同様に機能してきた。そうした諸学がかつてからあったにもかかわらず、今日、あらためて脳科学が特に注目され、人々の興味を惹きつけるのはなぜだろうか。

脳科学は、精神の担い手である脳が、社会のようなものであることを教えてくれるからではないか。脳は、隠喩的に社会であるどころか――つまり「社会のよう」であるどころか――、端的に〈社会〉だと言っても過言ではない。ここで、〈社会〉とはどういう意味か、少しばかり説明しなくてはなるまい。

心理学にせよ、哲学にせよ、かつての精神についての学は、精神を単一の主体のように描いた。〈社会〉とは、多数の独立の主体の集まりから成るシステムで、それらの間に――それらが個々に独立に主体性を有するがゆえに――とていありそうもない秩序が見出される現象である。心理学も哲学も、精神がこのような意味での〈社会〉であるということは思いもよらなかった。しかし、脳科学は、脳が実は一種の〈社会〉であったことを、否定しがたい説得力で示したのである。このことを、いくつかのよく知られた、脳科学上の発見によって例示しておこう。それらの発見は、まったくアドホックの形で提起されているが、いずれも、同じ方向を示している。

【3】盲視――残された旧い部署

たとえば、盲視と呼ばれる現象がある。それは、次のような現象である。脳の中の（進化的に新しい）視覚機能に対応する部位に損傷を受けると、人は盲目になる。当然、その人は、自分は何も見ることができない、まったく視力がないという自覚をもっている。その人に対して、次のような実験を試みてみると「盲視」が現われる。すなわち、視力を失ったと言っているその人の見えないはずの視野に何かを置いて、たとえばペンライトのようなものを置いて、彼または彼女に、それを取るようにお願いするのだ。むろん、その人は、「取れるはずがない」と抗弁するだろう。それでも、「あてずっぽうでもかまわないから」と強く要請するとどうなるか。すると、盲目であるはずのその人は、ランダムとは思えないほどの高い確率で、実際に、ペンライトを取ることができるのだ。九九％の確率でペンライトをつかむことができるとの説もあるが、数字はともかく、偶然とはとうてい見なしえない成功率で、この人物はこの要請に応えることができる。どうしてうまくできたのか質問してみても、本人は、勘でやっているだけで、成功は純粋にまぐれだ、と答えるのだが。

どうして、視覚野に損傷がある人が、見えないはずの事物の場所に、正確に手を伸ばすことができるのだろうか。この点に関しては、一般に、次のように解釈されている。人間の脳の中に、意識には現れないような、進化的に旧い視覚システムが存在しているからではないか、と。進化的に新しい――つまり通常の――視覚システムは大脳にあり、旧い視覚システムは中脳にあり、両者は接続されてはいない。つまり、脳に損傷を受けていない者は気付くきっかけすらないのだが、脳の中には、二つの独立した視覚システムが共存しており、互いに連絡を取らずにそれぞれ勝手に機能していたのである。つまり旧いシステムと新しいシステムは、それぞれに独立の主体性を有する。まさに、これこそ、脳の〈社会性〉を示す例である。

この状況は、次のような比喩で考えてみると、われわれの社会でもよく見られることだということがわかる。企業や役所の中に、以前まであった部署と等価な働きをする新しい部署ができたのに、旧い部署が統廃合されずにそのまま残ることがある。大学は、こうした例の宝庫である。たとえば、「国際文化学部」のような目新しい学部が新設されたとき、この学部の中にある学科や講座が、旧くからある文学部や社会科学部の中にある類似の学科や講座とどのように違うのか、さっぱりわからないことがある。両者は、しばしば、互いに連携することなく、似たような教育や研究に従事している。盲視は、こうした状況に似ている。とすれば、盲視は、企業や大学の組織が社会の一つの形態であるのと同じ権利で、〈社会〉ではないか。

【4】幻肢――官僚制

〈社会〉としての脳の様相を示す例を、さらにいくつか挙げておこう。カリフォルニア大学サンディエゴ校の著名な神経科学者――そして優れた一般向けの本でも知られている――V・S・ラマチャンドランによる、麻痺した幻肢の治療法も、そうした例と見なすことができる。[3] それは、どのような先端的な器具を用いることなく明確な効果を出す、まさにコロンブスの卵と言ってよい、実に鮮やかな治療法である。

事故などで、突然、手足を失ったとき、幻肢が残ることはよく知られている。幻肢とは、何らかの事情で手足が切断された後でも、当人には、その手足が存在しているかのように感じられる現象である。これだけでも、脳の中の体性感覚についてのシステム、手足の運動を担うシステム、そして視覚システム等が、互いに他者として独立していることを示している。というのも、視覚システムの立場からすれば、もはやかつてあった場所に手や足を確認していないのだから、当然、手足は存在しないのだが、体性感覚や運動に関連する部位にとっては、未だに手足は存在しているからである。言ってみれば、それぞれの部位、それぞれのシステムは、手足の存在に関して異なった見解をもっているのである。[4]

幻肢があるだけであれば、それ自体は、さして困ったことではないが、ときどき、幻肢のためにある障害が生ずることがある。ラマチャンドランの治療は、それに対処するものである。ときどき、幻肢が妙な位置で固定されてしまったり、麻痺してしまうことがあるのだ。特に困るのは、幻肢が、痛みを伴うような位置で固定されてしまった場合である。もし手足が実在していれば、痛みが消えるような位置に、手足を動かしてしまえばよいだけなのだが、幻肢は、動かそうとしてもどうしても動かない。脳の前方部は、幻肢である腕に、「動け」という指令を出しているのだが、しかし、動いたことを視覚が確認しないのである。

ラマチャンドランは、鏡を使うことで、この「学習された麻痺」を簡単に脱学習することができることを示した。テーブルの上に、患者の胸に対して直角になるような位置に鏡を立てる。そして、患者に、正常な方の腕の鏡像が、麻痺した幻肢とちょうど重なるように、正常な腕をおくように頼む。正常な腕――たとえば右腕としておこう――の鏡像が、左側の対称的な位置にできるので、その像を、物理的には実在しない幻肢（左手）と一致させるのだ。その上で、患者に、両手で左右対称の動きをするように指示する。すると、今までどうしても幻肢が動かないと感じていた患者が、突然、幻肢が動いていると感じ出すのである。視覚システムが、鏡の向こうにある「幻肢」が動くのを確認したからである。こうした、麻痺や固定が治ってしまう。

この例は、視覚のシステムと四肢の運動に関与する脳のシステムとが、相当程度に独立しており、まことに融通のきかないかたちで共存していることをよく示している。このケースは、形式合理性に拘る官僚制を連想させる。何かの手違いで、役所に、あなたの出生届が提出されていなかったり、あるいは逆に、死亡届が出されてしまったとしよう。あなたは、そのことを知らず、役所で、別の重要な手続を取ろうとする。たとえば年金の受給の手続を取ろうとしたり、パスポートの申請をしたとする。すると、窓口の役人が答える。「年金は出せません（パスポートを発行できません）。あなたは存在していませんから（すでに死亡していますから）」と。しかし、あなたは激しく抗議するだろう。「いや、俺はここにいる。確かにこうして生きている」と。すると役人は、「正式な手続を通じて、あなたが生まれたこと（まだ生きていること）を証明していただかなければ、生きていると認定するわけにはまいりません」と答えるだろう。視覚システムの融通の効かなさは、この役人の頭の硬さとどこか似ている。視覚システムとしては、「正式な手続」で、腕が動いたことを証明してもらわない限りは、まさに「腕が動いた」と認定することはできないのだ。ラマチャンドランの治療法は、偽造パスポート（本物ではなく鏡像）を使って国境を越えるようなものだ。

ラマチャンドランの治療法は、同時に次のことも教えてくれる。このように、まったく独立の自己主張をもった運動のシステムと視覚のシステムが、普段は、実に見事な連携プレイをして、身体の運動に秩序を与えていた、ということをである。それは、われわれの〈社会〉に、ありそうもないような奇跡的な秩序が成立しているのとよく似ている。どうして、まったく異なった欲望や関心をもった個人の集合が、おおむね互いの期待を満たしあうような秩序を形成することができるのだろうか。

【5】カプグラ症候群――「一心同体」の家族が分解したら

次に、カプグラ症候群 Capgras Syndrome と呼ばれる症状を取り上げてみよう。この症状の名は、一九二三年に最初に症例を報告した、フランス人医師の名に由来している。カプグラが報告した患者の場合は、側頭葉に損傷があった。この患者の主症状は、自分の両親のことを、本物そっくりの贋物であると思い込むことにあった。この患者は、物体や人間の顔を識別する能力にはまったく問題がなかったのだが、それらを見てもいかなる感情も湧かない。彼が、両親を見たとき、それを本物と寸分たがわぬ替え玉だと主張するのは、父親や母親に会ったときに生ずるはずの特有な感情が湧かないからであろう。興味深いことに、両親の「声」に対してであれば、正常な反応をする。たとえば、電話で母親と話をしている間は、相手をまさしく母親と認めるのだが、その後、母親と面会すると、これは贋物であると主張するのだ。

カプグラの最初の報告の後に、類似の症例はいくつも報告されるようになった。最も多いのは、やはり両親を贋物だと見なす例だが、他にも、配偶者、恋人、子ども、そしてペットなどを贋物だと主張するケースがある。要するに、患者は、本来であれば、強い情動を惹き起こすはずの対象に関して、つまり強い愛情を覚える親密な他者に関して、それらは、「本物そっくりだが贋物」であると思い込むのである。厄介なのは、鏡に映った自分の像に対してさえも、同じような反応をする場合がある、ということである。鏡に映っている人は、私そっくりの別人、私のまねばかりする他人である、と患者は主張する。神経科医ファンバーグは、自分の鏡像にだけ完全に選択的に反応する――つまり自分の鏡像だけは「贋物」だとして他の物や人は誤認しない――患者のケースも紹介している。[5]

カプグラ症候群はどうして生ずるのか。脳科学的な説明は次のようになる。視覚系のWhat経路（外界の対象が何であるかを同定する情報が通る経路）の後半部分と、扁桃体など感情に関わる部位との間の、情報伝達に障害があったからだ、と。

カプグラ症候群がわれわれに教えてくれることは、次の事実である。われわれは、何かを、たとえば顔を見て、それを「何もの」かとして、「誰か」として同定するとき、それはまったくの単一の操作であると考えてきた。しかし、カプグラ症候群は、単一に見えていた同定の操作が、互いに分離しうる二つの操作の複合であったことを示している。認知にかかわる操作と感情に関する操作とは、独立していたのである。一方で、私の眼前にあるこの顔は、自分が母親を識別する際に注目するすべての性質を備えていることがわかる。そのことを確認するのが認知に関わる操作である。しかし、他方で、患者はおそらく、この顔には、母親にあるはずのje ne sais quoi（何とも言えぬ何か）が欠けている、と感じているのである。このje ne sais quoiに反応しているのが、ここで感情に関わる操作と呼んだものである（というより、厳密に言えば、その患者の内的な感情が、対象の中に、je ne sais quoi＝Xを措定するのである）。二つの操作は、正常なケースでは、あまりに緊密に一体化しているので、われわれは、それが二つであることに気づくことはない。

カプグラ症候群について、次のように考えるとよい。あまりに仲がよく、一枚岩のように見えていた家族や兄弟や恋人が、何かがきっかけで喧嘩別れしてしまい、それぞれが独立に活動をし始めたのだ、と。人は、極端に仲がよい家族を「一心同体」だなどと形容するが、彼らが別れてしまった後でその姿を見て、彼らもまた互いに他人同士だったのだとあらためて自覚するのだ。このような意味で、カプグラ症候群もまた、脳の中の〈社会性〉をあぶり出しているのである。

【6】分離脳――安易なワイドショー的説明

最後にもう一つだけ、古典的な例を出しておこう。分離脳の例である。てんかんの発作を抑えるために、脳梁と前交連とを切断することがある。すると、左右の大脳皮質の間のコミュニケーションが断たれる。外から接している限りは、その人が、分離脳になっていることは、まったくわからない。分離脳になったとしても、普通に社会生活を送ることができるのだ。

しかし、分離脳であることは、次のような状況を作るとわかる。まず、分離脳者の左右の半球に異なる情報（画像）を与える。どういう原因によるのか、左半身の感覚や運動は右脳が、右半身に関しては左脳が担当しているので、ある画像を、右目にだけ見せれば、それは左脳に情報を与えたことになる。つまり、右目と左目にそれぞれ別の画像を見せるのだ。次いで、被験者に、何枚ものカードを提示して、その中から、先に与えられた情報に関係のあるカードを取るように指示してみる。すると、予想通り、分離脳を有する被験者は、右手と左手で異なったカードを取る。たとえば次のように。

右手が左脳に与えられた情報に反応し、左手が右脳に与えられた情報に反応するのは、予想通りである。

与えられた視覚情報		選んだカード
左脳（右目）鳥の足	⇩	（右手）鶏
右脳（左目）雪景色	⇩	（左手）雪かき用のシャベル

興味深いのは、なぜそのカードを取ったのか、と尋ねたときの被験者の回答である。ここで、言語能力は左脳にしかないので、答えは左脳が与える、ということに留意しなくてはならない。当然、右手が取ったカードに関しては、左脳は正しい回答をする。問題は、左手が取ったカード（シャベル）に関して、左脳がどう答えるかである。左脳は、右脳に与えられた情報（雪景色）を知らない。左脳は、自分の左手に「シャベル」のカードがあるのを見て、どう答えるだろうか。左脳は、たとえば、「鳥小屋の掃除にシャベルを使うからですよ」などと答える。このとき、左脳は嘘を言っているつもりはまったくない。被験者は、困惑さえもしていない。「あれ、なんでシャベルを取ってしまったんだろう」などと戸惑ったりはしないのだ。被験者は、当然初めから「鳥の足→鳥小屋→シャベル」という順で連想したと、心の底から思い込んでいるのだ。無論、これは客観的には誤った認識だが、つまり実際には「雪→雪かき→シャベル」という連想が働いたはずだが、その誤りは左脳にはまったく自覚されない。

この例も、見事なまでに〈社会〉との類比を可能にする。すなわち、分離脳のケースもまた、脳というまとまりが、内的に〈社会性〉を有することを証明している。第一に、右脳と左脳は、異なる主体であって、互いが互いに対して他者として振る舞いうることがわかる。左脳は左脳、右脳は右脳で、それぞれ独立して判断し、カードを選んでいる。

第二に、さらにおもしろいことは、左脳が勝手に、右脳の指令の下にあった行動をも説明し、正当化してしまうことである。そのことによって、左脳は、混乱や無秩序を、まったく自覚することなく、無意識の内に隠蔽してしまうのだ。一般の〈社会〉でも、似たようなことがしばしば起きる。たとえば、われわれは、〈社会〉内に生起する、混乱や無秩序を、安易に説明してしまう。それが、客観的には誤った説明であることに、しばしば気付かない。大事件が起きたときのワイドショウ的な説明などは、その典型例である（「ああいう犯罪が起きたのは、幼い頃からゲームをやり過ぎたせいでしょう云々」……）。あるいは、左脳のふるまいは、無意識の善意の押しつけをも連想させる。他者がまったく異なる原理や規範に従っていることに気づかず、自分の原理や規範を適用してしまうことは、この〈社会〉ではめずらしくない。われわれは、〈社会〉中に異なる原理が機能していることを嫌う傾向があるからだ。

3. 三層の自己

【1】アントニオ・ダマシオ

われわれは、脳科学の発見を、アドホックに、とくに系統立てずに、いくつか概観してきた。それらだけからでも、重要な含意を引き出すことができる。脳が、あるいは脳に対応した人間の精神が、それ自体で、〈社会〉であること、これが脳科学の最も衝撃的な含意ではないだろうか。脳はひとつの〈社会〉、内的な〈社会〉である。

それならば、最も興味深い問題、そして最も難しいと思われる問題、すなわち「意識」とか、「自我」「自己」といった現象について、脳科学はどのような説明を与えるのだろうか。脳科学が躓くのは、この局面においてである。私の結論を先取りして述べておけば、脳科学は、この局面において、自らを革新的なものたらしめた自らの洞察を維持し、貫きとおすことができなくなるのだ。革新的な洞察とは、無論、ここまで述べてきたこと、脳の〈社会性〉についての認識である。私の見るところでは、脳科学は、この認識を、肝心の「意識」の理解の中では放棄してしまう。このことが、脳科学の潜在的な力を減殺している。

とはいえ、「意識」とか、「自己」といった現象は複雑であり、定義さえも難しい。それゆえ、こうした現象に足を踏み入れる脳科学者は、それほどいない。ここでは、アントニオ・ダマシオの理論を取り上げよう。ポルトガル生まれて、アメリカで研究を続けているこの神経学者の理論を考察の推進力として利用するのには、いくつかの理由がある。

第一に、彼は、以下にみるように、脳についての堅実な研究者としてはめずらしいほどに大胆に、意識と自己についての壮大な仮説を提起している。それらの仮説は、飛躍や抽象を伴う推論に基づいているが、しかし、今日までに蓄積されている経験科学的な知見と矛盾するものではなく、むしろ、そうした知見から合理的に導きだすことができるのではないか、と思わせる自然さがある。

第二に、われわれにとって好都合なのは、ダマシオの哲学的な素養である。ダマシオは、デカルトやスピノザといった西洋哲学史上のビッグネームとの関連で、自身のアイデアを提起する。これらの哲学者についてのダマシオの理解を、哲学の専門家は批判するかもしれないが、自己や意識についての伝統的な哲学についての標準的な解釈との距離を参照点として、ダマシオの図式を位置づけることができるので、われわれにとってはたいへん好都合である。[6]

【2】情動的反応としての意識

デカルトにとって、純粋な意識は、対象をもたない思考（Cogito我思う）であり、したがって、世界に対するどのような特殊な関心ももたない。そのような関心をすべて削ぎ落したところにこそ、純粋な意識がある。したがって、理念的には、デカルトの純粋な意識は、何らかの情動によって染め上げられることはない。実際には、心は、身体との繋がりを残さざるをえず、その不幸な宿命からくる偶発的な結果としてときに情動が引き起こされるが、デカルトの考えでは、心は、情動から自由になればなるほど、意識としての本質に迫ることができる。

ダマシオのアイデアは、このようなデカルト的な「意識」との対照によってこそ、最も明瞭に示すことができる。ダマシオにとっては、情動と意識は不可分である。というより、意識の本体は情動だと言ってもよい。すなわち、ダマシオの基本的な着想は、意識とは情動的な反応emotional reactionだ、とする論点にある。だが、反応だとすると、何に対する反応なのか。

有機体が外的な対象と出会ったとき、その出あいによって、有機体のホメオスタシスに攪乱が生ずる。ダマシオにとっては、その攪乱の自覚こそが意識である。ここで最も重要なポイントは、攪乱に先だって、意識の主体が存在していて、その対象との出あいを待ちうけているわけではない、ということである。(意識の)主体は、まさにその攪乱を通じて創出されるのである。主体は、攪乱に対処する活動そのものと独立には存在していない。このような意識の捉え方は、哲学史の中では、フィヒテの「自我Ich」に近いかもしれない。フィヒテもまた、(超越論的な)自我は、外的な障害への反応において出現する、と説いていたからである。

以上が、ダマシオの基本的なアイデアである。これをもとにして、脳のさまざまな部位の動きを考慮に入れながら、ダマシオは、人間の「自己」は、三層の構造をもっている、と主張する。ダマシオのアイデアがどのように展開するかを知るためには、「自己」についての三層構造を概観する必要がある。

【3】三層の自己

ダマシオの考えでは、人間個人という有機体は三種類の「自己」をもっている。三種類の自己は、横並びにあるわけではなく、積層的な関係にある。すなわち、後の自己は常に前の自己を前提にしてのみ可能になっている。先立つ自己は、常に後続の自己にとっての必要条件になっているのだ。

第一に、「原自己Proto-Self」がある。原自己Pとは、相互に関連しあった、(一時的に) 一貫性のある、一連のニューラル・パターンである。このパターンは、脳のさまざまな水準で、有機体の内的な状態を表現していると解釈することができる。「内的な状態」とは、言い換えれば、有機体がホメオスタシスを維持し、統制するために自ら形成するニューラル・マップ (第一階のマップ) である。原自己は意識以前の水準である。つまり、われわれは原自己を意識してはいない。それは、ただニューロンのネットワークに (ある程度の持続をもって) パターンが見出されるということに過ぎないので、自己以前の自己と言うべきものである。

その上に、第二の自己、「中核自己Core Self」が成立する。ある対象が原自己を修正・変形したときに生ずるのが中核自己Cである。その変形そのものに対する、第二階の非言語的な説明＝マップ (非言語的な自覚) こそが、中核自己なのだ。意識はここから始まる。つまり、これは意識の原点である。中核自己とは、「(対象との出あいによって引き起こされた) 変形の渦中にある非言語的な原自己」の表象の中で生ずる感情feelingのことだと言ってよい。原自己が、外的な対象との遭遇によって変形を被ると、ある感情が生起する。この感情は、その変形についての (非言語的な) 自覚であると見なすことができる。それこそ、中核自己である。中核自己を生み出すメカニズムは、生涯、変わることがない。

その上に、第三の自己、「自伝的自己Autobiographical Self」が来る。自伝的自己Aは、自伝的記憶から成り立っている。自伝的記憶は、過去と予期されうる未来の個人的経験についての多数の内在的記憶である。われわれが、普通「私とは何か」とか「私のアイデンティティ」ということで主題化しているのは、自伝的自己である。自伝的自己は、ある程度安定した恒常的な特徴をもつが、しかし、当然ながら、生活経験によって、その内部に蓄積された自伝的記憶が増大し、自伝的自己の全体的な特徴も徐々に変化していく。

【4】中核自己のパラドクス

この三層構造（P／C／A）の中で、「意識」の原点、「意識」の発生を考える上で最も重要なのは、中核自己である。中核自己Cと自伝的自己Aの関係は、原自己Pと中核自己Cの関係の反復である。われわれとしては、ダマシオの主張から、次のような等式を導きだすことができる。

P：C＝C：A

また、Aは、Cの意識を基礎にしてできあがっている。すなわち、Aの構成要素となっている、個々の記憶（や予期）は、Cの経験の中で創り出される。したがって、Cにおける意識の発生の機制に比べれば、Aについての謎は相対的に小さい。

ダマシオの意識の捉え方の顕著な特徴は、意識と言語とを区別した点にある。多くの論者が、意識は言語の産物であるとしている。しかし、ダマシオは、意識は言語と独立しており、言語なしでも成り立つとした。脳の障害によって、言語や記憶の能力を失った患者でも、明晰な意識を有すると見なさざるをえないからである。たとえば、脳腫瘍の治療によって脳の左半球（先に述べたように言語野は左脳にある）の全てを切除した、ダマシオのある患者は、簡単な間投詞以外はまったく発話することができなくなったが、しかし、さまざまなことを思考していることは明らかだった。彼は、こちらからの問いかけに適切に反応し、周囲のことに注意を払い、ときにはパントマイムや顔の表情などで自分の思考を伝えようとした。また別の患者は、側頭の海馬領域の損傷によって、新しいことを記憶する能力を失い、かつ下側頭極部位の皮質の損傷によって、古い記憶のほとんどを想起できなくなったが、つまり彼の記憶はわずか四五秒間に限られていたが、意識をもっていることに関しては疑いようがなかった。彼は、音楽や言語や写真等々の刺激に注意を向け、選択的に反応し、そして意図的に行動した。彼は、チェッカーをして、勝つことさえできたのだ。

このように、ダマシオによれば、中核自己において現われる原初の意識は、言語の能力とは独立している。しかし、にもかかわらず、中核自己には――言語に固有だとまでは言わないが――少なくとも言語において顕著に現れるようなあるパラドクスが伴っている。自己言及のパラドクス（嘘つきのパラドクス）である。中核自己は、原自己の安定したパターンにもたらされた変容の過程を捉える主体である。しかし、何度も強調してきたように、その主体＝中核自己は、その変容とは独立に存在してはいない。主体自体が、変容によって生み出されているのだ。次のように言ってもよい。私（＝中核自己）は、（攪乱要因となる）対象に関わるだけではない。私自身が、その対象との関わりによって生成され、そのことを通じて、対象との関係に関わる。すなわち、中核自己は、自己自身に関わる関係である。

このパラドクスは、「探求」と「結論」との関係に比喩的に託して、次のように言い換えることもできる。①私が、「私とは何か」という問いに答えを見出そうとして探求する。しかし、よく考えてみると、まさに私が探求するがゆえに、その探求の対象としての「私」が生み出されているのだ。つまり探求の過程そのものが「私」を生み出しているのである。これは、ちょうど、原自己のホメオスタシスへの攪乱に対する反応自体が、中核自己という意識を生み出しているという状況と類比的である。②やがて、私は、突然、答えを得る――つまり結論に到達する。その答えは、しかし、答えとしての本性上、「私」を、探求の過程とは独立したものとして、探求に先だって与えられていたものとして、初めからそうであったものとして、特徴づけるほかない。そもそも、私が最初に存在していなければ、探求が始まりようがないのだから、探求への答えは、私を「初めから与えられていたもの」と見なさざるをえない。この②は、中核自己が、原自己の変容に関わるべく、あらかじめ存在している主体である、という側面に対応している。

【5】「空虚」としての自己

「自己」という現象についての謎は、自己が呈する二つの相反する性質をどのように説明するかということにある。一方では、自己は、持続的に変化する意識の流れである。しかし、他方では、自己とは、主体性の恒常的で安定的な核である。この二重性こそ、自己の二つの相反する性質である。ダマシオは、前者を中核自己、後者を自伝的自己に割り当てることで、この二面を説明できるとする。一方で、中核自己として見れば、自己は、たえず変化している流れのようなものである。他方で、自伝的自己として捉えれば、自己は、生涯を貫く恒常的な核である。これがダマシオの考えである。

しかし、自己をこのように二つの経験的な実体に分解してしまえば、自己という現象の本質を一挙に見失うことになるだろう。もし自己を明示的に定義し、呈示しようとすれば、それは、その都度その都度転変していく何かであるしかない。たとえば、今の「私」の意識は、「ダマシオの理論についての考察と批判」によって占められているが、状況が変わり、時間が経過すれば、「私」の関心は、すっかり別のことへと移行してしまい、そのほとんどが、ダマシオにも脳科学にもまったく関係がないことだろう。

それならば、自己は、常に変容していく多様性へと分解されてしまうのか。先ほどの「私」と今の「私」、昨日の「私」と今日の「私」、一〇年前の「私」と現在の「私」は、すべて異なっているということなのだろうか。断じて、そうではない。しかし、それら多様な「私」の全体を貫くものが何であるか積極的に定義しようとすると、それは常に挫折せざるをえない。たとえば、一〇年前の「私」も現在の「私」も同じ社会学に対して知的な興味をもっていたので、そのことによって、持続的な「私」を定義することができるだろうか。だが、社会学と出あう前も「私」は「私」であり、社会学への関心を失っても「私」は持続するだろうし、さらに、「社会学」以外のことに集中しているときも、同じ「私」であろう。社会学への関心以外の何を条件としても、「私」の転変する多様性を貫く同一性を規定しようとすれば、失敗する。結局、変転する多様な自己を貫くものは、ただの空虚であるというほかない。空虚によってこそ、自己の多様性・持続性が支えられているのだ。

自己という現象の神秘は、すべて以上の点にある。自己を明示的に定義しようとすれば、十分には持続することのない多様性を見出すことになる。それら多様性を貫いているのは、何ものとしても同定できない空虚だが、その空虚が絶大な力を発揮して、自己の統一性を支えているのである。自己のこのような二つの側面を、カントは、「人格」(さまざまな性質によって定義される)と「超越論的な統覚」(何ものとしても定義できない)と呼び、フッサールは「経験的な自我」と「超越論的な自我」と呼んだ。しかし、この二つの側面を、ダマシオのように、二つの経験的な実体(中核自己と自伝的自己)に対応させてしまえば、自己の神秘を完全に取り逃がすことになるだろう。

【6】前未来の視点

自伝的自己の構成が、中核自己の構成と同型的である。このことを、ダマシオの論述から少しばかり離れて確認しておこう。自伝的自己は、一種の物語のような形式で、自伝的記憶を整理している。それは、現在の自分にまで至る過程が、いかなる意味において必然であったか――こうなるほかないものであったか――を記述し、物語っているのだ。このような過程の中に自然に埋め込まれるような自伝的記憶が選択される。ときに、記憶は、そうした物語に整合性を与えるような形で変形され、歪曲され、極端な場合には捏造される。逆に言えば、物語の整合性を侵すような出来事は無視され、排除されるだろう。自伝的自己は、今の自分までの継続を一貫した過程として記述しているという意味で、「現在完了形」の形式をもっている、と言うことができる。

さらに、右の議論を、少しばかり修正しておく必要がある。自伝的自己の終点は、厳密には、今の自分ではない。現在の自分が予想し、また期待している「未来のあるべき（あるはずの）自分」が、終点である。未来の自分までの過程が物語化されるのだ。それゆえ、自伝的記憶の中には、過去だけではなく、未来の予想される出来事も組み込まれている。自伝的自己は、それゆえ（現在完了形ではなく）未来完了形――フランス語で言うところの「前未来」――の形式をもっている。自伝的記憶は、未来の視点から遡及的な眼差しのもとで、変形や選択を被っているのである。

さて、ここで述べておきたいことは、中核自己もまた同様に前未来の形式をもっているということである。スコープに入っている時間的なスパンは非常に短いが、中核自己もやはり、前未来的な形式で感覚や意識を整理している。このことを理解するには、われわれはなぜ時間が断絶なしに、滑らかに流れているように感じることができるのか、を考えてみるのがよい。時間が滑らかに流れるのは当たり前ではないか、と思う向きもあるかもしれないが、われわれが時間をそのようなものとして知覚できるということは、実は不思議なことである。たとえば、眼に関していえば、「サッカード」と呼ばれる現象がある。サッカードとは、視野の中心をあちこちとせわしなく移動させていく目の動きのことである。サッカードがあるにもかかわらず、われわれの視界は安定しており、ときどき暗転してしまうというようなこともない。どうしてだろうか。

この点についての、今日の脳科学の説明を理解するためには、まず、外界の刺激が感覚器に伝わり、それが脳に到達して、われわれがそれを感じるまでには、わずかな時間がかかるということを知っておかなくてはならない。刺激の源となった外界の現象の生起とわれわれがそれを「感じた」と意識するまでの時点との間には、微妙な時間差があるのだ。その時間差は、感覚の種類によっても、刺激の強度や種類によっても異なってくるが、およそ五〇〜三〇〇ミリ秒である。この時間は、単純に電気信号が大脳皮質に届く時間（二〇〜五〇ミリ秒）よりも長い。脳でさまざまな処理が行われているため、余分の時間がかかるのである。

さて、サッカードがあるにもかかわらず、時間の流れが滑らかに感じられるのはなぜなのか。脳は、眼が動いている間に送られてきた視覚情報（そのとき視界が大きく揺れたり、暗くなったりしているはずだ）をまったく無視し、排除しているからである。しかし、そんなことをしたら、視覚情報がまったくない空白の時間がたくさん入ってしまうのではないか。そうはならないのだ。脳が、後から得られた情報を、この隙間に投射しているからである。脳は、眼が止まったときの情報を、隙間の時間（目が動いていた時間）に挿入しているのだ。つまり、脳は、時間を遡って、隙間の時間を埋めていることになる。

ここで、非常に短いが、前未来的な観点が採用されていることがわかる。事後的な観点に立って、そこまでに至る過程が滑らかな進行として感じられるように、情報が処理されているのである。ここでは、視覚を例にとって説明したが、他の感覚でも同じことが起きている。自伝的自己だけではなく、中核自己もまた、前未来的な形式で情報を整理しているのだ。

4. だます情動

【1】情動は嘘をつかない？

ここまで、ダマシオの議論を紹介し、そこに孕まれているいくつかの解決しえない難点（中核自己の自己言及のパラドクスの謎、変容しつつ持続する自己の二面性の説明の失敗）を指摘してきた。だが、結局、ダマシオの理論のどこに欠陥があるのだろうか。述べてきたような難点をもたらす、究極の間違いはどこにあるのだろうか。この点を説明することによって、前節の冒頭で述べこと――脳科学は〈社会性〉をめぐる革新的な洞察を最後まで貫くことに失敗しているという主張――の真の含意を明らかにすることができる。

もう一度、ダマシオの基本的な着想を確認しておこう。ダマシオによれば、最小限の意識、ミニマムな意識とは、（対象との遭遇による）ホメオスタシスの攪乱に対する情動的反応である。攪乱それ自体は意識以前のものだが、それが情動的反応を惹き起こし、非言語的な表象に、すなわち感情に写されることで、意識となる。

このように考えたときには、一つのことを公理的な前提にせざるをえない。情動は嘘をつかない、だまさないということを、である。情動は、有機体のホメオスタシスの状態を正確に反映していると見なさなくてはならないからである。原自己の安定的なパターンが壊されたときには、必ず、ネガティヴな情動や感情が、つまり苦痛が生起するはずである。逆に、安定的なパターンが回復する過程では、常に、ポジティヴな情動や感情が、広義の快楽が生ずるはずだ。情動についての二次的な言語的な説明の中には虚偽が入りうるが、情動そのものは原理的に嘘をつくことができない。これかダマシオの理論の根本的な前提である。

【2】情動も嘘をつく

だが、われわれは知っている。ダマシオの理論が前提にせざるをえないこの命題は、少なくとも、人間の情動・感情に関しては、必ずしもあたってはいない、ということを。つまり、情動は、しばしば人をだます。情動にも虚偽が入っているのだ。日常的にわれわれは、情動の虚偽を経験しているはずだ。

フロイトから印象的な例を引いておこう。それは、『夢解釈』の中で分析されている、ある女性の夢のケースである。[7]（ここで、「夢」を分析しているが、実は、これは夢である必要はない。つまり現実の出来事であってもかまわない。）その女性は、前日にあった、友人の葬式についての夢を見た。その夢は、葬式にふさわしく、全体として悲哀の雰囲気の中にあった。だが、フロイトは、この悲しさの情動が虚偽であることを見抜いてしまう。この葬式の中で、女性は、かつて好きだった男に再会しているのだ。フロイトによれば、彼女は、ほんとうは、友人の死の悲しみをそっちのけにして、その男に出会ったことを悦び、その男と結ばれたいと願っている。悲しみの情動は、彼女の密かな悦びや欲望を隠すスクリーンになっている。つまり、ここで、情動は嘘をついているのだ。

ここで留意すべき重要なことは、その嘘そのものが無意識だということである。女性は意図的に嘘をついているわけではない。女性本人もまた、その感情に騙されているのである。彼女は、自分が実は悦んでいたことに気づいていない。

もう一つ、フロイトから例を引いておこう。それは、『日常生活の精神病理』からのものである。ある既婚女性が、フロイトとの面接の中で、突然、文脈を外して、「前の晩、爪の手入れの最中に甘皮を痛めてしまった」と言いだした。なぜ、女性は、こんなことを突然言い出したのか。それは、あまりにも唐突だ。逆に言うとその不自然さを補償するような何かがあるのだ。

フロイトは、次のような事実を手がかりとした。まず、傷つけられたのが、結婚指輪をはめる薬指だった。甘皮を痛めたという日、つまり面接の前日は、実際、彼女たち夫婦の結婚記念日だった。

さらに、フロイトによると、この女性のそれまでの夢はしばしば、彼女が不感症であるということ、そして夫に対して性的な不満をもっていること、これらのことを暗示していた。

その上で、フロイトが最も注目したのは、爪切りの失敗で傷つけられたのが、右手ではなく左手だったという点である。彼女の出身国では、結婚指輪は右手の薬指にはめるのが普通だった。しかし、彼女が痛めたのは、左手の薬指である。さまざまな事実から推測すると、彼女の爪切りの失敗が彼女の結婚と関係していると考えざるをえないのに、傷つけてしまった指が、結婚指輪をはめる右手の指ではなかったということは奇妙である。ここで、彼女の夫の職業が弁護士、つまり「法学博士 Doktor der Rechte」であったことが意味をもつ。「Doktor der Rechte (doctor of right)」は、「右の博士」と読むこともできる。このようなダジャレのような読み換えが重要なのは、この女性が結婚前に密かに愛していた男は医者＝医学博士で、彼女は、彼を――「右の博士」と対照させて――「左の博士 Doktor der Linke (doctor of left)」と呼んでいたからである。

こうした諸事実を総合して、フロイトは、次のように解釈する。この女性は、結婚に後悔しており、ほんとうに好きだった人と結婚しなかった自分を責めているのだ、と。彼女は、結婚記念日の夜に左手の薬指を痛めることによって、欺瞞的な妥協をはかって結婚した自分自身に罰を与えているのである。この場合も、女性本人は、自分の結婚に大いに満足しているし、何らの後悔もないと言う。つまり、満足の感情は、それとは反対の「後悔」を隠す虚偽として機能しているのである。

このように、情動はいくらでも嘘をつく。そのことを示す例を、わざわざフロイトの著作から引いてきたが、特にフロイトに頼らなくても、われわれは、類似の例に日常的に出あっている。たとえば、次のような光景を見たことはないだろうか。ある人の「仲の良い」友人が失恋をしたときのことである。その人は友人に同情して、悲しんでいる。が、彼または彼女はなぜそんなに嬉しそうに悲しんでいるのだろうか。そう問いたくなるときがなかったか。

【3】「真実」はどこにあるのか

ここで立ち止まって考え直さなくてはならない。情動がときに偽るとすれば、真実はどこにあるのか。本来、「嘘」とは、内面の情動と異なることを、意図的に言うことではないのか。情動を規準にして、嘘か真実かが決まるのだから、情動が嘘だということはありえないのではないか。嘘は意図的なものなのだから、本人が自覚していない嘘というものは、定義上、存在しないのではないか。こうした疑問が、当然出てくるだろう。

しかし、前項で紹介したような例に関しては、情動がだましている、情動が嘘をついている、と見なすのが適当であるように思える。もし、ダマシオの前提に抗して、情動が嘘をつく可能性があるという主張を保持するのであれば、われわれとしては、(嘘ではない)真実はどこにあるのか、そしてその真実は誰に対して存在しているのか、という疑問に答えなくてはならない。

普通、嘘に対するところの「真実」は、見えないところ、見えない内面に秘匿されている、と考えられている。表面に現われた言葉(嘘)と秘められた情動(真実)とが対照させられるのが通例である。しかし、情動を嘘だとするとき、その反面にあるはずの真実は、特に見えない場所に隠されているわけではない。むしろ、真実は、直接行動に、身体の表層に現れている。たとえば、甘皮を痛めてしまう行動として。あるいは、本人が意識したり、意図したりしてはいない表情として。あるいは、夢の中にかつての恋人がわざわざ登場してくるという事実の中に。

だが、その真実は、本人自身の視点からは見えていない。ここが肝心なところである。たとえば、フロイトの例では、真実は、分析医であるところのフロイトに対して現れている。すなわち、ある情動が、それとの対照において虚偽として意味づけられるような真実は、その情動の所有者にとっては他者であるような視点に対してたち現われるのだ。普通、言語的な「嘘」を問題にするときには、真実は本人だけが知っている。それに対して、情動が嘘をついているときには、本人は、その嘘によって欺かれており、真実は他者に対してこそ露わになっているのだ。フロイトの言う「無意識」とは、意識のバックステージに隠されている精神活動のことではない。それは、本人に対してではなく、第一次的には他者に対して真実を現すような意識のことである。人間の「自己」という現象は、このように他者の視点をこそ前提にしている。ダマシオの自己の三層構造の中には、このような他者の視点が組み込まれていない。

したがって、次のように言うことができるだろう。第2節で述べたように、脳科学は、脳が〈社会〉であるということを示してきた。脳科学のこれまで知見が示していることは、脳が、互いに他者であるような諸要素の間の競合や奇蹟的な調和によって成り立っているということである。こうした状況を、脳の〈内的な社会性〉と見なすことができる。しかし、脳の働き、脳が宿す意識や自己という現象を理解するためには、脳そのものに対する〈他者〉——要するに〈外部の脳〉——をも前提にしなくてはならないのだ。脳に内在する他者だけではなく、脳全体に対する〈外的な他者〉が、人間の脳の働きの一貫性を捉えるには必要となる。脳科学は、〈社会〉を脳の内部にだけではなく、外部に見出さなくてはならない。そうすれば、脳科学は、自然と、社会学と手を結ぶことになるだろう。

しかし、このような私の主張に対して、脳科学の現況について知識をもっている者は、疑問を呈するかもしれない。すでに、脳科学は、外部の脳、外部の他者を、考察の範囲に含めているではないか、と。たとえば、神経経済学（脳科学や神経科学の知見を用いながら経済行動を説明する学問）のような分野を考慮に入れれば、すでに脳科学は社会科学と手を結んでいるように見える。あるいは、「ソーシャル・ブレイン」「社会脳」などの概念を用いて、他者の認知や他者の心の理解、あるいは他者とのかけひきなどを脳科学的に研究することは、学問的な流行にさえなっている。[8] そうであるとすれば、脳科学は、すでに社会学化しているのではないか。

私が知る限りでは、そうではない。それらの研究の中で扱われている他者は、今のところ、単一の脳の中に内面化された限りでの他者だからである。そこでの他者は、自己であるところの脳が自らの適応過程の中で評価し、対応すべき対象として現われている。そうであるとすれば、他者は、いくぶんか複雑であることを別にすれば、自己にとって有利であったり不利であったりする、他の外的諸対象と本質的には変わらない。

　脳科学の中に〈他者〉を組み込むということは、〈自己〉の方に還元したり、内面化したりすることができない、外的な視点を導入することである。その外的な視点は、〈自己〉の内的な視点と対等であり、両者は拮抗する。さらには、〈自己〉は、世界の意味を評価する主導権を、外的な視点であるところの〈他者〉に、奪い取られてしまうこともある。嘘をつく情動の例は、実際、真偽の判定の主導的な視点が、〈他者〉の方に完全に移行してしまった場合であると解釈することができる。

　脳を多様な要素が競合する〈社会〉のように描く理論は、しばしば、デカルトのコギトを、敵と見なしている。先に述べたように、ダマシオの「自己」の理論もまた、デカルトに対する批判という形式をとっている。ところで、デカルトの同時代にあって、デカルトのライバル、デカルトの最大の論敵だったのは、パスカルである。われわれのここまでの議論は、パスカルのある論点を支持するものでもある。パスカルは、外部に現れる身体的な行動・反応が、内的な感情を表出しているだけではなく、むしろ、内的な感情を産み出すこともある、と述べている。たとえば、祈りの行動が、信仰心を産み出すこともある、と。ここで、外的な行動が、内的な情動よりも論理的に先行する、より本源的な要素として位置づけられている。外的な行動は、〈他者〉の視点を前提にしている。〈他者〉の視点から捉えたとき、祈りの外形的な行動はすでに信仰として現れているからである。その行動としての信仰の方が、自分が神を信じているかどうかという自己確信よりも、一層基礎的である、というのがパスカルの主張であった。

【4】脳科学は「死の欲動」を取り込みうるか

ダマシオのように考えた場合に、絶対に思考することができない現象、それは、フロイトが「死の欲動」と呼んだ現象である。「死の欲動」という語は、いかにも神秘的で、非科学的な印象を与える。しかし、フロイトがこの用語によって捉えようとした現象は、つまりフロイトにこのような奇抜な用語を案出させた素となる現象は、それほどものめずらしいことではない。彼がこの概念を発明したのは、ある種の反復強迫の症状を呈する患者に出会ったからである。彼らは、苦痛を伴う体験にあえて立ち返り、それを想起し、反復するのである。なぜ、わざわさ、苦痛を反復するのか。

本節の【1】で述べたように、ダマシオの理論では、有機体の「ホメオスタシス」が絶対の前提となっている。つまり、ホメオスタシスの維持が、究極の目的として設定されているのである。このことは、有機体そのものに定位する視点（自己の視点）を超えた視点は、彼の理論の中では用意されていない、ということを意味してもいる。この場合、快／苦の感情は、ホメオスタシスの維持にとっての道具として、意味づけられることになる。快感は、その感情を伴う行動や反応が、ホメオスタシスの維持に、つまり有機体の生命活動の安定化に貢献していることを表示している。逆に、苦痛は、それを伴う行動や反応が、ホメオスタシスを破壊するような方向に作用していることを表示している。この場合、苦痛を伴う行為が反復されることは、本来的に、ありえないはずだ。

それに対して、死の欲動の表現と見なされた反復強迫は、苦痛の内に快楽を見出す現象である。そこでは、苦痛であるような行為や経験がまるで快楽をもたらすかのように、追求されているのだ。このような捩じれが生ずるための必要条件は、快／苦の感情が、ホメオスタシスという参照点から自立することである。苦痛の内の快楽といった捩じれを説明するためには、その有機体を外部から捉え、経験するような〈他者〉の視点を導入しないわけにはいかない。快楽を覚える視点と苦痛を感じる視点とは、異なっていなくてはならないからだ。有機体そのものに直接帰属する観点〈自己〉からは、それは苦痛として感じられる。その苦痛を快楽と感じる視点は、外部の〈他者〉にこそ帰属する。〈自己〉が、自身の行動を評価する規準を完全に〈他者〉の方においているとき、死の欲動のような現象が出現しうるのだ。

脳科学が死の欲動を自身の守備範囲の中に取り込むことができるかどうか、そのことが、脳科学の社会学的な転回の成否を測る試金石となるだろう。

注

1　松野孝一郎『プロトバイオロジー――生物学の物理的基礎』東京図書、一九九一年。オットー・レスラー『内部観測』青土社、一九九七年。松野孝一郎『内部観測とは何か』青土社、二〇〇〇年。郡司ペギオ－幸夫『原生計算と存在論的観測』東京大学出版会、二〇〇四年。

2　ダニエル・デネット『解明される意識』山口泰司訳、青土社、一九九八年。

3　ヴィラヌヤル・S・ラマチャンドラン『脳のなかの幽霊』山下篤子訳、角川書店、一九九九年。『脳のなかの幽霊、ふたたび――見えてきた心のしくみ』山下篤子訳、角川書店、二〇〇五年。

4　ネルソン提督の幻肢は有名である。ネルソン提督は、戦争で右腕を失ったが、その鮮やかな存在感を死ぬまで失わなかった。その経験から、彼は、身体から独立した魂の存在についての、特殊な推論をする。物理的に消滅した腕が存続しているとすれば、同じことは、身体がまるごと全て失われても起こるのではないか。ネルソンの考えでは、物理的に身体が失われたあとにも残る「身体のようなもの」（幻肢ならぬ幻身体だが）は魂以外のなにものでもない。これがネルソンの推論である。しかし、ネルソンには気の毒だが、脳が物理的に破壊されたときには、おそらく幻脳は残らない。

5　トッド・E・ファインバーグ『自我が揺らぐとき――脳はいかにして自己を創りだすのか』吉田利子訳、岩波書店、二〇〇二年。

6　ここでは、ダマシオ(Antonio Damasio)の次の諸著作を参照する。

Descartes' Error: Emotion, Reason, and the Human Brain, New York: Quill, 1995（田中三彦訳『生存する脳』、講談社、二〇〇〇年）。

The Feeling of What Happens: Body and Emotion in the Making of Consciousness, Harcourt Brace & Company, 1999（田中三彦訳『無意識の脳、自己意識の脳』講談社、二〇〇三年）。

Looking for Spinoza, London: Heinemann, 2003（田中三彦訳『感じる脳』ダイヤモンド社、二〇〇五年）。

7　S. Zizek, *Parallax View*, The MIT Press, 2006, p.229.

8　脳科学の専門家でなくても簡単に読むことができる、「社会脳」「ソーシャルブレイン」に関する本としては、管見に入る限りでは、次のようなものが挙げられる。

藤井直敬『つながる脳』NTT出版、二〇〇九年。

藤井直敬『ソーシャルブレインズ入門』講談社現代新書、二〇一〇年。

開一夫・長谷川寿一編『ソーシャルブレインズ』東京大学出版会、二〇〇九年。

苧阪直行『笑い脳――社会脳へのアプローチ』岩波科学ライブラリー、二〇一〇年。

第6章
精神分析の誕生と変容——二〇世紀認識革命の中で

1. エディプス神話の改訂版?

【1】エディプス・コンプレックスの神話的解題

フロイトの理論の根幹は、いうまでもなく、エディプス・コンプレックスの仮説である。この説の名自体が、エディプス神話から取られているわけだが、まるでこれだけでは足りないかのように、フロイトは、いくつかの、ほとんど捏造に近いような神話的な語りによって、この説を例解し、また補完している。なかでももっともよく知られているのが、一九一三年の「トーテムとタブー」(以下TTと略記)である。すぐ後で述べるように、ここで提起されている神話は、ほとんど完璧なエディプス・コンプレックスの解説になっている。

とすると、フロイトの読者にとって不思議に思えてくるのは、フロイトが、もうひとつ、エディプス神話の変異型のようにみえる神話的な語りを残しているのはなぜなのか、ということである。もうひとつの語りとは、「人間モーセと一神教」（以下MMと略記）である。MMは、フロイトの絶筆となった論文だ。この論文は、一九三七年から、彼の没年である三九年にかけて、三回にわけて、書かれている。つまりフロイトは、死の直前まで、癌に苦しみながら——そしてイギリスに亡命したあとにも——、異常な情熱をMMに傾けているのだ。すでにTTで、エディプス・コンプレックスの神話的解題は完成しているのに、なぜ、これほど無理して、もう一本、似たような論文を書く必要があったのか？

さらに、異様なのは、MMの内容である。タイトルが示しているように、表面上は、この論文は、ユダヤ教の起源についての歴史研究のようなスタイルをとってはいる。しかし、実際には、これは、ほとんど創作であり、むしろ一種の「小説」である。これを神話的語りだと述べたゆえんはここにある。このなかでフロイトはあまり根拠のない二つのことを、自信たっぷりに断定している。一つは、ユダヤ教の始祖ともみなすべきモーセは、エジプト人だというのである。もう一つは、モーセはユダヤ人たちによって殺された、という推論である。フロイトがこんなことを生前の最後の言葉として残さなくてはならなかったのはなぜだろうか？

【2】第二の科学革命と二〇世紀認識革命

私は、二〇世紀の初頭に、大きな認識論的な革命があった、という仮説をもっている。[1] 科学史の専門家は、一七世紀の科学の大きな変革を「科学革命」とよんできた。基本的には今日にまで受け継がれている自然科学の基本的な枠組みは、この世紀に整えられたように思える。このことは、この世紀を飾る「科学者」とその業績を列挙してみるだけでも、ただちに理解できる。たとえば、「惑星運動についての三法則」で知られるケプラー、慣性の法則を提起したガリレオ・ガリレイ、血液循環論を提唱したウィリアム・ハーヴェイ、弾性（ばね）に関する「フックの法則」のロバート・フック――「細胞」という概念を用い始めたのも彼である――、「元素」という概念を導入したボイル、「ハレー彗星」でその名を知られているハレー等が、この時代の学者である。無論、デカルトやパスカルも同時代人だ。そして、こうした科学史の高峰のなかでも最高の高峰、それこそ、一七世紀末に『プリンキピア』において万有引力の法則を定式化したアイザック・ニュートンである。

もし、ニュートンの物理学に代表される科学の変化が、「革命」の名に相応しいものであるとするならば、二〇世紀初頭の物理学の大変革、すなわち相対性理論の発見から量子力学の成立に至るまでの物理学の転換もまた、「革命」の名に値しよう。相対性理論や量子力学が提示する宇宙は、一七世紀以来、科学全体の共通の前提となっていたニュートンの体系には収容できないものであり、まさにパラダイム・チェンジとよぶに相応しい転換を、科学の領域にもたらしたからである。それゆえ、私は、二〇世紀初頭のこの転換を、「第二の科学革命」とよぶことができると考えている。

さらに、「第二の科学革命」とともに、二〇世紀初頭には、自然科学以外の知の他の領域でも、大きな転換が同時進行していた。たとえば、マックス・ヴェーバーやエミール・デュルケムのような偉大な社会学者が登場したのもこの時期である。レーニンがマルクス主義を理論的に刷新しただけではなく、現実の社会主義国家を実現したのも、この同じ時期の出来事である。哲学の領域では、フッサールによって現象学が生み出され、それがやがて、ハイデガーの存在の哲学へとつながっていく。このように、二〇世紀の初頭は、人間の知の大変革期にあたるので、私は、これをさらに、「二〇世紀認識革命」ともよんでいる。

さて、主としてフロイトの力に与って精神分析が誕生し、成熟してくる過程もまた、第二の科学革命と並行している。つまり、精神分析の誕生・成熟もまた、二〇世紀認識革命の中に含まれている。ここでは、精神分析の誕生と変容を、第二の科学革命を生み出した同じ認識論的な地平のなかに位置づけてみたい。

ここで、TTとMMとの関係は、相対性理論と量子力学との関係と類比的だということを示してみよう。念のために述べておけば、フロイトがそれらの物理学理論に影響を受けた、ということではない。TTもMMも、それ自体として内容を取り上げてみれば、相対性理論や量子力学に似ているところは少しもない。ただ、それぞれのペアをセットにして、その内的な関係の形式だけを比較すれば、類比性を打ち立てることができる、ということである。類比性は、完全に無意識的なものである。この類比を確認するのに、シュミットの政治的決断主義と量子力学との同時代性が、媒介的な通路を果たすであろう。

2. 相対性理論と探偵

【1】第一の科学革命

普通の意味での「科学革命」——本章の文脈では「第一の科学革命」ということになるが——は、村上陽一郎によれば、「聖俗革命」と同時進行していた[2]、あるいは、第一の科学革命は、聖俗革命の端緒であったといった方がよいかもしれない。聖俗革命とは、一七世紀から一九世紀前までに進行したいわゆる世俗化のことだが、科学に即してその内容を述べれば、次の二点に要約できる。第一に、真理の主体が、神から人間へと移行した。ルネサンス期には、真理の座は、基本的には「神の心」だったので、真理にアクセスしうる者は、恩寵によって神の光を受けた者に限られていた。F・ベーコンは、真理のこうした囲い込みを批判している。徐々に真理は、原理的には、すべての人間が近づきうるものへと転換していったのである。第二に、真理の客体（内容）の面での変化が後続した。かつては、自然に関して獲得された真理が、「神－人間－自然」という三項関係のなかで位置づけられていた段階から、「人間－自然」という二項関係の中での位置づけへと変化したのである。自然法則lawは、かつては、神が置いたlayものだったのだ。

このような聖俗革命による濾過を経たあとでも、科学革命の精華たるニュートンの体系には、宗教的とも形容しうる、二つの説明不能な神秘的痕跡が、どうしても残ることになる。痕跡は、体系の出口（被説明項）と入口（前提）二か所にある。出口にある痕跡とは、ほかならぬ「引力」である。ニュートンの物理学は、引力を規定する法則を抽出する。しかし、離れた物体の間にいかにして引力が働くのかを説明することはできない。結局、物体同士がいかに離れていようとも、それらを同時に一挙に観測し、法則に適合するかたちでそれらの間に引力を作用させる超越者を、つまり神の存在を、想定せざるをえない。

だが、神が遠く離れている物体を一挙に観測するために、必要なものがある。光（無限大の速度を有する）である。これが体系の入口にある痕跡だ。光が、時空間を一瞬のうちに満たすことによって、均質的な絶対空間・絶対時間が成立する。つまり、絶対空間・絶対時間という、ニュートンの有名な仮定は、「光」という暗黙の仮定の反面である。ところで、聖俗革命の時代とちょうど一致する啓蒙期とは、その名〈enlightenment〈英〉、lumières〈仏〉、Aufklärung〈独〉〉が示すように、光の隠喩に魅了された時代でもある。理性による理解とは、光を当てることである。そして、聖俗革命とは、畢竟、神に由来する「超自然の光」や「恩寵の光」が、「自然の光」に一元化する過程である。言い換えれば、神の超越性は、自然の光のうちに保存され、理性の働きの前提となるのだ。

ところで、光と重力、これらは、のちにアインシュタインによる物理学の大転換の起爆源になった要素ではないか。光という前提が、まさに前提として自覚され、その内容が特定されたときに導かれるのが、特殊相対性理論である。そして、重力の働き方が、積極的に説明されたときに生み出されたのが、一般相対性理論である。さらに付け加えておけば、光という前提にも説明を加えようとしたときに生じた奇妙な混乱こそが、量子力学として姿を現したのである。

【2】第二の科学革命の第一ステップとしての相対性理論

アインシュタインの知的活動の原点には、一つの思考実験がある。もし人が光線を追いかけ、ついに光線に追い着き、光線とともに移動したとしたらどうなるか？　その人にとっては、光は静止してしまうのではないか？　一六歳のアインシュタインはこのように疑問をもったという。

さて、アインシュタインの特殊相対性理論を導いた公理的前提、それは、光速不変の原理である。光速不変の原理とは、どの観測者からとらえても（どの座標系においても）光速は一定であるという前提だ。たとえば、時速二〇〇キロメートルの列車のなかで、進行方向に向けて時速三〇キロメートルで走る人は、列車のなかの人にとっては、時速三〇キロメートルで移動しているのだが、列車の外の人には時速二三〇キロメートルで動いているように見えるはずである。光速不変は、光に関して、そういうことは成り立たず、だれからも同じ速度に見えるということを意味している。あわせて、それは、光速が速度の絶対的上限であり、それを超える速度がありえないことをも合意している。

さて、光速不変の原理を公理とすると、興味深い帰結が出てくる。時間と空間が、観測者を超越したものではありえなくなり、観測者に相関し、依存した現象となる。だが、そうだとすると、出来事の間の同一性はどう確定されるのだろうか？　古典的には、同一の地点、同一の時刻に生起していることが、出来事の同一性のメルクマールであった。このとき、空間的・時間的な同一性を確認することができる観測者、絶対時間・絶対空間を外から眺めることができる超越的な観測者が、前提になっている。

しかし、時空が観測者に相対的であるとすれば、二人の異なる観測者が観測した出来事の間の同一性をわれわれは確認できるのだろうか？　むろん、できる。出来事の間の同一性／差異性の比較を可能なものにしているのは、すべての観測者に貫通する不変の速度を有する光である。光の速度をすべての観測者に共通する通貨として仮定することによって、異なる観測者が観測した出来事（異なる座標系のうえでの出来事）の間に変換関係が打ち立てられる。その関係を数学的に定式化した場合には、ローレンツ変換とよばれる方程式になる。

古典的なニュートン物理学においては、宇宙の全体を外部からとらえる超越的な観測者が前提になっている、と述べた。アインシュタインの物理学においては、どうなのか？　出来事は、観測者ごとに、異なった時間的・空間的な位置づけをもって立ち現れる。ここには、とりあえず、すべての観測者（の座標系）を包括的に見通すことができるような超越的な観測者は存在していないようにみえる。だが、光を通貨として導入し、異なる観測者の観測の比較可能性が打ち立てられているということは、「どの特定の観測者でもない」という否定的な形式で、すべての観測者を通覧しうる超越的な観測者を導入しているに等しいのだ。こんなふうに述べてもよいかもしれない。古典的な物理学においては、直接に、肯定神学的に、超越的な観測者が措定されており、アインシュタインの相対性理論においては、否定神学的に、超越的な観測者が導入されているのだ、と。否定神学とは、この世界を絶対的に超越している神は、ただ否定的にのみ――「○○ではない」という否定的な形式でのみ――表象しうる、とする説である。これと同様に、相対性理論においては、どの具体的な観測者ではない、ということによって特徴づけられる超越的な観測者が、観測の間の共通性を保証しているのである。

もう一度、若き日のアインシュタインの思考実験を思い起こしておこう。光速が速度の上限になっているということは、観測者がいかに光を追いかけても、絶対に追い着けないということである。観測者は、光に漸近できても、決して、追い着くことはない。それはあたかも（ゼノンのパラドックスにおける）アキレスと亀のごとくである。常に、亀（光）はアキレス（観測者）の前にいるのだ。このように、光は、どの特定の観測者もそこを占めることができない座として導入されているのである。若きアインシュタインの仮定は、自らがのちに導入した理論によって、一方では棄却され、他方では肯定された。棄却されたというのは、どの経験的な観測者も、原理的に光と一緒に移動することはないからだ。しかし、光は、観測者がそこへと漸近していく極限として、つまりは「虚の観測者」が立つ位置として措定されてもいるのである。

超越的な観測者の性格が肯定神学的なものから否定神学的なものへと変化したことに応じて、光そのものに与えられている物理的な性質も変容する。超越的な観測者が肯定的・直接的に措定されている段階では、光には、他の経験的な諸対象を絶した――経験的な諸対象が原理的に有しえない――性質が与えられる。要するに、無限大の速度で移動する能力が与えられ、異なる地点の間の出来事を瞬時に——無時間的に——比較することを可能にしてくれる。超越的な観測者のあり方が否定神学的なときには、事態は、もう少し微妙だ。否定神学は、経験的な諸対象を形容するような述語によっては神を表現できないからこそ導入される。その場合、神は、経験的で世俗的な対象と関連をもたないのではなく、否定的な仕方で——すなわち「それらではない」という仕方で——関係しているのである。要するに、否定神学上の神は、経験的な諸対象との参照関係を通じてのみ規定されているのだ。同じことは、相対性理論の光に関しても言える。光は、確かに、特権的ではある。が、しかし、その特権性は、通常の経験的な諸対象が有する性質の延長上に刻印される。つまり、ある有限の速度によってのみ、光の特権性が保証される。光といえども、無時間的に移動するわけではない。

【3】探偵小説の登場

相対性理論は、時間をめぐる不安の表現であるとみることができる。この理論によれば、ある出来事Eが起きて次に出来事Fが起きた、と素朴に言い切ることは、もはやできない。出来事の継起を直線的に物語ることが——物語る主体の視点から独立には——不可能なのである。このように考えたとき、二〇世紀初頭の——つまり相対性理論の発見とほぼ同時期の——文学の変容に、自然と眼が向くことになる。

二〇世紀初頭に、典型的な小説、つまり三人称客観描写を基本とするリアリズム小説が限界に達する。むろん、三人称客観描写は、その後も小説の主流ではあるが、もはや文学の前衛としては成り立たなくなる。代わって、「意識の流れ」に代表される新しい小説技法が登場する。こうした技法が前提にしているのは、出来事を、客観的かつ直線的な物語的継起のうちに統合することが不可能だということである。とすれば、小説の様式の転換は、物理学の革新と並行していないだろうか。かつてのリアリズム小説を可能にしていたのが、ニュートン物理学を支持していたのと同じ、超越的な「観測者」であるということを理解するのはむずかしくあるまい。他方、「意識の流れ」は、時間の流れが小説に内属する特定の主観に対応しているということの表現である。それゆえ、このスタンスは、相対性理論の「観測者に相関した時空」という概念に類似している。

このように、文学の変容と自然科学の変容には並行性がみられる。ここでは、しかし、前衛的な文学よりもさらに多くの読者をもったに違いない、大衆文学における変容に注目しておこう。同じ時期、大衆文学の領域にも転換がみられる。探偵小説がジャンルとして確立したのだ。そのジャンルを代表するのがコナン・ドイルであり、チェスタトンである。探偵小説が注目に値するのは、このジャンルもまた、現代小説と同様に、時間の問題に対する応答とみなすことができるからである。[3]

探偵小説の根本的な特徴、それは、終わりこそが始まりだということ、（小説の）結末においてこそ（出来事の）起点が示されるということである。小説の冒頭で、殺人が提示される。人は、なにがどのように継起して、このような悲惨な結末（殺人）に至ったかが、分からない。最後に、探偵が、出来事がどのように関連し、こうした結末へと収斂したかを説明するのだ。

このように、相対性理論と探偵小説（そして二〇世紀の前衛文学）は時間をめぐる同じ問題への応答とみなすことができる。さらに、両者が、その答え方の形式を共有している。このことを理解するには、相対性理論の内容の概略を確認しておく必要がある。

さきに、光は、否定神学的な意味での観測者——どの特定の観測者もその座を占めることができないという否定性によって規定される観測者——である、と述べておいた。同様に、探偵小説において、探偵は、否定神学的な超越性を代表している。

いうまでもなく、探偵もまた登場人物の一人である。だが、探偵は、ただの「主人公」とは異なる、特異な規定性を帯びている。探偵小説は、探偵以外のすべての登場人物が殺人者かもしれないとの疑惑を読者に——そして登場人物たちに——引き起こさなくてはならない。探偵以外のだれもが、殺人への欲望や動機をもっており、殺人の機会をもっているのだ。つまり彼らは全員、潜在的な犯罪者であり、実際の犯人以外の者もたまたま犯罪の実行から免れているだけである。しかし探偵だけは、この殺人ゲームに巻き込まれていない。彼だけは潜在的な犯罪者ではないのだ。それゆえ、探偵は、このゲームに「参与していない」という限りにおいて参与しているのである。要するに、探偵は否定神学的な超越者なのだ。

ホームズにはワトソンがついている。探偵には、たいてい、あまり鋭くない凡庸な同伴者がいる。警察が、この役を引き受けるケースもある。彼らは、何のためにいるか？　探偵がいかにスマートかを示すための、引き立て役なのか？　もちろんそうした機能もあるが、彼らにはもっと積極的な機能もある。探偵が正しい解決に達するために、彼らの「誤った解決」がどうしても必要なのだ。彼らの「誤った解決」が、別の観点からみれば、すでに正しいということが判明したとき、真理が得られるのである。

このことを、つまり、探偵は真理には直接に到達できず、ただ誤った解決を媒介にするしかないということを、証明する作品として、スラヴォイ・ジジェクがいくつか挙げている例のひとつに、アガサ・クリスティの『ABC殺人事件』がある。犠牲者の名前がアルファベットのあるパターンに従うように、次々と殺人事件が起きる。最初、人は、一種の愉快犯ではないかと推測する。だが、やがて、「異常な快楽殺人だと思わせること」こそが犯人のねらいだったことが分かってくる。犯人が真に殺したいのは、犠牲者のなかの一人だけであり、このことを隠蔽するために、殺人を、偽装された快楽殺人の列のなかに埋め込んだのである。この例では、「異常な快楽殺人ではないか」といったんは誤ることが、正解への必要なステップになる。

『白銀号事件』のなかで、「そのほかに注意すべきことはなにか」と問われたあとの、ホームズの有名な対話も、こうした事情を例証している。「あの晩の、犬の不思議な行動に注意なさるといいでしょう」「犬はなにもしなかったはずですが」「そこが不思議だというのですよ」。「犬が吠えなかったのだから、怪しい人は来なかった」というのは、誤った解決である。むしろ、それは、「犬が吠えないような人物（犬に馴染んだ人物）」こそが犯人である、ということを示唆しているのだ。「犬が吠えなかった」という事実が、別の観点から捉え返されたときに、正解に到達することができる。

こうした捉え返しが可能なのは、つまり誤りが正解へと解釈換えされうるのは、まさに、探偵が存在しているせいである。ホームズが登場するだけで、読者は、そして登場人物たちは安心する。ホームズが必ず謎を解いてくれる、と分かっているからである。つまり探偵は、無謬性が――真理が――帰属する点として機能しているのだ。探偵が存在していれば、無謬の知の帰属が可能になる。その無謬性を前提的に先取りしておくと、散乱していた知、謎に満ちた事実、不合理にみえていた事実が、別の観点から捉え返され、整合的・合理的なものに見えてくるのだ。誤りを真理へと解釈換えするためには、無謬性が投射される場所――探偵――が存在していなくてはならないのである。ホームズ物は、ワトソンを語り手としているが、このように、探偵小説の多くが、凡庸な同伴者を語り手として、探偵を三人称で指示する物語となるのには、理由がある。語り手とは、「探偵の無謬性」を仮定している、当の人物のことである。

同じことは、相対性理論にも言える。探偵の無謬性に対応しているのが、光速の不変性である。アインシュタイン以前の科学者は、さまざまな方法で光速を測っても一定であるという実験事実に対して、「そんなはずはない」「それは間違いだ」と考えてしまった。それに対して、アインシュタインは、実験が含意する事実を、そのまま受け取った。いってみれば、「光速が間違えるはずがない」と仮定したのである。この強力な仮定があるとき、いかにも不合理にみえていた観測事実が、すでに、真理を示唆していたことが分かってくる。たとえば、「高速で動いている物体の長さが短い」という事実は、最初は、ナンセンスで、奇妙なことにみえる。[4] ちょうど、「犯人が来たのに犬が吠えなかった」という事実が、不可解なのと同様である。だが、光速の不変性を仮定しておけば、移動している物体が短いということは真理なのである。犬が吠えないということがすでに真犯人を指し示しているのと同様である。

繰り返せば、ニュートンの物理学は、宇宙を外部から観測する超越的な視点を前提にしていた。アインシュタインの相対性理論が、そのような超越的な視点を排除したわけではない。そうではなく、直接的・肯定的な形式から、否定神学的な形式へと、超越的観測者を変容させたのだ。そう考えると、相対性理論は、ニュートンの理論を、単純に否定したのではない。むしろ、相対性理論は、ニュートン的な宇宙を真に完成させたのである。言い換えれば、光の超越性は、アインシュタインの理論において、真に確立したといえる。とすれば、相対性理論の段階では、まだ、真の断絶はやってきてはいない。第一の科学革命の成果からの真の離脱は、その後に、つまり量子力学の登場したときに生ずるのである。

量子力学については後で論じよう。

3. 死んだ父

【1】動く茸、動く彫像

精神分析に戻ろう。フロイトの理論は、神経症についての臨床体験を基礎にして構築されている。その精髄を理解するには、フロイト自身の神経症的な症状に眼をつけてみるのがよい。つまり、フロイト自身を精神分析してみるのだ。実際、フロイトには、そうした分析への欲求を喚起するようないくつかの奇癖があった。

たとえば、フロイトは茸に対する不可解な情熱に取り付かれており、伝記作者たちの注目を集めている。フロイトの弟子アーネスト・ジョーンズによると、フロイトの休暇のお気に入りの遊びは、茸つみであった。ジョーンズは、フロイトには茸を探し出す神秘的な能力があって、汽車のなかからでも茸の在り処を正確に言い当てたと記している。もっと奇妙なのは、フロイトの茸の取り方である。彼に、まるで蝶をつかまえるときのように――そっと忍びよって帽子を被せることで――茸を捕らえたのだという。フロイトは、似たような偏執的な関心を彫像にも向けていた。フロイトは彫像のたいへんなコレクターだった。ジョーンズは、彫像への、フロイトの個性的な対し方について記している。フロイトは、彫像を入手すると、いつもそれを、まるで客のように食卓に招くのが常だった。

ところで、茸も食用なのだから、食卓に招かれている。実際、茸と彫像はどこか似ていないか。

似ている、とマリー・バルマリは述べている。どちらも、脚部と上部から成っているから、と。バルマリは、フロイトにとって茸と彫像は等価物であったとみなし、そこから、「エディプス・コンプレックスの理論」誕生のメカニズムを見事に解明してみせている。茸と彫像は、どのような意味で等価だったのか？ フロイトが茸を動き回る小動物のように扱っていた、と述べた。彫像が、茸と等価だとすれば、彫像も動くはずではないか。実際、彫像もときに動く。モーツァルトのオペラ「ドン・ジョバンニ」において。フロイトは、音楽は大嫌いだったのに、モーツァルトのこのオペラだけは偏愛していたという。

「ドン・ジョバンニ」はこんな物語である。ドン・ジョバンニは、騎士長の娘アンナを誘惑し、手込めにしようとする。父親つまり騎士長は、娘と家を守るため、ドン・ジョバンニと決闘するが、殺されてしまう。ある晩、ドン・ジョパンニは下男のレポレルロを伴って、彼が殺した騎士長の墓とその彫像がある墓地に通りかかる。彼が、その悪行を下男に話してやると、突然、騎士長の声が聞こえてくる。彫像が動きだし、彼らを見つめるのである。彫像の台座の碑文には、「わが命を奪った不信心者への復讐を、我ここに待つ」とあった。ドン・ジョバンニはこれに動じず、死の予告も無視して、嘲笑的な態度で応ずる。レポレルロに騎士長（彫像）を夕食に招待させよう、というのだ。彫像は、これに応じて夕食にやって来る。騎士長＝彫像は、返礼としてドン・ジョバンニを招待しようとするが、ドン・ジョバンニはこれを拒否する。つまり回心を拒むわけだ。最後に、彫像に手をつかまれながら、ドン・ジョバンニは死ぬ。地獄の責苦が彼を待っている。

フロイトの茸＝彫像とは、「ドン・ジョバンニ」の騎士長にほかなるまい。それは、規範の担い手として回帰してきた、「死んだ父」である。この点さえ確認しておけば、TTを解読するための準備は整った。TTは、われわれの文化の起源に原父の殺害があったとの仮説（神話）を提起する。最初の父を殺してしまったことが、人類共通のトラウマであり、われわれの罪責感の源泉になっている、というのだ。ここで重要なことは、実際に原父の殺害の歴史的事実があったかどうかということではない。そうではなくて、社会的規範によって維持されている秩序としての文化が成り立つためには、原初の父の殺害が、常にすでに終わったこととして――永遠の過去として――想定・措定されてしまう、ということである。なぜか？

　規範の担い手――規範的な判断・禁止の帰属点となる身体――は、生ける父ではなく、常に死んだ父でなくてはならないからである。死んだ父とは、具体的で経験的な身体をもたない父、つまり抽象化された超越性のことである。[6]父は、死ぬことによって、規範を与えうる、抽象化された超越的審級（第三者の審級）として回帰してくるのだ。これは、次のようなことを思うと分かりやすいだろう。たとえば、われわれは裁判官の判決を、規範的な実効性のある命令として聞くが、彼が、具体的な身体としてはくだらない人物であることも知っている。命令の効力の源泉は、彼が占める抽象的で機能的な地位（死んだ身体）にあるのだ。

　TTは、規範が実効性を有するための構造的な条件として、死んだ父が措定されるということを、神話的な語りのなかで表現しているのである。エディプス・コンプレックスこそ、まさに、この構造的条件のもうひとつの言い換えだ。父を殺害し、母と交わりたいという欲望とは、父を死んだ状態（抽象性）において保持し、それを禁止（母との接触の禁止）の担い手としようとする志向性を指しているのである。フロイトの『夢解釈』に、「死んだ父」についてのこんな夢が記載されている。夢の中で、父は、自分がもう死んでいるのにそのことを知らない――それがために生きているかのように活動している。抽象化された超越性とは、このような「己の死について無知な死んだ父」のごときものである。

この、どこが、相対性理論との類比を誘うのか？　相対性理論は、否定神学的な観測者を前提にしている、と論じておいた。どの観測者でもない、どの観測者もそこを占めることができない、という否定性によってのみ確保されるような超越的な観測者が、すべての座標系（すべての他の観測者）を関連させる普遍性として機能するのであった。これと同じように、エディプス・コンプレックスにわれわれが見いだすのは、生きていない限りでのみ活動的な、否定（神学）的な超越性である。ここから推測できることは、フロイトはエディプスを文化が成立するための普遍的条件とみなしているが、それは、近代的な文化の条件――とりわけ一九世紀から二〇世紀への転換期の文化に固有の条件――ではないかということである。

【2】「無意識」の発見

さらに、「無意識」という精神の領域の発見へと導く条件が、同じ構造的な布置に規定されている。ここで、探偵小説と相対性理論との同時代性についてのさきの議論を想起されたい。探偵小説の探偵と精神分析家との間の類似性については、すでに実に多くの言葉が費やされてきた。たとえば、探偵小説の発端は殺人事件だが、エディプス的な父殺しや原父殺害の神話こそは殺人の原型である、と論じられてきた。あるいは、自分自身の過去の秘密を、恐るべき熱心さで探索したエディプスこそが、最初の探偵であるともいわれてきた。また、「狼男」とよばれる、フロイトの有名な患者によれば、フロイトはホームズ物の熱心な読者だった。さらに、ラカンは、『エクリ』で、探偵小説以前の探偵小説ともみなすべき、エドガー・アラン・ポーの『盗まれた手紙』を徹底的に分析している。このように、探偵と精神分析家との間の類縁性を暗示する事実には、ことかかない。

フロイトがホームズを熟読したり、ラカンがポーの小説に異様な関心をもったりしたのは、探偵が行っていることと、精神分析家が行うべきこととの間に、形式的な同型性があるからである。探偵小説は、探偵の無謬性を前提にしてこそ成り立つが、同じような無謬性を、患者は分析家に対して想定する。ラカンは、『盗まれた手紙』の探偵デュパンが最後に報酬を要求する部分までもが、つまり紳士的な人物が突然お金にきたない商売人に転ずる場面までもが、分析家のなすべきことの範例となっていると論じている。探偵は、他の登場人物たちに対して——否定神学的な意味で——超越している、と論じておいた。同じような超越性を、患者に対して保持し、患者との対等な相互関係から身をひくために、分析家は高額な代金を請求する。お金で関係を清算してしまうことで、精神的な借金 - 負債関係をキャンセルすることができる、というわけだ。

だが、それにしても、次のような疑問をもたないわけにはいかない。精神分析の理論の確立が、一九世紀から二〇世紀への転換期だったのはなぜなのか、と。この時期に至るまで、固有の意味での無意識が見いだされなかったのはなぜなのか？　この疑問を解いてくれる事実は、相対性理論が「光」に与えたあの身分である。

まず、「無意識」という現象の奇妙な逆説性に思い至らなくてはならない。私がなにかを経験し、それゆえ私に対してなにごとかが立ち現れている。しかし、にもかかわらず、「それ」が――つまり私が経験し、私に立ち現れている（と私が、思っている）ことが――、私が本当に経験したり、私に本当に立ち現れていることとは違う、とみなされるときに、無意識という現象が認定されるのである。留意すべきことは、「無意識」を、経験の背後で働いている、不可視の因果関係や心理的な操作のようなものと考えてはならない、ということである。私が考えたり、感じたりしているとき、私の脳のなかでは、私に気づかれることなく、さまざまな物質的な因果関係が作用しているが、無意識とは、もうひとつの「別のシーン」で展開しているこのような操作ではない。重要なことは、無意識もまた経験であり、私に対して現象している、ということである。経験に、特殊な自己分裂が生じているとき、無意識が現出するのだ。

例を挙げて説明しよう。フロイトは、『日常生活の精神病理』のなかで、ある若い既婚女性の症候的な「失敗」について記述している（第5章4【2】でも言及した事例である）。その女性は、面接の自由連想のなかで、突然、「昨晩、爪を手入れしていて、甘皮を傷めてしまった」という話をした。それは、あまりにも文脈から外れた話題であった。その不自然さを補償するようななにかがあるのだ。傷つけられたのが結婚指輪をはめる薬指だったこと、その日が結婚記念日だったこと、さらに、彼女が夫の不器用さや自らの不感症を暗示する夢を報告していたこと、フロイトは、これらの事実をもとにこの爪の手入れの失敗には明確な意味があるのではないか、と推測する。とりわけ、フロイトは、なぜ傷つけられたのが左手だったのか——（彼女の国では）結婚指輪は右手にするのが普通なのに——と問うて、次のように解釈する。彼女の夫は、弁護士、つまり「法学博士 Doktor der Rechte（doctor of right）＝右の博士」である。それに対して、彼女が、結婚前に密かに愛していた男性は医者で、彼女は、彼を（「右の博士」と対照させて）「左の博士 Doktor der Linke（doctor of left）」とよんでいた。つまり、フロイトの結論はこうである。彼女のささいな傷は、彼女の「結婚は失敗だった」という認識や、本当に愛する人を選ばなかったことへの深い後悔を圧縮し、表現しているのだ、と。

この若い女性は、ただ偶然の過ちによって指を傷めてしまったと思っている。また、とくに深い理由もなしに「昨日の失敗」を話題に出しているだけだ、と考えているに違いない。しかし、にもかかわらず、彼女には、このとき——指を傷つけたとき——本当は自身の結婚に対する後悔の念が立ち現れているのである。彼女は、自分の結婚が失敗だったとは考えておらず、結婚に大いに満足していると主張するだろう。彼女は、あの「医者」への未練はすでにない、と言い張ることだろう。にもかかわらず、彼女は、本当は、自分の結婚が失敗だということを知っており、「右の博士」をまだ愛しており、そして、欺瞞的な妥協を図った自分に罰を与えるために、左手の薬指に傷を付けたのである。このように、経験している（と思っている）ことが、本当に経験していることから乖離しているとき、無意識が宿るのだ。

だが、そうだとすると、疑問がわく。私が経験したと自覚してはいないことが、いかなる権利において、なお、私の本当の経験だといえるのだろうか？　私に立ち現れている（と私が自覚している）こととは違うことが、なぜ、「私に本当に立ち現れていること」としての身分を獲得することができるのだろうか？　経験されていないことが経験されており、立ち現れてはいないことが立ち現れているという捩れはいかにして可能なのだろうか？

患者の無意識は、一般に、精神分析家との関係のなかで――分析家への転移を通じて――抉出される。この事実がポイントである。私は、私の経験を観測・観察している。たとえば、さきの女性は、自分の爪を手入れする行為を観察し、ただの偶発的な失敗として認知する。このように、私が直接に観察していることは、「意識」の水準に属している。それに対して、無意識の思考内容は、直接的・第一次的には、「私ではない」という否定性によって定義されるような他者に対して、立ち現れているのである。無意識は、このように、さきに「否定神学的」と形容したような、超越的な他者による観察を前提にしているのだ。つまり、相対性理論が「光」に対して与えたのと同じタイプの超越性を帯びた観察者が、初めて、無意識という闇に、まさに光を当てることができるのである。

そうだとすると、われわれは、主体のあり方に関する不安な屈折に立ち会わされることになる。無意識の思考内容は、私にとって内密の真実である。たとえば、さきの女性にとって、「爪の手入れの偶発的な失敗」という認知よりも、「結婚への後悔と自己懲罰」という認識のほうがより深く、真実である。常識的なイメージでは、こうした内奥の真実は他者からは接近しがたく、ただ自己自身によってのみ把握され、経験されうる。だが、実際には、まったく逆に、この内奥の真実は、まずは他者に対して立ち現れ、他者に観察されるのである。私の内面のもっとも深いところにある真実が、しかし、第一次的には、他者に帰属しているという捩れ、これこそが、無意識を出現させるのである。

繰り返し確認すれば、無意識が見いだされるためには、私に対して、否定神学的な仕方で超越しているような他者の視点が存在していなくてはならない。無意識は、主観的とも客観的とも分類しがたい曖昧性を、その本性としている。無意識の欲望や幻想は、むろん、客観的な実在ではない。が、しかし、それらは、主体の自発的な能動性には服さず、主体の意識的な操作に抵抗しているからには、通常の意味で主観的とも言いがたい。こうした両義性は、経験的な世界の内部にいるとも外部に超越しているとも決定しえない否定神学的な観察者の両義性から、導かれるものである。これは、経験的な対象であると同時に、「どの観測者もそこに追い着かない」という否定性によって、すべての観測者がその内部に入るような総体的領域を境界づける機能をになった、相対性理論の「光」の位置づけと、正確に符合している。

【3】規律権力――フーコーの議論から

したがって、精神分析を可能なものにしているのは、否定神学的な否定性において君臨する超越的な他者の視点である。この同じ超越性を、神話的な形式で理論化したのが、エディプス・コンプレックスの仮説である。

ミシェル・フーコーが論じたことを、ここでの議論に接続させることができる。フーコーは、（近代的な）精神医学が、彼のいう「規律権力」と相即して誕生したと考えている（一九七三～七四年度コレージュ・ド・フランス講義）。君主（主権者）の権力から規律権力への転換が、ちょうど、狂気や精神疾患への取り扱いの劇的な転換と並行しており、両者は、実際には同じものだというわけである。この転換が生じたのが、フーコーによれば、ピネルがビセートルで狂人たちを鎖から解放したころである。もう少し厳密にいえば、一八世紀の最後の数年から、一九世紀の最初の二〇～三〇年に、この転換が生じ、原始精神医学とよばれる実践が成立した、というわけである。一七八八年のイギリス王ジョージ三世の治療――それはウィリスが担当した治療であり、ピネルによって彼の著書のなかで引用されている――が転換の最初の徴候である。[7]

フーコーのこの説と関連づけるならば、こう述べることができる。フーコーがその端緒を記したこの転換の最終的な帰結こそが、精神分析学ではないか、と。規律権力の特徴とはなにか？　それは、有名な『監獄の誕生』から、とりわけベンサムの「パノプティコン」の記述を通じて、抽出することができる。規律権力を可能なものとしている条件は、権力の原点が完全に不可視化・抽象化することである。このことによって、監視の効果が遍在化・普遍化することになる。これが規律権力である。ところで、抽象化し、不可視化した権力源泉とは、ここで精神分析に即してみてきた、否定神学的な超越的な他者そのものではないだろうか。それは、エディプス・コンプレックスの仮説のなかでは、死んでいることによって活動的な父であり、また分析の臨床においては、患者の背後に立ち、現前しないことによって実効的な分析医である。一九世紀への折り返し点に端緒を開かれた過程の、最終産物として、精神分析が生み出されたのである。

フーコーは、近代的精神医学の誕生前のある治療を、コレージュ・ド・フランスでの講義で引用している。それは、一九世紀の初頭（一八〇四年）の例であり、フーコーは、いままさに消えいこうとしているタイプの実銭として、これを紹介しているのである。それは、メイソン・コックスが記録している、メランコリー患者のケースである。患者は、自分の家政婦が自分を殺そうと、あれこれ画策しているという妄想に取り付かれる。医師たちは、これを、ある意味では極めて巧みと言いたくなる方法で、治療してしまう。医師たちは、患者の妄想を、「真理」として受け取ったふりをすることで、患者を治療へと導いてしまうのだ。患者の妄想を裏づける実験をし、家政婦を尋問し、ついには逮捕までする（ふりをする）。そして、家政婦が与えた毒に対する解毒剤だと称して、患者に――かれはそれまで食事をずっと拒み続けてきた――食事療法をほどこしたのである。[8]

これを、先ほどの『日常生活の精神病理』から引いた例と比較してみるとよい。このメランコリー患者のケースには二つの真理が作用している。患者にとっての真理（妄想）と、周囲にとっての真理（「妄想」の偽装）である。両者は、同じ指示対象をもっているが、後者が再び患者へと投げ返され、患者の「無意識」を構成するようなことはない。ここには、まだ無意識が独自に活動する場がない。なぜか？　まだ、否定神学的で、抽象的な他者が登場していないから――そのような他者の視点が転移のメカニズムを通じて患者に内面化することがないから――である。

4. 量子力学と「もう一人のモーセ」

【1】波束の収縮と政治的決断主義

第二の科学革命を構成するのは、相対性理論だけではない。それは、二段ロケットのように構成されている。すなわち、相対性理論に引き続いて、量子力学が登場する。真の断絶は、相対性理論のところにではなく、むしろ、量子力学の地点にある。さきに述べたように、相対性理論は、それ以前の理論――ニュートン以来の理論――を否定するよりも、むしろ、それを完成させる。それに対して、量子力学は、以前の理論の前提を総体として拒否してしまう。

量子力学を解説することは、相対性理論のようにはできない。量子力学がむずかしいからではない。そうではなくて、量子力学を理解するということは、量子力学が理解不能であることを理解することを含意しているからである。量子力学は、一九二〇年代から三〇年代にかけて――つまり第一次世界大戦後から第二次世界大戦までの間に――、幾人もの物理学者によって、少しずつ、その姿を現してきた。ここでは、量子力学の、いくつかの断片的ではあるが、顕著な特徴に着眼して、議論を進めていこう。

量子力学の謎は、物質が――光子や電子のようなミクロな物質が――粒子と波動の二重性を呈するということにかかわっている。量子力学によれば、「実在」は、観測とともに獲得される。つまり、観測された瞬間に、時間的・空間的な位置や速度をもった現実の物質的な粒子が出現するのである。この現象は、「波動関数の崩壊」とよばれる。観測こそが、波動から粒子への劇的な交替を画すのである。この現象に対する標準的な解釈がコペンハーゲン解釈である。それによると、波は「粒子がそれぞれの場所で見いだされる確率（可能性）」の分布であって物質ではなく、その波は観測を通じて物質化する。だが、こうした解釈によって謎が消えるわけではない。われわれとしては、この謎の物理学的な解釈に拘泥するつもりはない。相対性理論のときと同じように、この物理学的な知見を、より広い認識のコンテクストの中に置き直して、再評価してみたいのだ。

観測による波動関数の崩壊――波束の収縮――という現象は、「決断」という営みへの連想を導かずにはおかない。人は、ときに迷う。行くべきか、退くべきか。右か、左か。……どちらも同じ程度に説得的に思える。が、ある瞬間に、天啓が閃き、「よしこれだ」と決断する。不決定性を前にしたためらいから決然とした態度への突然の転換こそは、波（無数の可能性へと分岐している状態）から粒子（特定の位置や運動量が定まった状態）への転換に、つまりは量子力学的な観測に、類比させることができるだろう。

こうした類比は、一人の量子力学の同時代人を呼び出すことになる。ナチス体制を理論的に正当化した政治学者カール・シュミット、その人である。シュミットの政治的決断主義によれば、主権者とは、例外状態（非常事態・有事）において決定を下す者のことである。主権者としてイメージされていたのは、ドイツ大統領や総統ヒトラーであった。

独裁的な主権者を肯定するシュミットの議論は、一見、前近代的な王の支配のようなものを正当化しているようにみえる。シュミットが、第一次大戦後のヨーロッパで、決断主義を唱えたのはなぜなのか？　実際には、シュミットは、前近代的な王権への復古をねらったのではない。逆に、彼の主張は、近代がある限界を超えて徹底されたときに生ずる困難の克服を志向したものなのである。この点を理解するには、近代を特徴づける個人主義や自由主義が徹底されたときには、どのようにして政治的・社会的秩序が導出されるかを考えてみればよい。このとき、どのような価値観や具体的な規範・目的を採用するかは個人の自由に委ねられるのだから、ありうる解答は二つであろう。すなわち、欲望や利害を追求する諸個人の戦略的な相互作用が、結果として社会秩序を形成するとみなすか、あるいは、諸規範や目的に対して中立的で普遍的なルールを設定しさえすれば、秩序が形成されると考えるかのいずれかに違いない。前者が、経済学的な功利主義の解答であり、後者は、ケルゼンやロールズのような法哲学者の解答である。要するに、具体的な内容を有する規範や価値を想定しない形式主義のみが残されるのだ。

だが、シュミットによれば、このような社会秩序についての純粋な形式主義から、現実的《アクチュアル》な社会生活へと、一足飛びに移行することはできない。形式主義が潜在的に許容する可能な秩序は多様に過ぎて、どの具体的な秩序を選ぶべきかを決定できないからである。両者を媒介できるのは――シュミットによれば――主権者の断固たる意志のみである。主権者が、特定の内容をもつ命令や（抽象的なルールに対する）特殊で具体的な解釈を人びとに課すのだ。

そうだとすれば、シュミットの保守主義は、伝統的な価値や王の正統性とは何の関係もない。逆に、シュミットの議論は、こうしたものが社会的な実効性をすっかり失っていることをこそ、前提にしているのである。それゆえ、政治的決断主義にとって重要なのは、決定の内容ではない。何であれ決定が下されること。それが主権者の意志に帰せられるという事実が重要なのである。決定は、自ら以外のなにものにも根拠をもってはいない。そうであるとすれば、主権者の決定自体が、内容とは関連のない形式にすぎない。中立的なルールについての形式主義に、決定についての形式主義を対置したのだ、シュミットの議論なのである。

主権者は例外状況において決定を下すとシュミットが述べているときの、その「例外状況」とは何であろうか？　法的な観点からみたときの例外状況の性格を、アガンベンの論を参考にしながら要約しておこう[9]。例外状況には、法の内と外との区別に関して、解消不能な不決定性が宿る。法の実効性を停止する主権者の権力自体が、法的に正統化されているからである。それは、典型的なクレタ人のパラドクスの様相を呈している。「この法は実効的ではない」という法にしたがっていることになるからだ。とすると、例外状況においては、法の遵守と侵犯との間の区別が不可能になる。法が、その機能停止という形態でのみ実効性を保っているのだとすれば、通常だったらまったく遵法的だとされるような何でもないことでも侵犯となりえ、逆に、普通だったらとてつもない凶悪犯罪にあたるようなことでも法に適っているとみなされうる。ちょっとした外出でも違法行為とされる場合もあれば、人を無差別に殺すことも正当とされるときもあるのだ。

要するに、例外状況とは、なにが許容され、何が禁じられているかの境界が決定できない社会状態であり、それゆえ、どんなことでも起こりうる状況である。この点まで確認しておけば、もう一度、量子力学に回帰できる。例外状況は、量子力学が主題としている波動の社会的対応物ではないだろうか。波動とは、電子や光子のような微粒子の可能な運動がすべて潜在している状態である。そこでは、すべての運動が許されているのである。

例外状況で主権者は決断する。なにを、か？　主権者は、友と敵との境界を決定するのである。彼は、法の内と外とが判別できず、したがってだれがわれわれの規範を受け入れた仲間かが判別できない状況のなかにあって、友（われわれ）がだれであり、敵（彼ら）がだれであるかを定義するのだ。これは、まるで「波束の収縮」のようではないか。観測を通じて、潜在的・可能的な運動の束（波）中から、一個の粒子が結晶し、立ち現れる。これと同じように、主権者の決定を通じて、人民の集合のなかから「友」が結晶する。

【2】二人のモーセ

さて、われわれは冒頭で、一つの疑問を挙げておいた。フロイトはなぜMMを書いたのか。それにどのような必然性があったのか。

フロイトにとって、モーセは特別な人物だったらしい。たとえばフロイトは、ミケランジェロのモーセ像——彫像としてのモーセ！——について、匿名で文章を残している。さらに興味深いのは、バルマリが指摘した、次の事実である。フロイトは、一八八七年から九五年にかけて六人の子どもをもうけたのだが、その六人の名前のイニシャルを適当に並べるとMOSHEとなる（ただし六人目のアンナの名をユダヤの洗礼名ハンナに書き換える）。これは、普通とはスペルは異なるが、まさにモーゼと読める。フロイト家の食卓には、モーセが常に招かれていたのだ。食卓tableは、モーセがもたらした十戒（規範）の記された石板に比せられる。

こうして、われわれは、フロイトの最晩年の論文MMに導かれる。フロイトがモーセをエジプト人とみなそうとしたのは、モーセが、特定の共同体（ユダヤ人）にのみ固有の土俗的な習俗（多神教）を超える、普遍的な規範（一神教）をもたらしたと意味づけるためであろう。モーセは、ユダヤ人にとっては外国人であって、その出自からして、ユダヤ的な特殊性を逃れていた、というわけである。フロイトは、モーセがもたらした規範（たとえば割礼）が、ユダヤ人固有の習俗ではなかったということを、繰り返し強調している。

ここまでであれば、MMには新味はない。つまり、これは、エディプス・コンプレックスの単純な書き換え以外のものを含まない。だが、フロイトの推論では、モーセはユダヤ人によって殺されてしまう。これはTTが描いた原父殺害の再現だろうか？　断じて、違う。TTにおいては、父は殺されることによって、規範の担い手として再来するのであった。それに対して、モーセは、殺害される前から、すでに規範（律法）をもたらした者としての地位を確保している。ここで殺されているのは、規範を与え、具体化している父のほうである。死んだ父が、もう一度、殺されているのだ。モーセは、最初から、いわば「ユダヤ人としては死んでいる（ユダヤ人ではなくエジプト人である）」という設定の意味はここにある。

原父は殺害されることで、規範の担い手である神として回帰した（TT）。それならば、エジプト人のモーセは、殺害されたことの帰結は何か？　それこそ、ユダヤ教以外のなにものでもない。エジプト人のモーセが殺され、今度は、ユダヤ教の神として――いわばユダヤ人のモーセとして――回帰するのだ。ユダヤ人（セム人）のモーセとは、ヤハウェのことである。[10]

ヤハウェは妬む神である。だから、彼は、偶像崇拝を厳しく禁止する。彼は、しばしば、理由もなく怒り、不可解な試練を人間に課す。したがって、合理的な規範の与え手（エジプト人のモーセ）が死んだあとに出てくるのは、純粋な意志と化した神ではないだろうか。彼は気まぐれで、「そうしたいからそうしているのだ」とトートロジカルに説明するしかないような命令を発する。

ここに見てきたような関係、つまり、「規範の与え手に対する、純粋な意志としての神の関係」は、カール・シュミットが論じたあの関係――「形式的な法に対する、決断する主権者の関係」―

―に等しい。[11] シュミットの主権者は、形式的な法に、意志の一撃を加え、それを実効的なものにする。ところで、前項に述べたように、シュミットの決断主義は、量子力学的な観測――波動関数を崩壊させるあの観測――に対応している。観測は、政治的決断主義の物理学的な表現である。そうであるとすれば、フロイトのMMもまた、量子力学と同じ精神を共有していることになるだろう。TTからMMへの転換は、相対性理論から量子力学への転換を導いた精神の転換のもう一つの現れではないだろうか。

5. 死の欲動

最後に、フロイトの「死の欲動」という奇妙な概念の意味もまた、量子力学を背景にして解釈することができる、ということを示しておこう。量子力学の神秘は、波動が、確率が、つまりは可能性が純粋に客観的だという点にある。われわれ「近代人」は、可能性ということは、主観的で、人間の内面世界にかかわることであり、自然そのものは「可能性」というものを知らない、と考えることを常としてきた。未来に関してのみ可能性を云々しうるのは、未来に対して、人が選択的にかかわるからである。たとえば、私は明日映画を観に行く可能性があるというのは、私が意志の働きによってそのような選択肢を採用することができる（しないこともできる）ということである。ときに「明日の降雨の確率」ということを言うが、これは明日の天候についてのわれわれの予想の確信の度合いを指しているのであって、「降雨50％／晴天50％」という客観的状態があるわけではない。ところが、量子力学が意味していることは、まさに、客観的な自然が――人間の主観的な態度とは独立にそれ自体で――可能性（確率）を宿して存在している、ということなのである。

この謎、つまり「客観的で現実的《アクチュアル》な可能性」という謎を解くことはできないが、しかし、これを、精神分析理論における転換と対照させることで、相対化することならばできる。フロイトほど、たえず自身の理論を改訂し続けた人は少ない。そうした改訂のなかでももっとも大きなものは、第一次世界大戦の直後にやってくる。それは、「死の欲動」なる概念の導入によって画される。死へと向かう欲動とは、不可解なアイデアではないだろうか。生体は、放っておいても死へと向かう傾向があるのに、――それに抗する「生の欲動」ならば理解できないことはないが――それでもあえて死の欲動が作用していると見なすのは、なぜなのだろうか？

「死の欲動」という奇妙な概念を理解するためには、この概念の導入へとフロイトを強いた、本来の場面に立ち返るのがもっともよい。フロイトが「死の欲動」を仮定したのは、反復強迫を説明するためであった。患者は、しばしば、患者にとって明らかに苦痛に満ちている過去の体験に、想起や夢などの形態で、反復的に立ち返ろうとする。たとえば、第一次大戦の後、フロイトは、戦争や戦場の恐怖の体験をめぐる夢を繰り返しみるような患者に、何人も会ったのである。このようなタイプの反復は、「快感原則」の範囲内では、どうしても説明がつかない。死の欲動は、苦痛へと突き進もうとするこうした衝動を名づけるために導入されたのである。

死の欲動の発現場面がこのような意味での反復であるとすれば、それは、既定的な過去そのものに、開かれた可能性を挿入する操作だとみなすことができるのではないか。たとえば患者が、戦場で彼の戦友が死亡した瞬間や、あるいは彼自身が敵を殺害した瞬間に反復的に回帰しているとしよう。そのような反復には「ああしていれば戦友は死ななかったかもしれない」「ああなっていれば自分こそ死んでいたかもしれない」あるいは「こうしていれば奴を殺さずにすんだかもしれない」といった、切実なる悔恨や罪責感とともになされるに違いない。このように、反復を通じて、過去の決定的な瞬間が偶有化するのである。「偶有性」とは、必然性と不可能性の両方の否定によって定義されるような様相――つまりは「他でもありえた」とみなしうる様相――のことである。したがって、言い換えれば、反復は、過去に、隠された――いってみれば裏切られ無視された――可能性が随伴しているということを開示するのだ。

とすれば、死の欲動の概念が指示しようとしていた事態と、量子力学的な事態との著しい類似性に気づかざるをえない。反復される過去は、まさにそれが過去である以上は、私はそれを改変したり、それに影響を与えることはできず、この意味で、私からは疎遠な客観性として立ち現れている。だが、まさにそれゆえにこそ、その過去は偶有性をも帯びる。つまり、過去は、その既定された自ら自身と同等の現実性《アクチュアリティ》をもった「他なる可能性」を随伴して現前するのである。こうした客観的な過去をめぐって、可能性と現実性とが直結することになる。ところで、可能性（いわば確率分布）が客観的に実在するというこのあり方こそ、量子力学の含意ではなかったか。

第一次大戦の頃に、フロイトたちは、反復強迫に苦しむ多くの患者に直面せざるをえなかった。反復強迫を訴える患者は、必ずしも、大戦への参戦者や被害者だけではなかったはずだ。いずれにせよ、フロイトは、その反復強迫のメカニズムを、「死の欲動」の概念においてとらえようとしたのである。そして、反復強迫を時代の病として生み出す同じ状況に感応しながら、量子力学への探究が進められていたのであろう。

注

1　大澤真幸『量子の社会哲学』講談社、二〇一〇年。
2　村上陽一郎『近代科学と聖俗革命』新曜社、一九七六年。
3　スラヴォイ・ジジェクの指摘による。Slavoj Žižek, *Looking Awry*, MIT Press, 1991.
4　実際、ローレンツ短縮を見いだしたローレンツは、単に移動するということのみで物体が縮むはずがないと考え、短縮には、なにか別の原因があるはずだと思ってしまった。彼は、物体内の電子の移動によって、電磁場に変化が起き、物体内の電子の平衡状態が崩れたことに、短縮の原因を求めた。ローレンツは、ワトソンのようなものである。
5　M. Balmary, *L'homme aux statues*, Bernard Grasset, 1979.（岩崎浩訳『彫像の男』哲学書房、一九八八）。
6　私は、これを、第三者の審級の一つの類型「抽象身体」とよんでいる。
7　Michel Foucault, *Le pouvoir psychiatrique. Cours au Collège de France (1973-1974)*, Paris, Gallimard/Seuil, 2003（慎改康之訳『精神医学の権力』筑摩書房、二五 - 三三、二〇〇六）。

8 同訳書、四二‐四五頁。

9 Giorgio Agamben, *Homo sacer*, Giulio Einaudi editore, 1995.

10 ヤハウェがセム人のモーセであるという言い方は、ジジェクによるものである。

11 シュミットの決断主義を、フロイトのエディプス神話の変異版との関係で読み解くという方法に関して、われわれは、部分的にジジェクにならっている。詳細は異なるが、Slavoj Žižek, "Carl Schmitt in the Age of Post-Politics" Chantal Mouffe ed. *The Challenge of Carl Schmitt*, Verso, 1999.

第7章

女はいかにして主体化するのか

——河合隼雄の『昔話と日本人の心』をもとに

河合隼雄が一九八二年に出した『昔話と日本人の心』(岩波書店、以下『昔話』と表記)は、昔話を手がかりに、日本人の心の構造を解明した名著である。この本は、タイトルに示されているように、昔話を類型化しながら、日本人の心の構造の解明を試みている。その際、河合は、全体を貫く軸を与え、その軸を規準にして、日本人の心の構造の特徴を浮上させる、という工夫をした。その軸とは、「女」「女性」である。昔話の中で、女性の登場人物、女性の主人公がどのように語られるかを通じて、日本人の心の構造を抽出しているのだ。「日本の昔話は『男性の目』ではなく、『女性の目』でみるとき、その全貌が見えてくるように思われる」(『昔話』三八頁)。

河合のこの本は、全体が九つの章より成っている。各章で、ある類型を代表するような昔話が一つずつ分析されているので、結局、女に関わる日本の昔話を九つに分類したことになる。さらに、河合のこの著作の特徴は、この九つが単に並置されているだけではなく、ゆるやかな流れを、物語とも言うべき時間的な構成をもっていることにある。それは、どんな物語になっているのか。全体を通じて、女がいかにして主体化するのか、を示す物語になっているのだ。したがって、『昔話』は、日本の昔話の中で、女がいかにして主体化するのかを物語ることを通じて、日本人の心の構造を解き明かした著作であると言うことができる。

この章では、この河合の名著を、現在の社会学者の観点から読み直し、再構成してみたい。そのことを通じて、日本人の心性ということ、そしてまた性的差異ということ、この二つの問いに、光を当てることにしたい。女性はいかにして主体化するのかという一般的な問いと、日本人の心の構造はどうなっているのかという特殊な問いとを、同時平行的に考察すること、これがこの章の目的である。

1. 「その部屋」を見てはならない

【1】見るなの座敷

『昔話』の冒頭で解釈され、分析されているのは、「見るなの座敷」というタイトルで総括されるような昔話である。それは、次のような筋の至って単純な物語で、日本全国の至るところで採集されている。

男が、森や山中、旅先など、村落共同体の外部で、大きな館を見つける。男は、樵夫、旅人、商人等である。彼は、その館で、美しい女性に出会う。女は、男に留守番を頼んで、外出する。その際、女は、特定の座敷に関して、それを見てはならない、見てほしくない、という禁止を課して、去って行く。男は承知するが、部屋のことが気になって仕方がない。結局、男は誘惑に負けて、その禁止された部屋を覗いてしまう。女は帰ってきて、男が座敷を見たことを悟り、悲しみながら、去って行く。去って行くとき、女は――そのままの場合もあるがたいてい――鶯や鳶などの鳥の姿に変わって去っていく。鶏として去っていくケースもあるという。

典型例として挙げられている、岩手県遠野地方の「うぐいすの里」では、次のようになっている。禁止を課せられた男は、それでも部屋を見たくなる。男が座敷に入ると、すばらしい調度がある。さらに奥の座敷に入っていくと、最後の七番目の最も重要そうな部屋には、三つの卵がある。が、男は、誤って、その卵を落として割ってしまう。その卵は、後で振り返ってみれば、うぐいすの卵である。帰ってきた女は、自分の子がすべて壊されているのを見出す。女は恨みごとを言いながら、うぐいすとなって去って行く。

ただこれだけのシンプルな物語である。これは、日本中で採集されており、いくぶんかの変異を伴うとはいえ、基本的な筋はほとんど変わらない。

【2】西洋の「見るなの部屋」

だが、日本ではきわめて広く見られるこのタイプの昔話も、河合隼雄によれば、西洋では一般的ではない。西洋にも、特定の部屋に関して「見るな」という禁止が課せられる昔話はいくつもあるのだが、その基本的な筋が、日本の「見るなの座敷」とはまったく違う。というより、対照的と言えるような違いを呈する。

日本の「見るなの座敷」は、すでに見たように、①女が禁じ、②男がその禁を犯し、③見てはならなかった部屋には何らかの自然の美が見出され、④禁止を守らなかった男にはこれといった罰は加えられず、強いて罰と言えるものがあるとすれば、⑤結末において女が消え去ってしまうということだけである。

これに対して、西洋は、これらが、ことごとく反転している。①禁じる者は、一般に男（夫）である。②禁を犯す者の方が女（妻）である。③部屋の中には、自然美ではなく、恐ろしい死体がある。④禁を犯した女には、厳しい罰が、つまり死刑が課せられる。だが、⑤最終的には他の男が出現して、彼女を救済する。

このように、特定の部屋を見てはならないという禁止を含む昔話を、日本と西洋で比較すると、鮮やかなまでに対照的であり、「男が『見るなの禁止』を破ったがために女が去っていく」という筋は、日本固有の——少なくとも非西洋的な——モチーフであるように見える。

だが、ここで、われわれは少しばかり慎重になる必要がある。この比較は、適切だろうか、と。日本の「見るなの座敷」は、間違いなく、この「見るな」という禁止が、物語の中心的な要素である。だが、西洋における、「部屋を見るな」という禁止を含む物語は、たいてい、日本版よりもはるかに複雑な筋をもっており、物語の中心的な主題は、この禁止そのものより、禁止を犯して窮地に陥った女性の救出の方にあるように思える。つまり、部屋を見るなという禁止が入っているからといって、単純に、西洋の昔話を、日本版のそれの対応物と見なしてよいか、疑問がある。

【3】女性性と「見るな」

昔話という限定を外した場合には、どうであろうか。「見るな」という禁止、決定的な「それ」を見てはならない、見てほしくないという禁止は、女性性を一般に特徴づけるものと見なすことができるのではないか。

たとえば身体、裸体である。われわれは、一般に、裸を見られることを恥ずかしいと感じる。私の裸を見るな、見てほしくないという禁止を、他人に課す。衣服は、この禁止の物質的な現実化であると言っても過言ではあるまい。

見てはならない「それ」、見てはならない裸体は、男性以上に、女性である。見てはならないという禁止が、まさに「それ」に関して作用しているような対象は、主として女性の裸体なのだ。男は、女の裸体を見ることを禁じられる。その禁止は、逆――女が男の裸体を見ること――よりもはるかに強い。

裸体を見ること、とりわけ女性の裸体を見ることは、それだけで、一種の侵犯行為である。だから、私の裸体を見ることは、特別な他者、特別に親密な他者、要するに恋人にしか、一般には許されない。まさに、それを見ることが許されているかどうかが、女性にとって、その人が、恋人または夫であるかの指標になる。

とすれば、決定的な何かを「見てはならない」という禁止についての物語は、女が女である所以、女性性に深く関わっていると見なすことができるのではないか。このように考えると、河合の『昔話』が、「見るなの座敷」の分析から始まるのは、けだし、炯眼と言うべきであろう。

だが、それにしても、一体、ほんとうのところ「何を」見てはならないのか？　あるいは、なぜ「それ」を見てはならないのか？　見るなの座敷の中には、結局のところ、何があるから見てはならない、というのであろうか？　その中をしっかりと観察してみたいものだ。

2. 宮廷愛との比較

【1】宮廷愛

「見るなの座敷」の昔話の要諦が以上のように解釈するのであれば、これと比較すべき西洋側の対応物は、たとえば、中世の宮廷愛の物語ではないだろうか。つまり、「見るなの座敷」の昔話を――河合隼雄に従って――西洋の「見るなの部屋」含む昔話と比べたが、むしろ、宮廷愛こそが比較の対象としてふさわしいのではないか。西洋の中世では、ある特定のパターンをもった宮廷愛が、しばしば語られた。またおそらく、実際にも、そのような愛の関係が営まれてもいたのだろう。

周知のように、西洋中世においては、あるいは宮廷愛の物語の中では、騎士は、貴婦人に対して情熱を抱く。貴婦人は、一般に、騎士自身よりも身分が高く、すでに結婚している。つまり、騎士の貴婦人への恋愛感情は、不貞に属する。騎士は、貴婦人に対して絶対的に従順で、貴婦人の方はしばしば、騎士に勝手気ままな無理難題を課してくる。騎士はこの試練に耐えなくてはならない。

宮廷愛の最も重要な特徴、それは、絶対に成就しないということである。つまり騎士が思いを遂げ、貴婦人と結ばれることはない。宮廷愛の代表的な例は、ドニ・ド・ルージュモンがよく知られているその著書『愛について』で分析している、「トリスタンとイゾルデ」の悲恋物語であろう[1]。これは、騎士トリスタンと彼の主君マルク王の妻イゾルデの恋愛を語る。ド・ルージュモンも指摘していることだが、この物語を知った誰もが抱く疑問は、次のことにある。この物語の中で、トリスタンは、登場する誰よりも、どの敵よりも肉体的に勝っている。とりわけ彼は、マルク王よりも優れている。さらにイゾルデもまたトリスタンを愛している。したがって、トリスタンは、自らの実力によって、容易に、マルク王からイゾルデを奪い、彼女と交わることができるのだ。実際、トリスタンは、その直前にまで到る。にもかかわらず、彼は、イゾルデをマルク王に返してしまう。どうしてだろうか？　宮廷愛において、一般に、愛しあう二人は、つまり騎士と貴婦人は、結婚のような最終的な結合に至るのをあえて回避しているように見える。

宮廷愛が、「見るなの座敷」と対比することができるのは、この特徴の故である。女と、貴婦人と結ばれてはならないという絶対の禁止（宮廷愛）は、女の最も大切な部分（座敷）を見てはならない、覗いてはならない、見ることで侵犯してはならないという禁止の、一般化ではないだろうか。見るなの座敷の中に孕まれている禁止を、一般化し、絶対化したときに、宮廷愛の倒錯的な愛が導かれるのではないだろうか。

【2】不可能なことを禁止する

宮廷愛においては、結婚は成就しない。ところで、河合隼雄は、『昔話』の中で、日本と西洋の昔話における「結婚」の扱いに関して、繰り返し、次のように論じている。西洋の昔話においては、ヒーローとヒロインが結末において結婚するケースが多いが、日本の多くの昔話は、結婚に至らなかったり、結婚そのものに無関心であったりする、と。「見るなの座敷」も、女は去っていってしまうのだから、結婚には至らない。とすると、結婚という結末をもたない宮廷愛の物語は、その分、日本の昔話に類似している、と見なすべきなのか。宮廷愛の物語は西洋に属していながら、例外的に、日本の昔話に似ていると解釈すべきなのか。

そうではない。宮廷愛において、騎士も貴婦人も結ばれることを切望している。トリスタンとイゾルデは結婚を猛烈に欲望している。にもかかわらず、それが成就しないこと、結ばれることが禁じられていること、これが奇妙なのである。それに対して、日本の昔話では、結婚は、それほど強い欲望の対象とはなっていない。主人公たちにとって、強い目的とはなっていないのだ。「見るなの座敷」でも、男は、森などで出会った女に、おそらく恋心を抱いているが、結ばれること、結婚することを強く求めている様子はない。

宮廷愛において結婚が禁止されているのはどうしてなのか？　なぜ、結ばれることがかくもきびしく禁じられるのだろうか？　この点に関しては、次のような仮説を立てておこう。これは、不可能を可能へと、不在を存在へと転換する、きわめてシンプルな詐術である、と。どういうことか？　たとえば、もともと不可能なことがあったとする。その不可能なことをわざわざ禁止したらどうなるだろうか。その不可能なことが、「実際には可能なのに、禁止されているがためにできないこと」に見えてくるのだ。存在しないものに関して、それを見たり、それにアクセスしたりすることを禁止したらどうなるだろうか。「現実には存在しているのに、禁止の規定があるがために見たり、獲得したりすることができないもの」に転換するのだ。禁止の設定によって、「不可能なもの」が「本来は可能だったもの」に、「不在」が「存在」に完全に置き換えられる。宮廷愛が果たしているのは、まさにこの機能、不可能なものの禁止という機能ではないか。

西洋に、宮廷愛のような奇妙に倒錯的な愛が繁栄したこと、そのことが示唆しているのは、女には、あるいは女との結合には、何か根本的に不可能なものがある、ということである。「見るな」という禁止との関連でいえば、原理的に見ることが不可能な何か、見ることによってアクセスしえない何かが、女にはある。それは何か？

3. 異類としての女

【1】何でも食う女

ここで、日本の昔話に立ち戻ることができる。宮廷愛の物語の中では決して明示されえない何か、その不可能な何かが、日本の昔話の中では、あっさりと語られるからである。つまり、「見るな」とされているものが何かは、日本の昔話の他の類型を参照すれば、明らかになるからである。「見るなの座敷」の内部を見るには、河合が「飯食わぬ女」というタイトルの下に類型化した昔話を検討するのがよい。まさにこれは、見るべきではない女を見る物語だからである。これは、要するに、「何も食わない女」は「何でも食う女」である、という逆説を語った昔話である。

主人公の男は、適齢期を遥かに超えているが、結婚への強い意欲をもっていない。彼は、「物を食わぬ、金のかからない女がいたら嫁にとってもよい」などという調子のよいことをいつも言っている。あるとき、その男のところに、美しい女が訪ねてくる。彼女は男に、自分は何も食べないから結婚してくれ、と言う。こうして男は、望み通りの嫁を獲得する。宮廷愛においては、男は、女と結ばれること、女との結婚を熱望しているが、絶対にそれは果たされない。「飯食わぬ女」では、逆に、男は、結婚に対してきわめて消極的なのに、かんたんに実現してしまう。

ここで「食べない」ということの意味を考察しておこう。「食」は、人間の外界への関係の中で最も基本的なものである。「食」という基本的で最低限の関係すら外界との間に築くことがないとすれば、その人は、「外といっさいの関係をもたない」ということに等しい。ところで、何かが存在しているということは、その何かが他のものと関わっているということであろう。何も食べない、つまり「食」という最も基本的な関係を対象に対していっさいもたない女は、他なるものと実効的な関係をもたないことが存在の条件としていることになる。このように考えれば、食べない女とは、言ってみれば不在の女、存在しない女である。

だが、飯食わぬ女は、ここで終わらない。男は、友人の忠告等によって、女に対して疑惑を抱くようになる。そこである日、出かけるふりをして密かに家にもどり、女がひとりで部屋にいるところを覗いてしまう。いわば、男は「見るなの座敷」の中を見るのだ。そこには、驚くべき光景が現われる。何も食わぬ女は、何もかも食う女だったのだ。

『昔話』に丸ごと引用されている広島県安芸郡で採られたヴァージョンでは、次のようになっている。髪の毛をほどくと、女の頭には大きな口が開いており、女は、そこに、にぎり飯やあぶった鯖などをどんどん投げ込んで食べてしまったのだ。嫁にした女は、美しい、何も食わない女ではなく、山姥だったのである。この後、この恐ろしい女からかろうじて逃げる物語が続くが、その点は詳述の必要はあるまい。

【2】グレートマザーの両義性

つまり、「見るな」とされたのは、何もかもをその内部に呑み込み、食べてしまう、女の姿だったことになる。さらにいくつか論点を付加しておこう。第一に、河合隼雄は、美しい嫁が恐ろしい山姥であったという二重性は、原初の母の両義性から解釈している。原初のグレートマザーは、自我にとって、肯定的でもあれば（慈愛）、ときに否定的でもある（自我を呑み込みその成長を阻む）。否定的な側面が、山姥として形象化される。

第二に、髪の毛をほどいて現われる大きな口は、言ってみれば、裸以上の裸である。われわれは、先に、見るなという禁止の原型においては、その対象は、（女の）裸である、と述べた。だが、裸でさえも、未だ本当の裸ではない。どういうことか。われわれは、人の身体を見るとき、皮膚の下に隠れているものについて判断を停止している。皮膚の下にあるものを想像したり、見たりすれば、目に映るものは、裸以上におぞましく、嫌悪の対象である。言い換えれば、皮膚が、実は、最後の服となって、真の裸を隠蔽しているのである。髪の毛の下に隠されていた大きな口、身体の内部までをも露出してしまう大きな口は、そのような裸以上の裸へと直結している。

第三に、何も食べない――他への関係をもたない――ことが、ある意味での無であるとすれば、何もかも食べることも、やはり無である。存在するということは、他との差異、他との区別を保つことである。しかるに、何もかもを呑み込むことは、そうした差異の無化を意味している。次のように言ってもよい。存在するということは、自らの内部を外部から区別すること、つまり内部と外部の境界線を維持することだが、何もかもを食べるということ、自分の中にすべてを呑み込んでしまうということは、そうした境界線を抹消することである。そうであるとすれば、「すべてを食べるもの」は、「存在しないもの」、「無」である、と言うこともできる。

ここでこんな仮説を立ててみよう。宮廷愛が、「禁止」の設定によって、否定的にその存在をしているもの、それこそ「何もかも食う女」ではないか、と。その女のあり方を、日本の昔話にそって――したがって河合隼雄の分析にそって――もう少し見ておこう。

【3】運命を紡ぐ

河合によれば、「物食わぬ女」の類話では、山姥はしばしばクモに変身する。クモは、網によって獲物を引きこみ入れる。昔話「水蜘蛛」は、そのようなクモの恐ろしさを語っている。この点では、クモは、すべてを食べ尽くす山姥と共通している。

と同時に、クモは糸を紡ぐ。つまりクモの糸は、織物へと連想を導く。クモが紡ぐのは、「運命」という織物である。クモという媒介項を挟むと、「飯食わぬ女」の昔話は、異類婚の昔話に直結していることがわかる。

異類婚とは、人間以外の動物との結婚である。異類女房譚は、日本の昔話ではめずらしく結婚が主題になっている。先に述べたように、日本の昔話では、結婚が主題になることはめずらしい――主人公の男は結婚に対していたって淡白である。しかし、異類女房譚は、結婚を中心にして展開する。

ということは、この種の昔話は、他の昔話に比べていくぶんか西洋風だと言えるのか。そうは言えない。まったく逆である。異類の女房という昔話は、世界的にみても非常にめずらしく、河合によれば、日本とその近隣諸民族にのみ特異的に語り継がれてきた。つまり、これこそ、日本的な昔話である。

【4】夕鶴

異類婚で最もよく知られているのが、木下順二が『夕鶴』として演劇化した「鶴女房」である。『昔話』にそのまま引用されている、鹿児島県薩摩郡の「鶴女房」は、次のような話である。この種の話は、男が、たまたま鶴を助けるところから始まる。よく知られているように、この昔話は、たいてい鶴の恩返しの形態、つまり報恩譚になっている。「浦島太郎」と同様である。

この報恩という設定は、筋に合理性を与えるために、後に付け加えられたものかもしれない。つまり、原初的なヴァージョンでは、先に紹介した山姥の話や「うぐいすの里」と同様に、女が理由もなく男のところに突然やってくることになっていたのではないか。しかし、これでは「なぜ女が来たのか」という疑問をどうしても生んでしまうため、後になって女が訪問してきた理由が付け加わったのではないか。これは純粋に仮説であって、これを裏付ける実証的な根拠があるわけではない。

ともあれ、鶴は美しい女に姿を変えて、男を訪ね、結婚を申し込む。男は、最初は固辞する。いくらなんでもあなたのような美しい人は私にはもったいない、と。しかし、女の要求は強く、結局、男は結婚を受け入れることになる。もちろん、その女が実は鶴であることを知らずに、である。

結婚後何日かたったある日、女はこんなことを男に告げる。自分はしばらく戸棚に閉じこもるが、その間決して戸をあけて見ないように、と。ここに「見るなの座敷」が、純粋型で登場している。数日後、女は、織物をもって戸棚から出てくる(「織物」は先に言及した「クモ」に通じている)。女の指示――「これは高く売れるから」「殿様にこれを持っていくとお金になるから」等の指示――に従って、男はその織物を売る。果たして実際、それは非常に高く売れる。ここでやめておけばよいのだが、男には、さらなる欲望が発生する。男は、女にもう一枚、織物を作ってほしいと依頼するのだ。

女は一瞬困惑するが、結局、承知する。そして再び、「見るなの禁止」を男に課して、戸棚に閉じこもる。しかし、今度は男は我慢できず、戸を開けて中を見てしまう。そこには、鶴がいた。鶴は、自分の羽を剥いで、織物として織っていたのだ。この「羽を剥ぐ」ということが、皮膚を剥いで身体の内側まで見せてしまう、というイメージを喚起する。女は、恥ずかしい姿を見られたからにはここにはいられない、と言って、男の家を去って行く。

薩摩郡の「鶴女房」は、さらに、後日談がある。男は非常に粘り強く、鶴の女房を探し回るのだ。最後に男は、裸の鶴の王となっている元妻と再会する。その鶴は全部の羽根が抜けて素っ裸になっているのだが、実は鶴の王であり、他の鶴たち皆に囲まれているのだ。男はこうして元妻の鶴を見つけるが、結局、復縁することなく、その鶴のもとを去って行く。

ただちに理解できるだろう。異類婚譚は、冒頭の「見るなの座敷」の拡張版である。原型となった「見るなの座敷」でも、女は、異類、とりわけ鳥であった。女は、見られたことによって、鳥として去るのだ。

河合隼雄は、本来動物であるものが、人間に姿を変えて人間と結婚するという昔話は、西洋にはない、という点に留意を求めている。西洋にも、「美女と野獣」のように、女が、動物と結婚する物語はあるが、この場合、動物は、本来は人間の男である。つまり「人間の姿をした動物」ではなく、逆に「動物という表層をもつ人間」である。しかも西洋の「人間→動物」の変容は、魔法によるものであり、女の愛や結婚そのものが、その魔法の効果を消し去るので、結局は、人間の女と男の幸福な結婚だけが残ることになる。

鶴女房において、男が、部屋の中に見るものは、皮膚という最後の服までもはぎとった裸である。女は、夫にすら見られたくない裸をさらしていたのだ。

さて、こう問うてみよう。宮廷愛の禁止が隠蔽している不可能なものとは何なのか？　日本の昔話は、これを、いかなる粉飾もなく、まことに率直に提示している、と解釈したらどうだろうか。それは、異類（動物）としての女（との結婚）である、と。男にとって、女は、非人間であり、端的に言えば、異類（動物）である。したがって、昔話が含意していることは、人間同士の関係としては、女との関係は不可能だ、ということである。

しかし、その不可能性は、先に述べたように、否認される。先に述べた論理によって、女への接近を厳格な禁止によって遮断することで、かえって不可能性が隠蔽されるのだ。つまり、（男にとって）人間としての女との関係が可能である――しかしそれは禁止されている――かのように現れることになる。

4．女の憂鬱／笑いの誘発

【1】女の憂鬱

このように、男は約束を破って、女の恥ずかしい姿を見てしまう。女は、「裸以上の裸」の姿を見られてしまう。だから、男から去って行く。このような状況が引き起こす基本的な感情は、「あわれ」である。このように河合は論ずる。「あわれ」は、見る側、去られる側の方に生じる感情だが、さらに、この「あわれ」が女自身に内面化されれば、「恨み」や「怒り」へと転ずる。

ここまでの女は、しかし、受動的である。主体性は、女の主体性は、どのようにして生まれるのか。河合の『昔話』の趣旨にそって、われわれが考えているのはこの問いへの答えである。この点の考察を一挙に前進させるために、ここで思いきった補助線を、「宮廷愛」よりもはるかに思いきった補助線を引いてみよう。

デヴィッド・リンチDavid Lynchの映画、とりわけミシェル・シオンMichel Chionがリンチの映画について述べていること、それを手がかりにしてみるのだ。[2] なぜ、これが役に立つのか。シオンは、リンチの映画における「女の憂鬱feminine depression」について論じているからだ。この「憂鬱」は、女の「あわれ」に、つまり「あわれ」と記述されるような女の内面に通ずるものがある。

シオンが注目していることは、リンチの映画において、行為actionと反応reactionの間の因果関係にある乖離が生じている、ということである。そうした乖離は、男と女の間の性的関係において現われる。どういうことか解説しよう。女の快楽、女が感じていることは、男の行為、男が女のためになした愛撫などの行為の結果である。では、結果（女の反応）は原因（男の行為）にすべて還元できるのか。このように問うと、シオンがリンチの映画にもとづいて述べようとしていることがわかってくる。

確かに、女の反応に男の行為の結果でないものは一つもない。にもかかわらず、女の反応は、男の行為という原因にすべて回収し尽くせないように見えてしまう。これが不思議だ、とシオンは論じる。どうして、結果を原因に還元し尽くせないのか。結果でしかない女の反応が、自律性をもつように見えるからである。言い換えれば、女の反応は男の行為の方からは予期することができない。たとえば、ある行為が女を激しく感じさせたとする。その同じ行為を、男が別の時点で反復しても、今度は女はまったく何も感じない、ということもある。このように、女の反応は全面的に男の行為の結果なのに、男の行為に帰しえない余剰、つまり自律性をもつ。

【2】ブルー・ベルベット

行為と反応、原因と結果のこうした不整合が極大に達するのが、リンチの映画においては、「女の憂鬱」（という結果）においてである。シオンは、このように述べる。リンチの『ブルー・ベルベット』（一九八六年）の中で、最も有名なシーンを例にとって、考えてみよう。

このシーンで、運命の女ドロシー（映画監督ロッセリーニの娘のイザベラ・ロッセリーニが演じる）が、フランク（デニス・ホッパー）という獰猛な男に犯される。ドロシーは、深い憂鬱に沈んでいる。どうしてか？ 当然の原因が挙げられる。フランクは、ドロシーの夫と子どもを誘拐し、さらに夫の片耳を切り落としたらしいのだ。ドロシーがフランクとの性交に身を任せるのは、脅迫されているからである。

このシーンには、実は、もう一人の人物が介入している。主人公の大学生ジェフリー（カイル・マクラクラン）である。彼がクローゼットの中に隠れて、二人のセックスを覗き見ているのだ。しかも、ドロシーとフランクの男女二人は、彼らが、ジェフリーに見られていることを知っている。ジェフリーは、まさに「見るな」の禁を破って、部屋の中を覗いているのである。

ジェフリーの窃視は、おそらく、西洋の精神分析学者が好んで取り上げる、「両親の性交を目撃してしまった子どもの目」のパロディである。このシーンのセックスで、フランクは、ドロシーによって口の中にブルー・ベルベットを突っ込まれている。その上、なぜか、彼は、酸素マスクを通じて呼吸している。これは、両親の性交を、わけもわからず見てしまった子どもの想像を、そのまま描いているのではないか。子どもは、父の荒い息を聞いて、お父さんは何か口に入れているのではないか、あるいはお父さんの息はマスクの下から聞こえてくるのではないか、と考えをめぐらすだろうから。[3]

だが、われわれの関心の中心は、この点ではなく、ドロシーの憂鬱である。ドロシーの憂鬱は、フランクの行為の結果として、すべて説明できてしまうように見える。フランクは、ドロシーの家族（夫と子ども）を誘拐し、そのことをネタにして今、ドロシーに望まぬセックスを強いている。これが憂鬱をすべて説明するのではないか。だが、なおこうした原因帰属には還元できない何かが、この憂鬱には残ってしまう。

たとえば——映画の展開の中でやがて明らかになることだ——フランクは実は性的に不能で、このセックスからたいした快楽を得ていないことを知ってしまうと、ますます、不可解になってくる。なぜ、フランクはこんなことをしているのか。これについてはすぐ後で説明するが、フランクが性的に不能だとすると、男の欲望を（女の憂鬱への）積極的な原因とみなすことができなくなる。

【3】女は笑わす

女の憂鬱に宿っている、因果関係に還元できない何か。これを探るためには、またしても、河合隼雄の『昔話』に回帰するとよい。

『昔話』の中で、「鬼が笑う」というエピソードを含む昔話が検討されている。これは、結婚の輿入れの途中で鬼に奪われた美しい娘を、母が奪還する昔話である。娘を奪われた母は半狂乱になって娘を取り返しに行き、ついに奪還に成功する。

この物語の最後の部分で、母と娘、そして彼らを支援するトリックスター的な助け手としての庵女（尼）という三人の女が、鬼を笑わすことで窮地を逃れるシーンがある。三人の女は鬼をだまし、舟に乗って逃げ出す。成功したかに見えたが、鬼たちが途中で女たちの脱出に気づき、何とか舟を引き戻そうとする。どうするか。鬼たちは、川の水を飲み干すことで、舟を手繰り寄せようとしたのだ。彼らは、激しく水を飲むので、舟は押し戻され、もう少しで鬼に捕まりそうになる。このとき、庵女が三人の女に言う。「何をぐずぐずしているのよ。あの手をつかいましょう」という趣旨のことを。この指示で、三人の女は、全員、着物のすそをめくって女性器を鬼たちに向けて露出した。その瞬間、鬼たちは、げらげらと笑いだし、腹に溜め込んでいた水を一挙に吐き出したため、舟ははるか沖合で勢いよく流されたのであった……。

性器を露出させることで笑いを引き起こすというエピソードは、ギリシア神話にもわずかだが入っており、そして何より、日本の古代神話の中に入っている。最も有名なのは、「日本書紀」のあの有名な神話だ。天石窟戸《あまのいわやと》に天照大神が隠れてしまう（実は、この石窟戸も「見るなの座敷」の一変種だが、このことは今はおいておこう）。このとき、神々は、何とか天照大神を呼び戻そうと策を弄する。天鈿女《あめのうずめ》という女神が裸踊りをして、男神たちに女性器を見せるのだ。すると神々はどっと笑いだす。天照大神は、外でいったい何が起きているのかが気になり、石窟戸が出てくる。

このモチーフの何がそれほど重要なのか？　この女性器露出のエピソードは、「見るなの座敷」

の話の延長上に位置づけられる。女の性器は、「見るな」という禁止が、最も強力に作用する対象である。それは、「見るなの座敷」の中にあるものの原点である。このエピソードでは、「見るな」とされている、まさにその対象を、女たちはあえて見せている。すると男たちは笑う。このとき、因果の関係、作用と対象、作用と反作用の関係に逆転が生じていることに気づかなくてはならない。

「見るな」という禁止が効いているとき、能動的なのは男の方であり、女は、その受動的な対象である。男の方が、禁止に従って（女を）見なかったり、あるいは、禁止を破って、あえて（女を）見たりする。このとき、女は、男の行為の結果を被るだけの対象である。この関係を次のように表示しておこう。↓の始点が動作主を、その先が対象を示している。

男 ↓ 女

だが、女が性器を、見るべきではない対象を、まさに、男の視線の受動的な対象として、自ら積極的に供するとき、因果の関係が反転するのである。男の女の身体への働きかけ——女の身体を見て、それを楽しむ（笑う）という働きかけ——自体が、受動的な対象であるところの女の身体（性器）によって惹き起こされているからである。「男の能動的な働きかけ（見て笑う）——女の受動的な対象性（見られる）」という因果の連鎖自体が、女の「見せる」行為によって構成されているのだ。こうした関係の全体は、次のように表示することができるだろう。

〔男 ↓ 女〕↑女

【4】手なし娘の手

このことを踏まえると、デヴィッド・リンチの映画における「女の憂鬱」の謎が説明できる。憂鬱の方が、言わば遡及的に、その原因を措定し、作りだしていたのである。最初、われわれは、フランクの暴力的な行為がドロシーの憂鬱を引き起こした、と解釈した。だが実際には、ドロシーが憂鬱に沈んでいるがゆえに、フランクは、ドロシーの身体を興奮させ、言わばそこに電気を走らせ、その上に快楽を発生させようと、必死でドロシーの身体に攻撃を加えたのである。

厳密に言い換えれば、次のようになる。積極的に経験されていることの内容に関していえば、「フランクの行為↓ドロシーの憂鬱」という因果関係にすべて解消される。だがこの、因果関係の形式それ自体を――いわば「　」内の矢印（↓）を――設定していたのが、ドロシーの憂鬱である。「フランクの行為がドロシーの憂鬱の原因である」という関係自体を、ドロシーの憂鬱が設定しているのである。

女の主体性があるとすれば、まさにここではないだろうか。女の身体の受動的な対象性（性器の露出、憂鬱等）が、「女のその受動的な身体の上に結果を残すような因果関係」自体を、構成しているのだ。これは、因果関係そのものを構成する主体性なのだから、純粋な自由である。

『昔話』の中に、「手なし娘」の昔話が、一つの代表的な類型として取り上げられている。この昔話の意味を、今ここに述べてきた「女の主体性」についての論理によって解釈することができる。

「手なし娘」は、『昔話』で扱われている昔話の全類型の中で、ほとんど唯一、日本と西洋とに共通して見出される昔話の形式であると言ってよいだろう。日本の昔話にも、グリム等のヨーロッパの昔話にも、見出すことができるのだ。「東西」であまりにも似ているので、河合隼雄は、同じ話が一方から他方へと伝播しただけかもしれない、とも述べているが、この点についての判断は保留しておこう。

「手なし娘」は起伏に富んだ筋をもっており、興味深い主題をたくさん含んでいるのだが、ここでは一点だけ述べておこう。この昔話では、ヒロインは何らかの事情によって両腕を切断されてしまう。両腕をもたないまま、彼女は森をさまよい歩く。やがて、彼女は、王（等の立派な男）に見出され、愛され、その妻になる。その後妨害が入り、男に捨てられるのだが、再度、王に見出され、幸せになる。最後の場面では、失った手が奇跡的に生えてくる。

手をもたないということは、ほとんど一切の能動的な活動ができない、純粋に受動的な身体である、ということの隠喩的な表現である。しかし、まさにその受動性が、王たち（男たち）の能動性を、つまり彼女の身体に働きかけ、彼女を救出する能動性を引き起こしているのだ。ちょうど、ドロシーの憂鬱への沈静化が、フランクの能動性を引き起こしたように、である。とすれば、手をもたないという受動性こそが能動性であり、主体性を構成している、と言えるのではないか。つまり「手のない状態」こそが、手があるかのように――いやむしろ手をもつ以上に――能動的であることを保証しているのだ。手のない娘に、最後に手が戻ってくるのはこのためである。

5. 穴底の三位一体

【1】穴底の三者

あらためて問おう。見てはならない座敷、見ることが禁じられている空間、そこには何があるのか？　そこには山姥がいたり、ツルがいたりしたわけだが、そのようなかたちでイメージがあたえられた、その座敷の奥の「それ」を、最も明確に分節化された相で提示しているのが、「火男《ヒョットコ》の話」に代表される昔話の類型である。この昔話は、主人公——たいていお爺さん——が穴を見つけるところから始まる。その穴の向こうが、「見るなの座敷」の等価物であろう。

主人公は、意図的もしくは非意図的に、穴の奥にいる人たちに何かよいものを贈与する。たとえば、主人公は穴を塞がなければならないと考え、そこに柴を投げ入れるのだが、それが結果的に、穴の中の住民に対する柴の贈与になる。

そのため、主人公は、返礼として、穴の中に招じ入れられる。つまり、主人公は、いわば「見るなの座敷」に招かれるのである。そこには、奇妙な三人がいる。ひとりは美女である。これは、予想できることであろう。見るなの座敷とは、結局、女の核心部の隠喩なのだから。しかし、他の二人はいささか当惑させるものがある。醜い童と白髪の翁が残りの二人である。つまり、見るなの座敷には、若い美女とともに、白髪の老人と醜い少年（火男）がいるのである。彼らの関係は何か。どうしてこの三人なのか。

この三人が、キリスト教の三位一体のような緊密な関係にあるということ、これこそ、『昔話』の最も独創的な見解である。キリスト教の正統教義に従えば、神と子（キリスト）と聖霊は、まったく同一実体である。それは三つのものではない。まったく同じ実体の三つの位格である。同様に、美女と老人と醜い少年は同じものである。どのような意味でなのか。ここまでの議論をもとに説明してみよう。

【2】老人の声

女の身体、女の身体の核は、さしあたっては、見てはならないもの、見ることが厳しく禁じられた対象である。このアスペクトを表象しようとすれば、それは、見るもおぞましい、醜悪な少年という形象を得るだろう。それは、見ること、正視することが忌避されるような対象である。

では、老人は何であろうか。女の身体は、見られるものとしての徹底した受動性を通じて、他者たちの内に能動性を誘発するような主体性を有するのであった（フランクの激しい性的行為を引き出すドロシーの憂鬱。鬼たちの笑いを引き出す、性器を露出させる女たち）。この女の身体の主体性としてのアスペクト、これを代表しているのが翁ではないだろうか。自らは弱きものでありながら、他者に呼びかけることによって他者の活動を引き起こす老人こそは、女の身体に宿る主体性の表現に相応しい。

老人についてのこのような解釈を傍証する事実を、『昔話』の最終章で主題的に論じられている、日本昔話の類型から引き出すことができる。それは「炭焼長者」と呼ばれる類型だ。これは、取り上げられた全ての昔話の類型の中で、女が最も積極的に活動する昔話である。女が、誰かに従属するのではなく、自らの意志で選択しているのである。その際、「老人」が独特の役割を果たすのだ。

「炭焼長者」は、おおむね次のような物語である。主人公の女性は、ある裕福な名門の生まれで、最初は、父によって既定されていた別の名門にもとに嫁いでいく。ここまでは、主人公は、ただ親が決めたことに従っているだけで、まったく意志的に動いていない。だが、彼女が結婚した相手は、金持ちで家柄はよいが、まったくのダメ男だった。だから、彼女は、この男に愛想を尽かし、自ら別れることを決意する。離婚後、彼女は、二人目の夫として、裕福な家の出身である彼女とはとうていつり合いそうもない、貧乏な男を選び、結婚を申し入れる。それが炭焼きである。最初の結婚においては、女は決められたルートに乗っただけだったが、二度目の結婚は、断固として意志に基づくものである。

それにしても、どうして、彼女はこんな最下層の男を選んだのか。倉の神、つまり老人の声を聞いたからである。最初の男と別れたあと、女は、老人の神の声を聞く。倉の神は、あるところの炭焼きが働き者で善人だという趣旨のことを語るのだ。この倉の神こそは、彼女の内なる「白髪の翁」の外化された姿ではないか。河合はそう推測しているが、まことに説得力がある。

再婚後は、彼女は、まさしく女の、女としての主体性を発揮する。すなわち、この男の脇にいることによって、男の活動性・能動性を引き出し、彼を裕福へと導くのだ。この炭焼きに、最初の

「見るなの座敷」の話で――つまり「うぐいすの里」や「見るなの座敷」の話で――、女に逃げられてしまった樵夫を重ね合わせることもできるのではないか。河合はロマンチックにも、そのように言っている。そうすれば、『昔話』の中に集められた昔話は全体として一個の物語を形成し、一巡したことになる。最初、女から課せられた禁を破って女に去られた樵夫は、今や、彼女を妻として迎え、長者になったのだ、と。

【3】肯定の道と否定の道

西洋と日本との比較という点では、何を言うことができるだろうか。ここで検討したごく少数の事例からの仮説だが、西洋の物語や昔話は、女に関して、否定的・消極的な表現しかもってはいない。それが何であるかを、積極的・肯定的に指示することに失敗しているのだ。言い換えれば、西洋は、徹底した否定によって、間接的に女が何であるかに表現を与えようとしている。

日本の昔話は、西洋が逆説的にしか表現できなかった「それ」を、あっけらかんと、直截的かつ肯定的に表現する。ここに日本の特徴があろう。たとえば、女の「人間」の枠を超えた側面、女の非・人間性を、西洋の中世は、宮廷愛における厳しい禁止によって間接的に表現しようとした。それに対して、日本の昔話は、それを単純に、異類の女、動物の女としてイメージしてしまう。あるいは、女の主体性は、デヴィッド・リンチの映画の中でも、きわめて間接的な仕方でしか表現を与えられてはいない。それは、ヒロインの憂鬱が、通常の因果関係の中で説明し尽くせない、という否定性によって表現されるだけだ。それに対して、日本の昔話は、性器を露出し、男を笑わす女という形式で、女の主体性に具体的なイメージを与える。

かつて、ヨーロッパの中世の神学者たち、たとえば偽ディオニシオスは、神へと至る道は、肯定の道（肯定神学）と否定の道（否定神学）があるとし、後者の方を圧倒的に重んじた。神については、それが何であると、肯定的には言うことができない。ただ、「―でない」という否定的な言明によってのみ、神は特徴づけられるというわけだ。女に関しても同様に、否定の道と肯定の道があるらしい。西洋はここでも否定の道を選び、日本ではシンプルな肯定の道が用いられている。そのために、西洋の物語や説話が口ごもって断定できなかったことを、日本の昔話が、あっさりと解説してくれるのである。

注

1 ドニ・ド・ルージュモン『愛について』鈴木健郎・川村克己訳、平凡社、一九九三年。なお以下も参照。大澤真幸『性愛と資本主義　増補新版』青土社、二〇〇四年、五九 - 七一頁。
2 Michel Chion, *David Lynch*, Paris: Cahier du Cinema, 1992
3 Slavoj Zizek, *The Metastases of Enjoyment*, Verso, 1994, p. 120

あとがき

社会システムの要素は、コミュニケーションである。だから、コミュニケーションはいかにして可能かという問いをめぐる考察は、社会学の基礎理論のさらなる基礎理論である。本書が目指していたことをあえて誇張して言えば、社会学にそのような「基礎の基礎」を与えることにある。この大それた目的がどこまで達成されているかという判断は、読者と後進の研究者に委ねなくてはならない。

ただ、本書は、少なくとも次のことは示せたのではないかと思う。すなわち、社会学という知を基礎づけるためには、社会学のうちに留まっていてはならないということ、これである。ひとつの知において自明の前提とされてきたことになお疑問が残るとき、そしてその疑問を解こうとするとき、学問の伝統的な区分にこだわらず、さまざまなディシプリンへと、蛮勇をふるって越境することがどうしても必要になる。本書の各章はいずれも、そうした越境の試みである。

*

本書に収録した論文が書かれ、発表されるまでの経緯を振り返ると、お世話になった人はあまりにも多い。初出論文の掲載時にお世話になった青土社『現代思想』編集部の方々、また講演の機会を与えてくださった精神医学史学会とユング心理学会の方々をはじめとするすべての関係者の皆さんに心よりのお礼を申し上げたい。

それらの論文をまとめ、加筆修正し、最終的にこうした著書に仕上げるまでの過程に粘り強くつきあってくださったのは、弘文堂編集部の中村憲生さんである。振り返ってみれば、中村さんとの付き合いの始まりは、本書に収録した最も古い論文よりも前に遡る。とすれば、収録論文の執筆時期が長期に分散している本書を作るには、私のこれまでの歩みを理解してくださっている中村さんの助けがどうしても必要だった。中村憲生さん、ほんとうにありがとう。中村さんの退職に間に合ってよかった。

二〇一九年一月一四日

大澤真幸

初出一覧

第Ⅰ部　基礎理論

第１章　コミュニケーションの〈不〉可能性の条件
——沈黙の双子をめぐって
……『現代思想』青土社、1991 年 7 月号・8 月号 ＊大幅加筆

第２章　フレーム問題再考——知性の条件とロボットのジレンマ
……『現代思想』青土社、1990 年 3 月号・4 月号 ＊補論を追加

第３章　根源的構成主義から思弁的実在論へ……そしてまた戻る
……『現代思想』青土社、2018 年 1 月号

第Ⅱ部　応用

第４章　交換にともなう権力・交換を支える権力
……『ソシオロゴス』11 号（1987年）＊補論を追加

第５章　脳科学の社会的含意
……『Thinking「O」』左右社、5 号（2010年）

第６章　精神分析の誕生と変容——20 世紀認識革命の中で
……『精神医学史研究』日本精神医学史学会、11 巻 2 号、2007年

第７章　女はいかにして主体化するのか
——河合隼雄の『昔話と日本人の心』をもとに
……ユング心理学会、2012 年第 4 巻 ＊大幅加筆

【著者紹介】

大澤真幸（おおさわ まさち）

1958年、松本市生まれ。東京大学大学院社会学研究科博士課程修了。社会学博士。思想誌『THINKING「O」』主宰。2007年『ナショナリズムの由来』で毎日出版文化賞を受賞。2015年『自由という牢獄』で河合隼雄学芸賞を受賞。ほかの著書に『身体の比較社会学』『行為の代数学』『不可能性の時代』『〈自由〉の条件』『社会は絶えず夢を見ている』『現代宗教意識論』『夢よりも深い覚醒へ』『思考術』『〈世界史〉の哲学（古代篇・中世篇・東洋篇・イスラーム篇・近世篇）』『社会システムの生成』など多数。共著に『ふしぎなキリスト教』『憲法の条件』、共編に『現代社会学事典』などがある。

コミュニケーション

2019（平成31）年3月15日　初版1刷発行

著　者　大澤真幸
発行者　鯉渕友南
発行所　株式会社 弘文堂　101-0062 東京都千代田区神田駿河台1の7
TEL 03(3294)4801　振替 00120-6-53909
http://www.koubundou.co.jp

装　丁　笠井亞子
組　版　スタジオトラミーケ
印　刷　大盛印刷
製　本　牧製本印刷

ISBN978-4-335-55194-9